民國歷史與文化研究

六 編

第 **3** 冊

民國時期中國童子軍運動問題研究
（1912～1949）

田 耕 著

花木蘭文化事業有限公司

國家圖書館出版品預行編目資料

民國時期中國童子軍運動問題研究（1912～1949）／田耕 著
— 初版 — 新北市：花木蘭文化事業有限公司，2017〔民106〕
目 4+288 面；19×26 公分
（民國歷史與文化研究 六編：第 3 冊）
ISBN 978-986-485-141-6（精裝）
1. 童軍教育　2. 民國史
628.08　　　　　　　　　　　　　　　　　　　106013730

ISBN-978-986-485-141-6

9 789864 851416

民國歷史與文化研究
六 編 第三 冊　　　　　ISBN：978-986-485-141-6

民國時期中國童子軍運動問題研究（1912～1949）

作　者　田 耕
總 編 輯　杜潔祥
副總編輯　楊嘉樂
編　輯　許郁翎、王筑　美術編輯　陳逸婷
出　版　花木蘭文化事業有限公司
社　長　高小娟
聯絡地址　235 新北市中和區中安街七二號十三樓
　　　　　電話：02-2923-1455／傳真：02-2923-1452
網　址　http://www.huamulan.tw 信箱 hml 810518@gmail.com
印　刷　普羅文化出版廣告事業
初　版　2017 年 9 月
全書字數　247010 字
定　價　六編 10 冊（精裝）台幣 18,000 元

民國時期中國童子軍運動問題研究
（1912～1949）

田　耕　著

作者簡介

田耕：歷史學博士，高級教師，1974 年生，祖籍陝西省商州市商南縣。2000 年畢業於西北大學，獲得歷史學碩士學位（隋唐史），專注於敦煌學及中西文化交流方向的研究。2008 年再入中國人民大學歷史學院，2011 年獲得歷史學博士學位（中國近現代史），方向爲中國近現代教育及思想史。先後發表歷史研究及歷史教學研究論文數篇。現就職於北京景山學校，致力於中等教育及歷史教育教學研究。

提　要

　　通過童子軍發展史相關「問題」的研究，挖掘其「思想意義」是本書的立足點。本書將討論：

　　1、民族主義與童子軍運動：持續發力的民族主義思潮是童子軍運動在近代中國發展的深層動力。

　　2、中國國民黨對童子軍教育理念的改造：三民主義與童子軍理念的結合，既是國民黨賦予的政治寓意，也是童子軍在中國民族化的第一步。

　　3、民國時期的童子軍理論研究：反思對童子軍教育價值的認識、組織訓練以及課程研究等方面，認爲理論研究對童子軍發展有促進作用，但同時有明顯的不足。

　　4、中國童子軍與青年訓練：國民黨認爲童子軍是青年訓練最好的工具之一。本章從兩方面致力於梳理中國童子軍與青年訓練之間的關係。

　　5、中國童子軍與學校教育：與歐美相比，在學校推廣童子軍教育是中國童子軍發展最大特點。將童子軍列入必修課程，說明從理念層面很重視，但從實踐的角度看差強人意。本章重點討論實踐層面的問題。

　　6、中國童子軍與公民教育：從三個角度討論這組關係，童子軍教育不僅是中國較早實施公民教育的形式之一，也對公民教育都有補充與創新，同時還是新生活運動的主力軍之一。

　　7、中國童子軍教育的總體評價（1912～1949）：分階段地分析童子軍發展變化的原因，剖析童子軍在基層推行中的現實困境。

　　8、童子軍教育中國化及歷史地位（1912～1949）：旨在從新教育中國化的角度，探討童子軍教育近四十年的發展效果，並對其在中國教育現代化的地位上作出評估。

目次

教練吳美章　陳德明　龔福祥　李寧顯　奇京　李靜平
李國義　黃金阜　張天勝　林仲芬
龔棟昌　隊長李歷強　錢明阜

童子軍職員
Officers of the Boy Scout

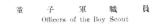

童子軍足球隊
Boy Scouts' Foot Ball Team

猫犬排長　林仲芬
副排長　李國義
鷹排長　曾觀溏
狼排長　聶先地
副排長　張志鈴
馬排長　聶巢春
鹿排長　鄺形聲
副排長　龔福祥
豹排長　潘照
副排長　吳少甫
虎排長　陳德明
副排長　楊錦明
獅排長　吳奕鑌
副排長　李靜平
獅排長　潘天勝
總排長　李座強
正教練　宣副
副教練　黃金阜

緒　論

0.1　選題緣起

　　筆者將民國童子軍作爲考察對象，原因有兩個：一是查閱到北京檔案館館藏民國時期童子軍檔案史料。[註1] 截至目前，這批檔案史料還沒有被充分利用，也鮮有相關的研究成果。以這些檔案爲契機，筆者在深入查閱童子軍史料及相關研究成果後，發現民國時期的童子軍研究目前尚處在起步階段，有深入發掘的空間。

　　二是源於筆者對男孩教育的持續關注。筆者做爲一名教育工作者，曾經參與創辦並主管過一所男子高中，被媒體稱爲「中國首家男子高中」[註2]。經過數年的實踐，這種試圖採用準軍事化教育與管理理念塑造「陽剛男孩」的實驗，基本上以失敗告終。當前仍有許多學校採用準軍事化教育模式，試圖規訓所謂的「不良青年」，筆者對此深有感觸。民國時期盛行的童子軍教育與此有著諸多的相似之處，引起了筆者的關注與思考。

　　「童子軍」（Boy Scouts）教育理念源於英國。由於這種理念迎合英國存在的諸多客觀需要，因而在短時間內風靡英國全境，包括海外的殖民地，形成聲勢浩大的「童子軍運動」（the Boy Scouts Movement）。以此爲起點，童子軍運動傳播到世界各地。民國之初童子軍運動通過教會的渠道傳入中國，由此在中國開始了近四十年的發展歷程。從總體上看，童子軍運動在中國無論

〔註 1〕 檔案編號：J001－005、J029－30、J71、J82－84。

〔註 2〕 準確地説，這是 1949 年之後中國首家男子高中，許多媒體報導有誤。相關新聞報導可以百度「首家男子高中」。

　　Boy scouts 傳入中國是在 1912 年。當時武漢的一些教會學校中的傳教士將童子軍的書籍帶到中國，並開始嘗試在教會學校中推行童子軍教育。由於這一組織特色鮮明，很快被其他一些學校紛紛模仿，包括非教會學校。鑒於這種組織有些軍事化外表，同時教育對象又是一些未成年人，因此，民國之初的教育者在翻譯 boy scouts 時，就將其譯爲中國已有的概念「童子軍」。

　　將 boy scouts 翻譯成「童子軍」，只是傳譯了詞彙的「形」，兩詞所蘊含的「意」傳譯很不到位，甚至是歪曲了原有的含義。「意」的錯位妨礙了 boy scouts 理念的傳播，進而影響了本身在中國的發展。史實證明：經過民初十幾年的實踐後，童子軍的發展一直在低水準徘徊。1919 年，雲南教育會向中華民國童子軍聯合會提出議案，他們認爲：童子軍組織不能壯大原因之一就在於「童子軍」的名稱翻譯的不好，建議「童子軍」改名。議案稱：童子軍原名爲 boy scouts，意義是偵探或斥堠，所以名稱應該是童子斥堠、童子偵探或者童子義勇軍、少年義勇軍等。我國自從模仿該組織以來，將其譯爲「童子軍」，望文生義，以訛傳訛，以至於人們誤認爲童子軍是「預備當兵」，或者是軍隊的一種，「結果名稱不對，影響於人心風習者甚巨」。〔註 11〕

　　由於「童子軍」的名稱已經沿用數十年，被廣大民眾所接受，因此，這一不太合理的翻譯就這樣被確定並流行起來。但是，關於其譯名的討論並沒有中止。1930 年 8 月童子軍教育專家趙邦燦在杭州演講時，檢討了 boy scouts 的譯名問題。他說，「照 boy scouts 原意來看，scouts 決不能譯作『軍』，這是一種「警探」的意義」。〔註 12〕1936 年，吳耀麟寫作《童子軍教育概論》時，也認爲「童子軍」三個字「稍失原意，猶不及日本譯稱『少年健兒』」。〔註 13〕1939 年沈雷漁在《童子軍教育概論》中還說：「童子軍在中國，最初因爲下面

把一個浮躁的沒有責任心的、以自己爲中心的兒童改造成一個真正的、可靠的、利他的青年國民。再論兒童本身，他也很情願地把自己貢獻出來，因爲這裡很多極似遊戲的工作，有高超的標準是兒童們所羨慕的，有必須服務的規則，只要他能夠合格，便有能擔任的重要職位。總起來說，這是一個迎合兒童興趣的方案，一個依據兒童本性來設置的方案」。《童子軍教學做》，第二卷第八、九期合刊，1947 年 2 月，第 25 頁。

〔註 11〕《中國近代體育決議案選編》，體育史料·第 16 輯，人民體育出版社，1991年版。

〔註 12〕趙邦燦：《現代學生對於童子軍應有的認識》，刊載於《現代學生》，1930 年，卷期不詳。

〔註 13〕吳耀麟：《童子軍教育概論》，商務印書館，1936 年版，第 1 頁。

附譯了一個『軍』字，往往被人誤爲軍事的一種，所以它的範圍，便被人們看得很狹窄」。〔註14〕

　　直到20世紀五十年代，還有文章討論 boy scouts 的譯名問題。比如鍾南在《童子軍傳入中國的經過和早期的發展》一文中，對「童子軍」的譯名有過檢討：中國將 boy scouts 翻譯童子軍是否恰當，實在是與原意相差太遠，也引起了很多爭議，所以在國民政府遷臺以後，童子軍先驅張忠仁先生主張將其改名爲「健士」，而筆者個人意見應直譯爲「士高德」。日本當初將其譯爲「健兒」，後來覺得與原意有距離，就採取 boy scouts 的音譯法，符合了世界通行的稱謂。〔註15〕

　　史料顯示：絕大多數的民衆對「童子軍」概念只是採取了字面上的理解，並沒有眞正理解教育理念的確切含義。比較典型的事例是：1926 年，時任江蘇教育會會長的張謇在南通童子軍會操時發表演說，他認爲中國童子軍組織雖然仿照於西方，但這種形式早在中國的漢魏晉朝就已經存在。當時的名稱是「童子郎」，「其時選國中優秀童子，自十歲至十五歲拜爲郎，使習武事，稱童子郎。自組織訓練，今已不可詳矣」。〔註16〕

　　1949 年以後的地方文史資料中，還有錯誤使用「童子軍」概念的例子。如「長興縣立民衆教育館主辦的平民學校，由教師王仲維發動，組織了 20 名年富力強的青年後生，成立了『社會童子軍』」。〔註17〕但究其實，這種所謂的「童子軍」只是暫時保護民衆安全、維持社會治安、由年輕人組織起來的民間自衛組織，和眞正的童子軍毫無關聯。

　　當然，也有能夠準確理解 boy scouts 含義的人，只是數量較少。比如著名詩人聞一多。他在清華學校讀書的時候，曾加入了清華童子軍。他在《童子軍》一文中，不僅對童子軍的來源、目的，還對童子軍訓練的種類、內容以及發展現狀均有準確的解釋。他說：童子軍的由來歷史悠久，每個朝代均有，但現代的童子軍名稱則是由英國人白登博維（注：即貝登堡）將軍創設。童子軍的目的在於教授兒童自治與自衛的辦法。國家大力提倡童子軍是因爲它

〔註14〕　沈雷漁：《童子軍教育概論》，商務印書館，1939 年版，第 6 頁。
〔註15〕　文章引自：臺灣中華民國童軍總會官網：http://www.scout.org。
〔註16〕　《全縣童子軍會操演說（民國十五年）》，《張謇全集》第 4 卷，江蘇古籍出版
　　　　　社，1994 年版，第 209 頁。
〔註17〕　葉銀天：《抗日戰爭初期長興縣的「義勇員警隊」與「社會童子軍」》，載於《長
　　　　　興文史資料》第 2 輯，政協長興縣文史資料編委編，第 7 頁。

能造就完善的國民。在類別上童子軍分軍事童子軍和尋常童子軍兩種。同時他對童子軍的教育價值以及在民初的發展現狀均有精當的評議。在談到「童子軍」的含義時，他在文中寫道：「人每誤童子軍爲軍人之預備，此實大謬。童子軍者，所以練習童子之愛國心，及他種美德也。童子軍含防范軍事之性質，非軍事之預備也」。〔註18〕

　　儘管有如此嚴重錯位的翻譯，但這一名稱自民國以來就這樣以訛傳訛地沿用了下來，出現在各種報章雜誌當中。這一失去本意的翻譯問題至今在學界依然在討論，甚至認爲誤譯使中國童子軍發展糾結在「童」與「軍」之間。〔註19〕由於該詞的使用歷時很久了，所以本文研究 boy scouts，依然沿用這種譯法。需要說明的是：筆者將 boy scouts 原本的含義與中國人理解的意義做比較，來論證這一概念所隱含的思想史意義。

　　（2）幾個概念的說明

　　「童子軍運動」與「童子軍教育」：《現代漢語詞典》中的對「運動」的解釋是：「政治、文化、生產等方面有組織、有目的而聲勢浩大的群眾性活動」。〔註20〕童子軍在西方受到社會各界的大力支持，形成了「童子軍運動」（the Scouts Movement）。由於中西社會結構的差異，童子軍在中國主要仰賴政府在各級學校裏推行。按照「詞典」的解釋，童子軍在中國的發展規模還沒有形成群眾性的「運動」。因爲它主要是在學校辦理，因此它被稱爲「教育」較爲合適。在童子軍史料中，有時稱之爲「童子軍運動」，有時稱之爲「童子軍教育」。兩個概念實際上是指中國童子軍教育的推行過程，因此內涵一致，並無差別。在本文中不加區別，特此說明。尤其需要強調的是：本論題不是研究「教育」，二是從社會史的視角研究「童子軍」本身所蘊含的社會史意義，故論題確定爲「運動問題研究」。

　　「教育理念」：是指「人們追求的教育理想，它是建立在教育規律的基礎之上的」，「科學的教育理念是一種『遠見卓識』，它能正確地反映教育的本質和時代的特徵，科學地指明前進方向，……教育理念並不就是教育現

〔註18〕 聞一多：《童子軍》，載於《清華學報》，1917 年第二卷第八期。

〔註19〕 吳小瑋：《「童」與「軍」之悖論——民國童子軍發展歷程探析》，載於《華東師範大學學報》2014 年第 2 期。

〔註20〕 《現代漢語詞典》，中國社會科學院語言研究所詞典編輯室編，商務印書館，1996 年修訂第 3 版，第 1561 頁。

實，實現教育理念是一個長期奮鬥的過程……」〔註21〕這是關於這一概念的一種解釋。目前對這一概念的解釋還沒有權威的、統一的標準。筆者綜合查閱幾種解釋後認為，教育理念是建立在對教育規律把握的基礎上，對教育創新的一種執著與信任，是教育者在教育實踐及教育思維中形成的理性認識。本文所說的「童子軍教育理念」，是指貝登堡原創的 boy scouts 的訓練思想和方法。

「兒童」：《現代漢語詞典》的解釋是：年紀比少年小的較幼小的未成年人。〔註22〕在童子軍的分類中，有幼童軍（8～12 歲）、童子軍（12～18 歲）、羅浮童子軍（17 歲以上）等的區分。〔註23〕但是，在童子軍的相關史料中，理論界對「兒童」一詞的適用範圍不僅僅是指「詞典」中的年齡段，實際上涵蓋所有的童子軍，等同於「青少年」。

0.3　選題意義

童子軍研究的意義，大致可以從以下幾個方面來說明：

（1）教育價值

童子軍的教育價值，體現在以下兩個方面：

一是過去童子軍教育的經驗證明：童子軍是非常好的公民教育形式。童子軍教育理念的核心以「遊戲」（game）這種青少年喜聞樂見的形式實施公民教育（citizen training）。在貝登堡的教育理念裏，孩子們在遊戲中學會了合作、服從、健康、快樂等許多優秀的品格。這是一種潛移默化的教育，也是一種「潤物細無聲」的滲透，在快樂中、在合作中、在遊戲中鍛鍊了身體，塑造了品格，磨練了意志。這是一個好的教育設計，它不僅在 20 世紀，甚至在今天，依然在影響著新一代的青少年。在民國，許多名人都曾受過童子軍教育，比如中國共產黨人許世友、惲代英、蕭三，中國國民黨人連戰、科學家高士其、教育家陳鶴琴、著名詩人流沙河等等，不勝枚舉。今天的許多世界知名人士在孩提時代都曾參加過童子軍。比如美國第 42 任總統克林頓的夫人希拉

〔註21〕　王冀生：《現代大學的教育理念》，《遼寧高等教育研究》，1999 年第 1 期。

〔註22〕　《現代漢語詞典》，中國社會科學院語言研究所詞典編輯室編，商務印書館，1996 年修訂第 3 版，第 332 頁。少年則是指 10～15 歲的未成年人。見第 1112 頁。

〔註23〕　吳耀麟：《童子軍教育概論》，商務印書館，1936 年版，第 15～16 頁。

里‧克林頓、第 43 任總統喬治‧W‧布什夫人勞拉‧布什、前國務卿奧爾布賴特、微軟公司創始人比爾‧蓋茨等。〔註 24〕因此，認真梳理並總結其教育精髓十分必要。

二是從教育史的角度看，童子軍教育在中國教育史上應該有濃墨重彩的一筆。它的教育理念無論在公民教育、還是在國防教育等其他方面，均開啓中國教育現代化的先河；它的教育內容和教育方法也在教育史上具有開創性意義。因此，從教育史的角度也應該認真地梳理民國童子軍發展史。

（2）社會史價值

民國童子軍的引進與發展不僅僅與教育有關。實際上，圍繞童子軍可以爲我們展示出民國社會的方方面面：比如童子軍與民族主義思潮的關係；童子軍與學校教育、公民教育、青年訓練的關係；童子軍與新教育中國化運動之間的關係等等。

（3）現實價值

一是童子軍教育內容的實用性仍然非常值得借鑒。如緊急救護、自救常識、野外探險、生活技能常識、軍事技能、個人衛生等內容，在今天環境惡化、災難頻仍的狀況下，這些生存技能依然十分重要，甚至在某種程度上補充學校教育的不足。

二是對中國青少年組織建設的借鑒，如少先隊、青年團等。

時至今日，童子軍已經成爲世界最大的青少年組織之一。2007 年，英國作爲童子軍的起源地，發起了世界範圍內的童子軍誕辰百年紀念活動。爲此，英國專門發行童子軍百年紀念郵票，並舉行世界童子軍第 21 次露營大會。〔註 25〕美國童子軍也舉行盛大的集會等紀念活動。〔註 26〕各大媒體都對這些活動予以報導。2008 年 3 月 11 日的新華網報導說，一名 87 歲的老婦人喬安妮‧阿爾德被授予童子軍終身成就獎章，她是英國服役時間最長的女童子軍。從 1932 年至今，一直擔任團長，創造了女童軍歷史上未間斷服役的最長記錄。她表示希望能在童子軍隊伍裏服務 100 年。〔註 27〕

〔註 24〕 《美國女童子軍在娛樂中成長》，《中國婦女報》，2004 年 5 月 29 日。

〔註 25〕 見 http://www.tvbs.com.tw/head/bar02.html。

〔註 26〕 見「美國世界新聞網」：http://www.chinesedailynews.com/article/article-c112347.aspx。

〔註 27〕 《參加女童子軍，一幹就是近 80 年》，新華網，2008 年 3 月 11 日。

　　三是對現代教育的借鑒。隨著中國教育改革的逐漸深入，學校教育出現許多問題。尤爲突出的是：素質教育依然任重道遠，教育背離了「以人爲本」的終極目標。童子軍教育理念與教育方式可以給探索中的素質教育以啓發。

　　儘管童子軍成立已經百年有餘，但是，童子軍組織能夠根據時代的需要，不斷調整教育的內容，引領青少年的健康發展。全球童子軍官方網站資料顯示，目前世界童子軍在以下方面向青少年發出倡議：如 Sustainable development（可持續發展）、Cultural diversity（文化多樣性）、Rights of children and young people（兒童與青少年權利保障）、Youth employability（青年就業）、Responsible governance（責任治理）、Fight against racism（反種族主義鬥爭）等。〔註28〕

　　在上述童子軍組織劃分的六大區域內，還有一些具有地域特徵的倡議，如：Agriculture and food production（農業與食品生產）、Emergency and humanitarian aid（突發事件與人道主義援助）、Clean drinking water（水源淨化）、Literacy（掃盲）、Prevention and fight against AIDS（愛滋病的防治）、Drug prevention（抵制毒品）、Child protection（保護兒童）、Child and adolescent health（兒童與青少年健康）等等。〔註29〕從倡議的內容可以看出，該組織倡導青少年積極參與全球性問題的解決與討論，爲人類的未來、世界的和平與發展奉獻力量。〔註30〕這些教育內容都可以爲少先隊、共青團提供借鑒。

0.4　文獻綜述

　　目前，中國童子軍研究的主要文獻有以下種類：

　　第一、民國時期（1912～1949）的研究論著。

　　論著大致可分爲兩大類：

　　一是理論類。中華全國童子軍協會時期（1912～1926 年）傳譯的文獻有：上海商務印書館出版的《童子軍體操》（魏鼎勳著）、《童子軍規律》（協會譯）、《童子軍烹調法》（蔣千著）、《童子軍徽章》（朱樸著）、《童子警探》（協會譯）等。〔註31〕

〔註28〕 相關信息源自全球童子軍官方網站：http://www.scout.org/en/our-projects。
〔註29〕 括弧內的文字是筆者的翻譯。
〔註30〕 相關信息源自全球童子軍官方網站：http://www.scout.org/en/our-projects。
〔註31〕 以上資料均由中華全國童子軍協會編譯、上海商務印書館出版。

　　中國童子軍總會時期（1935～1949 年）主要在繼承民初基本理念的基礎上，將童子軍納入三民主義話語中。這既是意識形態化的過程，同時也是一個民族化過程。童子軍理論界在這一時期研究成果比較豐富。主要有：《童子軍專論》（治永清著）、《童子警探》（貝登堡著）、《童子軍的理論》（嚴家麟選編）、《童子軍教育原理》（貝登堡著、趙邦燦譯，修訂版改名爲《童子軍與青年運動》）、《童子軍訓練的教育價值》（張忠仁著）、《童子軍教育要義》（范曉六著）、《童子軍全書》（吳耀麟著）、《童子軍教育原理及方法》（章輯五著）、《童子軍教育原理》（沈雷漁著）、《十年來的中國童子軍總會》（總會編）、《會長副會長及各屆理事長監事長對童子軍教育之言論》（總會編）、《中國童子軍訓練法》（劉澄清著）、《童子軍行政管理與活動教材》（章輯五著）、《中國童子軍組織法規》第一輯（章輯五編著）等等。〔註 32〕

　　二是綜合課程類。如胡立人的初、中、高三級童子軍（中華書局）；薛元龍的初中童子軍三冊（正中書局）；趙邦燦的童子軍初、中、高三級課本（大東書局）；范曉六的新編童子軍三級課程（二二五童軍用品社）等。另外，還有一些未出齊的教材以及散佈在各種報紙上的文章，在此不一一列舉。

　　第二、中國童子軍總會及各地創辦的童子軍專刊（報）。如：《童子軍教學做月刊》、《中國童子軍總會公報》、《黨童子軍司令部月刊》等。

　　第三、各地的檔案文獻。本文對北京地區的童子軍研究，主要依據北京檔案館收藏的童子軍檔案。這批檔案已經被整理出版，集中在《北京檔案史料》期刊中。

　　需要說明的是：由於南京中國第二歷史檔案館民國教育類檔案正在做數位化處理，近幾年所有教育檔案一律拒絕借閱，因此，這一部分檔案對本文的某些問題的研究有一定的影響。爲此，本篇論文的寫作框架稍作調整，對該部檔案的倚重部分做了修訂。

　　四是民國時期的其他報刊雜誌。如《申報》、《民國日報》、《清華周刊》、《新教育》、《教育雜誌》、《東方雜誌》、《新青年》等等。其中，《申報》對江蘇及上海的童子軍記載比較詳細，是研究該地區童子軍歷史不可缺少的資料。《清華周刊》則記載了一些清華童子軍的活動，在清華大學早期童子軍檔案殘缺的情況下，保留了一些非常珍貴的史料。

〔註 32〕　這裡列舉的僅是能夠找到紙本實物的名單。另外還有許多文獻，難見眞本。另外。中國國民黨領導時期（1926～1934 年）集中編輯並出版的圖書資料較少，不再單列。

　　五是網路資源。如中華民國童軍總會官網、全球童子軍官網等。這些官網也保留了一些童子軍發展的珍貴記錄。

0.5　研究回顧

1、1912～1949 年研究概況

　　從民國童子軍文獻來看，童子軍研究明顯分爲兩個階段。中華全國童子軍協會時期主要是翻譯、介紹國外童子軍書籍以及消化吸收童子軍教育理念。中國童子軍總會前後，童子軍研究主要集中在童子軍簡史的敘述、童子軍法規的解讀、童子軍組織的方法、童子軍訓練方法等方面。這些研究爲童子軍理念的中國化做出了可貴的探索。

　　比如關於童子軍發展史的研究。從 1912 年中國開始出現童子軍，到 1930 年代近二十年的發展歷史，民國的學者已經梳理的非常清晰。以劉澄清的《中國童子軍教育》爲例。在書中，作者在第一編「總論」的「第六章　中國童子軍史略」中，將中國童子軍發展歷史分爲「童子軍的起源」、「童子軍的誕生」、「中國童子軍的歐化時期」、「中國國民黨童子軍的誕生」、「中國童子軍的黨化時期」五大部分。作者認爲：中國童子軍起源於英國，1907 年貝登堡白浪島的實驗以及 1908 年出版《童軍警探》，是世界童子軍運動興起的兩大標誌性事件。中國童子軍誕生於武漢文華書院。從民國元年到民國十六年（1912～1927）是中國童子軍的歐化時期，是中國童子軍發展的模仿時期，尚缺乏民族性特徵。1926 年國民黨青年部提議建立國民黨童子軍是國民黨童子軍誕生的標誌。1927 年開始，到該書出版的 1938 年，是童子軍的黨化時期。在這五大部分中，對國民黨時期童子軍的歷史論述的最爲詳細，爲研究童子軍歷史保留了珍貴的史料。〔註 33〕此外，吳耀麟以及童子軍總會的其他研究人員也在這方面著墨頗多，童子軍的發展分期以及國民黨時期的諸多細節記載較爲詳細，差別不大。〔註 34〕

　　同時，在中國童子軍組織、訓練、法律法規的解讀等方面，民國時期的學者也做了詳盡的探討。但研究成果也存在許多缺點：從嚴格意義上看，相當多的成果很難被認定爲「研究」，因爲他們多數偏重於對既有法規的解讀、

〔註33〕　劉澄清：《中國童子軍教育》，商務印書館，1938 年版，第 11～32 頁。
〔註34〕　如吳耀麟的《童子軍全書》、民國教科書等。《童子軍全書》，上海黎明書局，1935 年版。

偏重於訓練方法的指導等，如《中國童子軍教育》、《童子軍全書》等等。而對基層童子軍發展中所面臨的困難，很少有人研究。因此，這一時期的童子軍理論研究與具體實踐之間，沒有形成互動機制，這對中國童子軍的發展是不利的。

2、1949 年至今

從 1949 年直到上世紀 80 年代，大陸學術界忽略了童子軍研究。主要原因在於童子軍作為南京國民政府時期的「反動組織」被取締，取而代之的是少先隊、共青團等組織。

進入 80 年代，隨著改革開放以及思想解放的深入，一些原先被視為「反動」的組織或事件被重新評價，童子軍漸漸進入人們的視野。首先，在全國各地政協的組織下，一批回憶童子軍的文章被整理出版。儘管回憶的內容有不少的偏差，但是它們依然具有較高的參考價值。〔註 35〕其次，一些檔案資料的開放與整理出版，如南京中國第二歷史檔案館童子軍檔案、北京檔案館整理出版的童子軍檔案。再次，學術研究開始起步。主要是在 1990 年代後，有代表性的論文有：《試評 1927～1937 年南京國民政府的童子軍教育》〔註 36〕，《中國童子軍的建立及其在江蘇的發展》〔註 37〕、《民國時期童子軍的中國化及其影響》、〔註 38〕《中國童子軍：南京十年童子軍手冊中的公民訓練與社會意識》〔註 39〕等。一些論著中捎帶談及童子軍，代表性的有：《近代中國的軍事身體建構，1895～1949》、〔註 40〕《中國近代軍事教育史》、〔註 41〕《中國體育史》〔註 42〕等。

其中，徐娟的文章對南京十年童子軍的發展做了述評，認為這一時期是中國童子軍發展較快的十年，也是童子軍「黨化」的十年，在此期間童子軍

〔註 35〕 見「參考文獻」中的各地文史資料。

〔註 36〕 徐娟，載於《教育史研究》，2006 年第 3 期。

〔註 37〕 蘇永華，載《檔案與建設》2001 年第 3 期。

〔註 38〕 張曉輝、榮子菡，載於《廣西社會科學》，2005 年第 21 期。

〔註 39〕 Robert Joseph Culp 著，黃煜文譯，載於《新史學》，第 11 卷第 4 輯，2000 年版。

〔註 40〕 黃金麟著，臺灣中央研究院近代史研究所：《中央研究院近代史研究所集刊》，第 43 期，2004 年 3 月。

〔註 41〕 史全生主編，東南大學出版社，1996 年版。

〔註 42〕 北京體育大學中國近代體育編寫組：《中國近代體育史》，人民體育出版社，1985 年版。

實現了「本土化」的轉型；同時，童子軍教育在中國教育史上在某些方面具有開創性意義，如童子軍體現了教育權的平等、童子軍實踐了「以兒童爲本位」教育理念、童子軍重視師資的培訓等等；該文也指出了童子軍發展中的問題。總的來看，該文只是對童子軍的發展脈絡粗線條的概述，個別觀點還有待商榷。蘇永華的論文對童子軍區域發展史做出了有益的探索，它對江蘇童子軍的發展做了大致的描述，線索較爲清晰，但是過於簡略。榮子菡的論文視角較爲獨特，探討了童子軍教育中國化問題，認爲與西方童子軍相比，中國童子軍在行政管理、訓練內容和方法以及指導思想等方面已經中國化；同時童子軍在實現黨化的同時，也在愛國主義、國防教育、抗戰服務等方面做出了貢獻。

　　從新史學的角度研究童子軍並發掘思想史意義的學術成果中，臺灣學者黃金麟先生的論著較有代表性。他利用「身體史」的理論與方法對童子軍與「近代軍事身體的建構」的關係問題進行了深入的探討。這是新史學領域研究童子軍最爲顯著的成果之一。但是需要說明的是：從「童子軍」概念的角度看，黃金麟、史全生等學者將童子軍視作「軍事教育」或者「體育」的研究路向是對童子軍概念的誤解。軍事教育研究中兼談童子軍，有一定的歷史依據，南京政府教育部就是將童子軍教育視作初中軍事教育的方式。但「軍事教育」與「童子軍教育」不能完全等同。將童子軍教育視作體育，則是完全混淆了「童子軍」與「體育」兩者的內涵。這一錯誤的根源基於這樣的事實：即民國時期更多的學校在童子軍師資不足的條件下，讓體育教師兼任童子軍教練員。但是，兩者教育理念是完全不同的，「童子軍教育」不僅僅是「體育」。童子軍教育的內涵除了軍事教育、體育之外，含有公民教育（以德育爲中心）、智育、群育等諸多內容。這是研究者必須理清的幾個概念，否則就會產生以偏概全、概念混淆的錯誤。

　　隨著 2007 年世界童子軍組織百年誕辰紀念的到來，中國學界出現了集中研究童子軍的現象，出現一批研究成果，主要是學位論文。比如：《廣東童子軍研究：1915～1938》（榮子菡），《中國童子軍組織機構初探 1926～1937》（李豔芬），《童子軍在中國：中國近現代童子軍興衰史的初步考察》（王晉麗），《上海童子軍研究》（于喜敏），《貝登堡「生活的準備教育」思想與童子軍的建立與發展》（劉玉蘭），《論戴季陶的童子軍教育思想》（程禮東），《1927～1937 年中國童子軍教育研究》（張洪波），《抗日戰爭前江蘇童子軍研究》（羅敏），

及上海商會童子軍等。該書是在博士論文的基礎上完善而成。另外，華東師範大學吳小瑋博士論文《以訓練爲中心的兒童組織——民國時期的童子軍研究》，從教育史的角度梳理了童子軍的相關問題，並與新中國的少先隊做了比較。由於筆者 2011 年博士畢業論文收錄在中國人民大學博士文庫裏，並未對「中國知網」等網站公佈，因此，以上兩篇博士論文的寫作均沒有看到筆者的論文。儘管篇幅較大，但是都沒能把童子軍組織的發展與中國社會的方方面面聯繫起來，缺少「思想史」的分析。

第二、中國童子軍評價問題。就目前的研究成果看，普遍認爲，國民黨時期的童子軍已經嚴重黨化，成爲國民黨政治社會化的重要手段之一。幾乎所有的研究都秉持這一觀點，因此，在這裡不再羅列相關成果。

第三、童子軍的相關問題研究。如程禮東的《論戴季陶的童子軍教育思想》選題新穎，對戴季陶童子軍教育思想做了專門的探討。但略顯遺憾的是：研究者忽略了戴季陶寫於 1928 年的《日本論》及其他文章。這些文獻對於研究戴季陶與童子軍的關係十分重要。從中我們就能發現戴季陶（包括蔣介石在內）等國民黨高層重視童子軍組織的原因。因爲也就是戴季陶寫作《日本論》的同時，國民黨開始高度關注童子軍的發展，二者之間有著緊密的聯繫。李豔芬的《中國童子軍組織機構初探 1926～1937》則對中國童子軍中樞領導機構的變遷做了專門的論述。線索較爲清晰，但未能將童子軍機構的變遷與社會、文化、思想等關聯問題聯繫起來，總體論述上略顯單薄。

仔細研讀這些論文和相關的史料發現，這些研究還有以下的「盲區」：

一是既有成果多集中於對童子軍歷史的概述，缺乏與當時社會、文化、思潮、教育等問題的多維度思考。

多數論文都是簡單描述某地的童子軍從產生到結束的過程，屬於單線性敘述。對於童子軍發展的社會基礎、政治環境以及思想背景等多維度關聯鮮有論及，因此，總的看來既往研究相對單一，沒有逃脫就事論事的層次。實際上，童子軍的發展不是孤立的，與同時代的許多歷史事件都有聯繫，梳理並討論這些關係對於深化民國史研究很有幫助。比如：童子軍與民國教育的諸多問題的關係、童子軍與新生活運動的關係、童子軍與民族主義思潮之間的關係、童子軍組織與復興社、三青團的關係等等。通過這些問題的討論，可以透過童子軍展現民國時代的方方面面。

　　二是研究呈現模式化。一般的結論都是童子軍成爲國民黨一黨專政的工具。戴季陶等人並非一味的強調童子軍的黨化功能，他們十分重視童子軍教育規律，非常注視兒童成長規律，他們也在嘗試新教育。若細讀童子軍文獻，這樣的結論値得重新審視。

0.6　研究思路與學術創新

　　基於對以上研究成果及相關文獻的分析，筆者擬以中國童子軍爲中心，將童子軍教育問題與同時代的思潮、政治意識形態、青年問題、教育（課程、管理、教育方法等）以及新教育中國化等相關問題聯繫起來，採取一章一問題、多維度論述模式，深入探索童子軍與相關論題之間的關係。同時，童子軍在中國的發展差強人意，本文也擬對童子軍的整體發展狀況以及現實困境問題做了分析，並反思童子軍教育中國化問題。所以，本篇論文將題目定爲《民國時期中國童子軍運動問題研究：1912～1949》。

　　綜合以上章節的論述，本書的創新點體現在以下兩個方面：

　　創新之一是研究視角不同以往。

　　本文不再是對中國童子軍發展歷史的追述，而是以童子軍爲核心，圍繞童子軍與其相關的時代問題結合起來研究。這是對以往研究的拓展，主要體現在童子軍教育與民族主義思潮、學校教育、公民教育、新教育中國化運動、青年訓練等方面。另外，國民黨對童子軍教育理念的改造、民國童子軍理論研究問題、童子軍發展中的現實困境等問題也値得關注。這些問題的探討對深化童子軍研究大有裨益。

　　現將每章的主要觀點簡述如下：

　　1、民族主義與童子軍運動

　　民族主義與童子軍運動關係極爲密切。英國童子軍運動興起的原動力，就是 19 世紀末 20 世紀初的盛行的民族主義。童子軍在英國盛行，一方面大英帝國在後維多利亞時代面臨諸多挑戰，進而引發上層社會強烈的危機意識，故英國民族主義情感濃熾，另一方面是童子軍教育本身所蘊含的科學性，兩者缺一不可。但是，前者對童子軍運動更爲重要。正是對英國童子軍運動背後重要因素的把握，國民黨逐步加強對中國童子軍的領導。因此，民族主義是也中國童子軍運動發展的推動力。

2、國民黨對童子軍教育理念的改造

國民黨對童子軍教育理念的改造，主要是三民主義與童子軍理念的結合。具體體現在「革命的智仁勇」、「四維八德」成爲中國童子軍訓練的原則；同時，中國童子軍的外在符號系統均被國民黨賦予政治上的寓意。

從政黨政治的角度看，國民黨的三民主義對童子軍做了徹底的黨化改造。同時，從教育民族化的角度看，這一過程也是童子軍理念中國化的過程。但在訓練方法及組織結構上，童子軍的中國化、民族化還遠遠不夠。

3、民國時期的童子軍理論研究

中國童子軍的理論研究主要集中在童子軍教育價值、童子軍組織、訓練及童子軍課程研究等方面。以上研究具有鮮明特點：一是理論偏重於既有法規的解讀；二是偏重於訓練方法的引介與指導。童子軍的理論研究存在缺點：缺乏對基層單位推行童子軍教育實際問題的研究。這是影響童子軍發展的重要因素之一。

4、中國童子軍與青年訓練

國民黨認爲，青年關乎國家的未來，因此十分重視青年訓練工作。受到世界其他國家青年訓練的啓發，國民黨認識到：童子軍是青年訓練最好的方式之一。在機構調整上，將中國童子軍總會置於三青團的領導之下；在青年訓練原則上，將童子軍十二條規律列爲青年訓練的原則。

5、中國童子軍與學校教育

中國童子軍與學校教育的關係，體現在童子軍課程在中學課程中的地位、生活技能和健康教育、學校訓育、學校行政管理等方面。

6、中國童子軍與公民教育

從中國公民教育發展史的角度看，童子軍教育是中國較早實施公民教育的形式之一。同時，從教育內容內容和教育方式上看，童子軍對公民教育都有補充與創新。在社會公民教育領域，童子軍運動與新生活運動之間有密切的關係。

7、中國童子軍教育的總體評價（1912～1949）

本章重點闡釋中國童子軍發展的三個方面問題：即發展概況、時人對童子軍教育的評價、現實困境。

8、童子軍教育中國化及歷史地位（1912～1949）

民國教育界在 1920～30 年代，形成了比較一致看法，認爲新教育在中國

失敗的主要原因是因襲歐美日本過重，脫胎於工商業社會的新教育不能與中國既有的小農社會結構結構相融合。中國童子軍教育也存在同樣的問題。儘管童子軍教育推行效果不甚理想，甚至在某些方面是失敗的。但在民國教育史上，中國童子軍教育具有不可忽視的歷史地位。

創新之二是研究方法。本文主要採用對比的研究方法。體現在中國童子軍理念與西方童子軍理念的對比、新教育中國化運動與中國童子軍運動的對比、新生活運動與中國童子軍運動的對比等。對中西兩種不同的社會背景中的童子軍運動做對比，闡述童子軍運動的不同結果，進而反思西方教育理念中國化問題。這是以往童子軍研究者未曾涉足的。

以上章節內容的安排，充分考慮了一個重要因素：即避免重述既有的研究成果，尤其是中國童子軍發展史。從民國時期開始，到現在的研究現狀，研究者在此著墨較多。民國時期的研究者，重在從宏觀的角度簡述童子軍從國外到中國的發展歷程；現代的研究者則是重在分析童子軍在中國區域上的發展史，其中，武漢、江蘇、上海、廣東幾大區域，研究成果較為豐富。筆者在研修博士課程時，曾寫過兩篇研究北京童子軍的作業。一篇討論清華童子軍，另一篇闡述童子軍運動與新生活運動之間的關係。兩篇文章都已經發表，故本篇論文不再重複這些內容。

沒有專門在童子軍發展歷程上著墨，這樣做的結果，可能會產生一個弊端：即讀者很難對中國童子軍發展史有清晰的瞭解。為彌補這一缺憾，筆者將論文的附錄中，專門做「中華民國童子軍大事記」，〔註51〕為讀者瞭解童子軍發展歷史提供便利。

另外，限於客觀條件的制約，筆者未能清晰而準確地考察童子軍運動在全國各省的實際狀況。各省之間因具體條件的不同，童子軍運動在不同的地區定會具備不同的特點。今後的童子軍研究可以在這方面著力，對浚深童子軍研究十分有益。

〔註51〕　「中華民國童子軍大事記」見「附錄1」。

第1章　民族主義：童子軍運動的發展動力

　　1907 年，貝登堡在白浪島（Brownsea Island）組織了世界上的第一支童子軍。此後童子軍運動在英國迅速傳播，並被世界其他國家所倣傚。究竟是什麼原因使童子軍受到世界各國的歡迎？這一問題，在目前的學術界，尚沒有做出合理的解釋。民國的教科書在闡述這一問題時，輕描淡寫，僅僅將原因歸結爲「爲挽救英國青年的墮落」。〔註 1〕論及童子軍被各國廣泛接納的原因，學者多從教育方法的角度出發，認爲貝登堡「所用的訓練方法，能和現代國家國民基本教育方法相吻合」。在探討童子軍興盛的深層原因時，學者認爲英國童子軍「是爲解決實際問題，適應當時社會的需要而產生」。〔註 2〕結論正確，只是過於籠統而語焉不詳。

　　實際上，英國的童子軍運動能夠迅速壯大，其根本的動力來自於 19 世紀末 20 世紀初英國的民族主義，此時英國所面臨的內憂外患局勢促使民族主義思潮暗流湧動。

　　國民黨對此有獨到而清晰的認識。他們認爲：各國童子軍均肩負著自己的使命。對中國而言，民眾民族意識單薄、缺乏組織是中國革命的一大難題，而童子軍是訓練民眾的好的形式。〔註3〕從 1912 年到 1926 年，中國童子軍雖

〔註 1〕　胡立人：《初級童子軍》，中華書局，1937 年版，第 3～4 頁。
〔註 2〕　吳耀麟、章輯五：《童子軍教育原理及方法》，正中書局，1942 年版，第 1 頁。
〔註 3〕　如：國民黨青年部建議成立黨童子軍議案，認爲各國童子軍「均有深潛內心使命」。見：劉澄清《中國童子軍教育》，商務印書館，1932 年版，第 16～17 頁。

有發展但舉步維艱，其根本原因是缺乏統一的領導和籌畫。1926 年之後，中國內憂外患局勢的日益加劇，民眾反帝情緒日益高漲，民族主義思潮盛行。在此影響下，國民黨在反帝的洪流中，開始接管童子軍組織，將童子軍視作復興民族、訓練青年的工具。由此，童子軍在中國的發展與民族主義緊密聯繫在一起。

中國童子軍運動傚仿的是英美的童子軍，尤其是英國。1920 年代國民黨開始重視童子軍的發展，恰逢中國民族主義浪潮洶湧澎湃。因此，國民黨承繼了英國童子軍運動中的民族主義成分。本章將詳細闡述這一問題。

1.1　英國童子軍運動中的民族主義

1.1.1　民族主義與英國童子軍運動的興起

1.1.1.1　英國後維多利亞時代的危機

1901 年 1 月 22 日，執政 63 年多的維多利亞女王去世。這不僅是英王室權力的一次嬗遞，更標誌著大英帝國一個時代的終結。儘管當時的英國還維持著表面的繁榮與穩定，但在實際上，帝國繁榮的外表之下，潛藏的社會危機已經出初露端倪。表現在以下幾個方面：

第一、經濟發展相對衰退。

一般歷史學家將 1873 年以後的英國稱爲「大蕭條」時期。〔註4〕因爲在這一時期，傳統的紡織業、採煤業等傳統工業雖然能夠支撐英國的繁榮。但是，在第二次工業革命中，新興的美國、德國卻在鋼鐵、製造等工業的帶動下產生新一輪的經濟增長。英國在這一次產業結構更新換代方面相對落後了，其綜合國力已經不像第一次工業革命那樣不可逾越。除此之外，頗讓英國人尷尬的是，英國並不能像以前那樣對海外殖民地進行絕對的統治。〔註5〕

第二、海外殖民控制力減弱。

布爾戰爭是英國海外殖民控制力減弱的標誌。1899 年 10 月 11 日，英國與南非共和國爲了爭奪領土和礦產資源，引起戰爭，史稱「布爾戰爭」。英國爲應對戰爭，先後調動 44 萬軍隊，而布爾人僅有 8 萬多人應戰。戰爭持續了

〔註4〕　《英國近代史》，王覺非主編，南京大學出版社，1997 年版，第 664 頁。
〔註5〕　《英國近代史》，王覺非主編，南京大學出版社，1997 年版，第 746 頁。

兩年零七個月，英國為此消耗 2.5 億英鎊，先後有 21,942 人死亡。布爾人僅傷亡 3,900 多人。〔註6〕為應對南非一個小小的部落政權，英國調用了大量的人力物力，甚至不惜從其他殖民地調集力量，才贏得這場戰爭的勝利。這場兵力與綜合國力如此懸殊的戰爭，英國的花費卻如此之高昂，勝利如此之艱難，著實讓英國人震驚！布爾戰爭是對英國殖民統治自信心的一次沉重打擊。從表面上看，英國取得了戰爭的勝利，將非洲殖民地擴大到最大範圍。但是，這場戰爭被視作英國海外殖民活動時代的終結。〔註7〕這場戰爭暴露出英帝國深藏的危機。〔註8〕戰爭中布爾人在刀槍劍戟簡陋裝備下表現出的機智與勇敢，與英國殖民者大炮火槍下的笨拙與怯懦形成鮮明對比，這給貝登堡極深的印象。布爾人在戰場上機智勇敢的表現是貝登堡創辦童子軍的靈感來源之一。〔註9〕

　　第三、國內階級鬥爭日趨尖銳。

　　一戰前的英國除了來自外來的挑戰之外，在帝國內部，潛藏的社會矛盾就像火山一樣蓄勢待發，最突出的就是日益明顯的貧富差距與階級衝突。這是英國工業化與城市化所帶來的社會問題。

　　在歐洲，英國率先完成首次工業革命，由此帶來了空前的繁榮。據統計，在1850～1873年維多利亞最繁榮時期，英國的生鐵產量占世界近一半；至1860年，英國人口僅占世界人口 2%和歐洲人口 10%，但其工業品的生產卻佔了世界工業產品的 40～50%及歐洲工業品的 55～60%。1870 年，英國的外貿總額超過德、法、意三國總和。〔註10〕這一時期的英國是世界上毫無異議的經濟強國。但是，到了 19 世紀末 20 世紀初，英國的經濟面臨激烈的競爭而相對衰退。工業方面年增長率緩慢，「唯一還能使英國工業界略感安慰的是製造業產品的出口及各類出口總額仍保持世界第一位」。〔註11〕

　　在帝國繁榮的背後，廣大的勞工階層面臨的一系列問題暴露出來。首先是物質生活條件。工業化帶來倉促的城市化。在嘈雜、混亂、污染的工

〔註6〕　《英國近代史》，王覺非主編，南京大學出版社，1997 年版，第 745 頁。
〔註7〕　《英國近代史》，王覺非主編，南京大學出版社，1997 年版，第 745 頁。
〔註8〕　《英國近代史》，王覺非主編，南京大學出版社，1997 年版，第 751 頁。
〔註9〕　《童子軍創始者貝登堡傳》，英　裴吉爾特·白爾福著，程育德譯，世界書局 1945 年版，第 98～104 頁。
〔註10〕　《近代英國史》，王覺非主編，南京大學出版社，1997 年版，第 366 頁。
〔註11〕　《近代英國史》，王覺非主編，南京大學出版社，1997 年版，第 695 頁。

廠周邊，興起了一座座小的城鎮。那裏，市政設施的滯後與缺失，致使生活環境極其惡劣。人們擁擠在低矮的簡陋房內，蒼蠅、蚊蟲、垃圾侵擾著人們的正常生活。住宿條件非常惡劣，他們的工作條件也是一樣。儘管城市生活條件如此惡劣，但是住在鄉村的人們還是大規模的向城市遷移。因爲田間的勞動已經不能滿足日常的生活需要，大量進口的廉價的糧食使他們的田間勞作一錢不值。城市，承載著鄉下人的夢想。城市，成爲欲望的樂園。其次，隨著城市化的發展，工人階級數量急劇增加。他們要求改善工資待遇，要求改善生活條件，要發出自己的聲音。在資本早期的擴張階段，一方面是資本家財富的積累，另一方面卻是工人生產生活條件的惡化。伴隨著資本早期勞資雙方矛盾的逐步升級，工人運動興起，工人開始成立自己的組織，社會主義運動蓬勃發展。英國的激進主義者和社會主義者抨擊資本主義制度，指出帝國在爲資本家製造大量財富的同時，漠視殖民地和英國的普通百姓的生活。〔註 12〕

第四、德國的競爭與挑戰。

帝國所面臨的外部危機，除了來自海外殖民地之外，歐洲後起之秀的德國顯示出咄咄逼人的態勢，讓英國人感到十分不安。它不僅在資本與市場方面與英國競爭，而且在軍備方面直逼英國。針對德國的挑戰，一戰前的英國政府對德國的外交採取所謂「中立」策略。既對德國保持高度警惕，又不想主動招惹它，一方面積極擴軍備戰，另一方面避免與德國的直接衝突，避免捲入國際爭端。但是，形勢的發展並不像英國人預設的那樣。德國憑藉強大的鋼鐵及製造業，軍備直接以英國軍備爲目標，力圖在軍艦的數量與速度上超過英國。德國的競爭態勢迫使英國不得不加緊軍備擴張。在一戰爆發前的20 年間，英德之間的軍備競賽達到前所未有的激烈程度。英國陸軍部甚至制定了戰爭突發狀態下的應對機制。大量的青年接受軍訓，充當預備役。教會也資助準軍事化的青年組織，學校教育加入軍事訓練的內容。〔註 13〕童子軍正是在這種緊張的氛圍中成立並壯大。

面對即將到來的戰爭，社會上層的部分精英，因廣泛參與處理殖民地和外交政務，對這種日益逼近的危險形勢產生高度的警覺。貝登堡對帝國的危機與災難深爲「焦慮」，遂組建童子軍以做應對。此舉得到以英王及王

〔註12〕　《近代英國史》，王覺非主編，南京大學出版社，1997 年版，第 747 頁。
〔註13〕　《英國近代史》，王覺非主編，南京大學出版社，1997 年版，第 752 頁。

室成員爲代表的社會上層人士鼎力相助，他們高度重視並積極支持童子軍
發展。

1.1.1.2　民族主義暗流湧動與童子軍的創建

　　上述的一系列的內憂外患，使英國社會彌漫著一種「焦慮」的情緒，民
族主義氣氛很濃。「1901 年底，喬治五世國王巡視大英帝國各殖民地回國，帶
給英國人一個不妙的消息：英國在帝國內的傳統市場正受到其他國家的侵
蝕，進而發出了『古老的國家必須醒來』呼喚。但真正意識到這一嚴峻處境
的人似乎不多」〔註 14〕1905 年，英國著名作家艾略特・E・穆勒（Elliot E. Mills）
以匿名的方式撰寫《大英帝國的衰落》（The Decline and Fall of the British
Empire）一書，作者列舉了八項致使帝國衰落的因素：城鄉生活水準差距拉大；
英國在喪失對海洋征服的興趣與信心；奢靡之風盛行；生活品味退化；國民
體質下降；宗教與精神生活腐化；徵稅過多、浪費嚴重；國防建設政府無能
等。〔註 15〕這些「危言」直接挑明英國「盛世」真相，迎合了部分民眾的心
態，故而十分暢銷，產生極大的警示作用，將民族主義情感推向高潮。

　　在這種緊張的局勢下，貝登堡將軍創辦了童子軍，他利用南非和印度殖
民地服役的經歷，〔註 16〕把訓練士兵的經驗以及布爾人的英勇與機智融入青

〔註 14〕　《近代英國史》，王覺非主編，南京大學出版社，1997 年版，第 693 頁。

〔註 15〕　《近代英國史》，王覺非主編，南京大學出版社 1997 年版，第 749 頁。作者
　　　　　沒有指出匿名的作者。英文文獻顯示：匿名的作者是艾略特・E・穆勒（Elliot
　　　　　E Mills）。

〔註 16〕　貝登堡（1857～1941）出生在一個高級知識分子家庭。他的父親是牛津大學
　　　　　幾何學教授，同時在光學、神學方面頗有造詣。他的母親出身名門，乃大家
　　　　　閨秀，多才多藝，在音樂、繪畫諸多方面修養甚深。他的外祖父史密斯在海
　　　　　軍建功頗多，同時還是知名的考古學家。三個舅舅均是當時英國政界、法律
　　　　　界著名的人物，尤其是三舅舅，他在南非殖民過程中建功頗多，是著名的將
　　　　　軍。貝登堡後來的戎馬生涯受到他的提攜與幫助。貝登堡的父親在 1860 年去
　　　　　世時，留下了十個子女，貝登堡年僅三歲。他的母親承擔了撫養子女的重任。
　　　　　在朋友和外祖父家族的幫助下，貝登堡諸多兄弟姐妹健康成長，都接受了良
　　　　　好的教育。其二兄喬治・貝登堡成爲英國著名的作家和政治家，曾周遊世界，
　　　　　寫作《英國新殖民地》一書，在幫助英王室治理海外殖民地方面做出突出貢
　　　　　獻，被授予男爵勳位。他不僅是一個旅行家，還是一個喜歡探險的戶外運動
　　　　　愛好者。其長兄亨利・貝登堡任職於皇家海軍，寫過《海童子軍》一書。貝
　　　　　登堡的其他兄弟也都成爲社會名流，諸如油畫家、飛行家，也都曾在治理英
　　　　　國的海外殖民地方面做出貢獻。因爲這樣的家庭環境，貝登堡自幼就深受影
　　　　　響，喜歡戶外旅遊、探險。同時對軍事知識抱有濃厚的興趣。貝登堡在上學
　　　　　期間顯示出其聰敏、有責任心、組織能力強等良好的素質。1876 年，19 歲的

少年訓練中去。〔註17〕1908 年，貝登堡出版 Scouting for Boys（《童子偵探》），用以指導童子軍訓練。1909 年 9 月 4 日，童子軍在倫敦舉行第一次大檢閱，英王愛德華七世發來賀電，贊賞蓬勃發展的童子軍運動。10 月，英王召見貝登堡中將，並授予功勳獎章。愛德華七世是童子軍運動的支持者，其子喬治五世受其影響，成爲童子軍運動的重要讚助人之一。英王室的大力支持極大地推動了英國童子軍的發展。

1909 年，貝登堡出版《童子軍遊戲》。1910～1911 年，英國先後舉行兩次童子軍大檢閱，其規格之高世所罕見。不僅倫敦市長及政界顯要參加檢閱，英國王室幾乎傾巢出動參觀盛況。這兩次檢閱不僅使童子軍運動成爲英國的一種時尚，而且童子軍運動迅速傳播，各殖民地及其他國家紛紛仿傚成立童子軍組織。〔註18〕據統計，到 1913 年，英國的童子軍成員已經達到 15 萬多人。〔註19〕

在隨後的十幾年間，英國童子軍組織的人數急劇增加，達數十萬之多。與男童子軍（Boy Scouts）壯大的同時，女童子軍（Girl Guilds）也隨之壯大，兩者相加總數近 50 萬。（表1－1）

貝登堡考入陸軍軍官訓練班。經短期培訓，他被派往騎兵團服役。接下來的幾年，貝登堡在印度、南非等地服役，其軍銜不斷得到晉升。同時他筆耕不輟，出版一些戰地紀實等書籍。1899 年，南非的川斯菲爾（Transvaal Republic）政權與英宗主國政府發生爭執並引發戰爭。但是，英國在戰場顯現頹敗，形勢的變化需要一個更有能力的軍官去改變不利局面。因爲貝登堡在印度駐防的傑出表現，他被選派到南非駐防。這一年，是貝登堡生涯中的重要一年。在南非的麥菲金（Mafeking）戰役中，貝登堡指揮的英軍以少勝多。這場戰役充分顯示出貝登堡卓越的組織能力與軍事素質，使他一夜之間成爲英國家喻戶曉的英雄人物，英王授予他少將軍銜。後來軍銜不斷晉升。1908 年出版《童軍警探》。1929 年出版《童子軍與青年運動》。此後，終身致力於童子軍事業的發展。1941 年 1 月 9 日病逝於非洲寓所。以上內容參見胡祖蔭等編著《貝登堡傳記》（商務印書館，1935 年版）、 英 裴吉爾特·白爾福著，程育德譯《童子軍創始者貝登堡傳》（世界書局，1945 年版）、吳道存編譯《貝登堡》（中華書局，1940 年版）。

〔註17〕 在南非的麥菲金（Mafeking）戰役中，貝登堡指揮的英軍以少勝多。此事成爲貝登堡創辦童子軍的因素之一，同時，他也成爲英國家喻戶曉的英雄。他的獨特身份對童子軍的發展十分有利。見 英 裴吉爾特·白爾福著，程育德譯《童子軍創始者貝登堡傳》，世界書局，1945 年版，第 98～104 頁。

〔註18〕 胡祖蔭等編著：《貝登堡傳記》，商務印書館，1935 年版，第 107～115 頁。

〔註19〕 數位見前節圖表：《英國 1917～1937 年間童子軍數量統計表》。

英國 1917～1937 年間童子軍數量統計表

年　代	女童軍	男童軍
1917	40,350	194,331
1919	123,604	218,628
1921	236,130	237,633
1923	317,862	270,110
1925	370,860	305,867
1927	433,283	338,053
1929	518,826	397,648
1931	586,616	457,477
1933	623,246	480,379
1935	581,156	448,397
1937	525,276	443,455

注：此表轉引自：Forming Youth: Girl Guilds and Boy Scouts in Britain, 1908～39, Tammy M. Proctor, *History Workshop Journal*, No. 45（Spring, 1998）.

　　童子軍在英國盛行的原因，除王室、政要大力支持外，還有幾個比較明顯的有利因素：如貝登堡的貴族出身，接受的貴族教育，軍隊裏的歷練、媒體朋友的幫助、宣傳的技巧等等。[註20]

[註20]　貝登堡發起童子軍組織除了上述社會環境之外，與貝登堡個人的經歷與機緣密不可分。首先是貝登堡中產階級的出身及早期的教育，使貝登堡一直對戶外運動保持著濃厚的興趣。其父是牛津大學幾何學教授，閒暇時間帶領孩子們走進大自然，引導他們研究大自然。貝登堡少年時期所讀的學校，經常組織學生參加野外探險、遠足、露營、競舟等活動。這種貴族式教育對貝登堡發起童子軍起到潛移默化的作用。其次，貝登堡在印度喀什米爾服役期間，寫的用於指導戶外運動的指導手冊——*Aids to scouting*——在 BoyBrigade 及許多學校廣泛採用。此書奠定了貝登堡在戶外運動領域的導師地位。再次，1899 年，英國政府與南非 Transvaal Republic 當地政府發生衝突。貝登堡被政府指派前往 Mafeking 應對危機。七個月後，貝登堡成功解決危機，並揚名於世。他由少尉晉升少將。他成了民族英雄，他的故事被人們廣為傳頌。最後，媒體的宣傳助推了貝登堡童子軍教育理念的傳播。1902 年，貝登堡萌生要將 Scouts 理念付之於實踐並加以推廣的想法，他與出版商兼好友佩爾森（Pearson）取得聯繫。佩爾森擁有《周報》（*Pearson' Weekly*）、《快報》（*The Express*）及《尚品》（*The Standard*）三大報刊，在英國的媒界和政界均有一定的影響力。貝登堡後來回憶說，佩爾森是第一個瞭解童子軍理念的出版商，

有學者認為，上述這些有利因素，都不是最關鍵的因素。童子軍之所以能夠在同類青少年組織中脫穎而出，關鍵就在於貝登堡巧妙地迎合了民族主義（nationalism）。﹝註21﹞表現在一些幾個方面：

第一、突出英國所面臨的內憂外患，激勵了青少年的擔當意識，激發青少年的愛國主義熱情。第二次工業革命之後，英國往日的霸主地位正在受到德國的挑戰，帝國面臨衰落的危險。文章援引貝登堡的話說：「沒有優秀的公民及昂揚的愛國主義，這是羅馬帝國走向衰落的原因。現在，我們的國家正和當年的羅馬帝國一樣。英國正在這場殘酷的競爭中走向沒落，而我們卻對此毫無知覺。如果我們對此警覺並行動起來，讓正在成長的一代成為訓練有素的良好公民，我們還為時不晚」。﹝註22﹞因此，在童子軍的誓詞、規律上充分強調「為祖國而時刻準備著」（be prepared）的意志。

第二、在精神層面，大力弘揚大英帝國的正義、昂揚的民族主義（nationalism），用文化傳統中的騎士精神（the chivalry of their forefathers）激勵童子軍。同時，設計野戰環境下的遊戲，迎合青少年愛玩的天性。這是童子軍深受青少年喜愛的最重要原因。

第三、在組織上，營內各成員平等，消除等級差別，建立廣泛的友情。實際上，這是針對英國貧富差距日益懸殊、階級矛盾日益尖銳而採取的教育措施。一方面，勞工子弟可以在童子軍中得到鍛鍊，另一方面，在童子軍中，無論貧富、無論貴賤，都可以在一個團隊中共同成長，彼此影響，進而為社會的穩定奠定公民基礎。在管理方式上採取自治與自主，營內的各級長官均是孩子們的兄長。在遊戲活動中，兄長與眾弟兄一起計劃、分工、行動，直至任務最後完成。這是一種民主集中的管理方式，在遊戲中，彼此學會合作、服從、責任與民主。

第四、在宣傳的技巧上，重點突出童子軍組織「去軍事化」（non-mllitaristic organization）特徵。儘管訓練的形式，包括服飾、組織，都採取了軍事化的扮相，但在對家長的宣傳中著力強調其組織的「非軍事

正是佩爾森的鼓勵與支持，童子軍事業才得以發揚光大，為世人所知。資料見 英 裴吉爾特·白爾福著，程育德譯：《童子軍創始者貝登堡傳》，世界書局，1945 年版。

﹝註21﹞ *The Popularity of Nationalism in the Early British Boy Scout Movement*, Sam Pryke. *Social History*, Vol.23, No.3（Oct. 1998）.

﹝註22﹞ Preface of *scouting for boys*. Robert Baden-Powell, C.Arthur Pearson Ltd, 1919.

性」，與政府、軍界均無關聯。童子軍宣傳「公民教育」是獲得家長支持的主因。〔註23〕

　　通過這些形式，貝登堡將大英帝國在後維多利亞時代潛在的內外危機，以遊戲的方式警醒青少年，並使其在思想上「時刻準備著」（Be Prepared）。因此，後維多利亞時代的內外危機是英國在 19 世紀末 20 世紀初民族主義暗流湧動的直接原因，而民族主義思潮又成為貝登堡創辦童子軍的潛在動力。至於貝登堡個人的機緣以及宣傳的技巧，只是童子軍組織壯大的必要手段。

　　一戰中，「時刻準備著」的童子軍在戰時服務方面發揮重要作用。「有成千上萬之帝國童子軍為祖國效勞」。〔註24〕1919 年，貝登堡在《童軍警探》（第九版）一書的前言中，驕傲的寫到：

　　　　童子軍小弟兄們：戰爭（指一戰）已經極好地檢驗了我們運動的有效性，也檢驗了我們的訓練方法。我們的童子軍在戰時的服務的確比一般青年要好得多。實踐證明：我們的訓練不僅能培養帝國良好的公民（good citizenship），而且能夠訓練優秀的士兵和海員（good soidier or sailor）。我們童子軍戰時的卓越表現，已經得到首相、教育、行政等相關部門的書面嘉獎。〔註25〕

〔註23〕 *The Popularity of Nationalism in the Early British Boy Scout Movement*, Sam Pryke. *Social History*, Vol.23, No.3（Oct. 1998）.

〔註24〕 吳耀麟：《童子軍教育概論》，商務印書館，1936 年版，第 13 頁。近期報紙刊載文章，也披露一戰童子軍參加戰鬥。報導來自英國《泰晤士報》，報稱：一戰期間英國大約有 25 萬男孩被招募入伍。當時的阿斯奎斯政府為滿足前線的需要，將許多未滿 18 歲的孩子招進軍隊直接參戰。報導採訪到現年已有 106 歲的老童子軍，他回憶說，當時年齡只有 17 歲，但為了能填飽肚子，就謊編年齡及住址，報名入伍，審查也是形式。根據解密的檔案，當時的情況讓人震驚：有「17 歲『逃兵』被處死」，有「小童子軍 16 歲陣亡」。據統計，「幾乎一半左右的『男孩士兵』全都在前線陣亡或負傷」。這一「醜聞」被刻意隱瞞 80 多年，直到近日才被披露。見：2004 年 6 月 15 日新華網。新浪網、《北京晚報》都有轉載。

〔註25〕 War has put the vitality of the movement to the highest test, as it has also done the results of our method of training .Both in the Navy and the Army old Scouts have distinguished themselves above the average. It is something to know that our principle of inculcating character as the basis of good citizenship supplies also the best foundation for making a good soldier or sailor.The war work done by the boys has won for us splended letters of commendation from the Prime Minister, as well as from Heads or Ministries in Govement Departments, Education and Municipal authorities. Preface of *scouting for boys*. Robert Baden-Powell, C.Arthur Pearson Ltd.1919. 引文是筆者的翻譯。

　　　　我們能夠而且應該做到這一點。每一個孩子都應該承擔著爲國
家服務的責任。

　　　　每一個孩子都應該組織起來，十人一小隊，學習先輩勇敢精神，
實踐他們的精神。……

同時，在信中貝登堡向伊頓公學的孩子們描述了 scouts 的組織形式。貝登堡
認爲 scouts 就是應對危機並讓年輕人承擔責任的最好的形式。筆者認爲這封
信是貝登堡創辦童子軍目的的最好的、也是最直接的闡釋，scouts 外形之下掩
藏著隱晦的軍事目的──武裝少年，保衛國家，抵禦外侵。〔註28〕

　　第三、推崇騎士精神。

　　　　貝登堡在《童軍警探》第七章對騎士精神做了全面的闡述。他說：「童子
軍一個重要的目標是崇尚古騎士精神，就像日本人至今還崇尚武士道精神一
樣。不幸的是，我們的古代騎士精神在很大程度上漸漸消亡，然而，武士道
精神今天還在日本青少年中弘揚，並且在日常生活中訓練。……我們提倡古
騎士精神主要有以下三項標準：俠義（chivalry to others）、自律（discipline of
self）、自省（self impovement）」。「你們的銘言是『準備著』（Be Prepared），
騎士的銘言則是『時刻準備著』（Be Always Ready）」。「騎士精神在英國已經
有 1500 年的歷史，始自於亞瑟國王（King Arthur）」。貝登堡還講述亞瑟國王、
聖喬治等古騎士的事蹟，用以激發孩子們對古騎士精神的嚮往。另外他還記
述了古騎士的精神，如濟貧助弱（Defend the poor, and help them that cannot
defend themselves.）、不傷害別人、隨時準備著保衛英格蘭、贏得榮譽並忠於
榮譽、不背棄諾言、珍視祖國榮譽、捨生取義殺身成仁（Rather die honest than
live shamelessly）等等。通過宣傳這些古騎士精神，貝登堡希望孩子們能夠像
騎士一樣爲國家、爲社會服務。〔註29〕

　　第四、追述帝國的光榮。

　　　　通過講述大英帝國的光榮，貝登堡激發孩子們的民族自豪感。他在《童
軍警探》第九章這樣描寫帝國的光榮：「在假日裏你們乘坐 2～3 個小時的
火車，會到英國很遠的地方；如果乘坐 6～8 小時，就會到達大英帝國的另

〔註28〕 轉引自：Knights and Retainers: The Earliest Version of Baden-Powell's Boy Scout
　　　　 Scheme, Michael Rosenthal, *Journal of Contemporary History*, Oct, 1980.
〔註29〕 *scouting for boys*. Robert Baden-Powell, C.Arthur Pearson Ltd, 1919, pp216～
　　　　 219.

一頭。如果旅行幾天，你就會到達加拿大，想穿越這個地方，會花你好幾天時間。花上 18 個日夜，你就會到達印度或者南非。但是，到那的路程僅僅是到澳大利亞路程的一半。」他告訴孩子們，全大英帝國的版圖總量約是 37 個聯合王國（United Kingdom）的總和。這些領土都是我們的先輩艱苦奮鬥的結果。〔註 30〕

通過這些比附與比較，貝登堡向孩子們巧妙地傳達了大英帝國過去的輝煌以及當今面臨的競爭，從而激發他們的憂患意識。又通過在自然環境中的模擬野戰，迎合了青少年愛遊戲的天性，訓練了他們在戰時的應變能力，塑造了青少年的品格。

1.2　民族主義與中國童子軍運動的復興

民族主義是推動近代中國歷史進程主要力量之一。余英時指出：「中國近百年來的變化，一個最大的動力就是民族主義」。〔註 31〕美國學者 Cyrus H.Peake 認為，中國近代的新教育引進與發展的第一動力來自於民族主義的訴求。他說：「在 1860～1930 年間，那些把近代教育介紹到中國的中國人，他們的動力和目標就是試圖通過增強軍事力量來建立一個強大的國家，以及在民族國家林立的世界中使中國得以生存」。〔註 32〕

民國時期的學者已經深刻認識到民族主義和英國童子軍運動之間的關係。如：「貝登堡一生戎行，他曾經為英帝國立下汗馬功勞，他明白現在的兒童，即他國家的中堅。他創辦童子軍運動的原意何嘗不是為維護祖國未來的光榮，使兒童接受適當的訓練，將來成為帝國忠誠的臣民呢？」〔註 33〕又說：「由於時代背景，實為適應當時英國之需要。貝登堡屢謂欲圖大英帝國之繁榮發展，保持其歷史上之光榮與現在之霸權，非加緊國民訓練不可。為達此目的，除鞏固海陸空軍勢力為國防之基礎外，兒童之訓練為當務之急。兒童必須接受警探之訓練，使其常識豐富、技藝超群，以繼續先人之豐功偉業，

〔註 30〕 *scouting for boys*. Robert Baden-Powell, C.Arthur Pearson Ltd, 1919, pp271～273.

〔註 31〕 余英時：《中國近代思想史上的激進與保守》，《二十世紀中國思想史論》，許紀霖主編，東方出版中心，2006 年（第二版），第 423 頁。

〔註 32〕 轉引自：韋磊《20 世紀上半葉美國的中國民族主義研究及其學術價值》，《廣西民族研究》，2008 年第 2 期。

〔註 33〕 吳耀麟、章輯五：《童子軍教育原理及方法》，正中書局，1942 年，第 53 頁。

立志向上，發揚國威，充實國力」。〔註34〕又如：「貝登堡爵士的創辦童子軍，是基於他憂國愛國的一種信念。當 1903 年他從南非回到祖國，目擊那時英國國內青少年少有奮發向上之志，他深覺得青年時下一代的國民，青年而不健全，很容易使國家覆亡。他就發明了童子軍，作爲對症發藥的救濟」。〔註35〕

正是對英國童子軍運動中民族主義的細微的觀察，國民黨及理論界極力宣傳童子軍的價值，倡導發展童子軍。因此，民族主義與中國童子軍運動發展關係極爲密切。

1.2.1　中國童子軍初興時期的發展特徵（1912～1926）

學術界一般把 1912 年嚴家麟首創中國童子軍，到 1926 年國民黨青年部提議成立黨童子軍這一段時期，稱之爲童子軍的模仿期。這種分期法自民國就已經開始確立。〔註36〕相對於後來國民黨主持童子軍發展的近三十年（1926～1949），這一時期也可看做中國童子軍的初興時期。由於這一時期主要是完全模仿英美，故而又被稱爲模仿時期。在此期間內，中國的童子軍發展呈現出以下幾個特徵：

第一、興辦童子軍多源並進。

1912 年，嚴家麟在武昌文華書院成立童子軍。多數人認爲：這是中國人創辦的第一支童子軍。1913 年，上海華童公學成立華東地區的第一支童子軍。這是外國人在中國成立了第一支童子軍。〔註37〕此後，上海的其他學校也紛紛成立了童子軍，如育才公學、聖約翰大學、滬江大學等等。〔註38〕1913 年上海成立了中華童子軍會。1915 年，上海遠東運動會舉行，上海 300 多名童子軍在會場服務，贏得教育人士的讚譽，會後一致舉襄共同推動童子軍發展。11 月，成立「中華全國童子軍協會」，廣州、南京、漢口、北京、天津設立分會。〔註39〕

〔註34〕 吳耀麟著：《童子軍教育概論》，商務印書館，1936 年版，第 1～2 頁。
〔註35〕 沈雷漁：《童子軍教育概論》，商務印書館，1939 年版，第 103 頁。
〔註36〕 吳耀麟把 1912～1926 年的童子軍發展又分爲兩個階段：1912～1915 年，爲仿傚期；1915～1926 年爲發展時期。吳耀麟：《童子軍教育概論》，商務印書館，1936 年，第 28 頁。
〔註37〕 究竟誰是中國童子軍第一人？目前有研究者認爲：不是嚴家麟，而是上海滬西童子軍。文華童子軍和華童公學均在其後。見孫玉芹《民國童子軍研究中的兩個問題》，載於《安慶師範學院學報》2011 年第 1 期。
〔註38〕 康普：《童子軍會報告》，《新青年》，1917 年第二卷第五號。
〔註39〕 劉澄清：《中國童子軍教育》，商務印書館，1938 年版，第 13～14 頁。

　　1915 年 4 月，無錫第三師範附屬小學誕生了江蘇省的第一支非教會童子軍。1917 年 6 月，江蘇省童子軍聯合會成立。這是區別於教會組織的「中華全國童子軍協會」、由中國人組建的第一個省級童子軍聯合會。聯合會促進了江蘇童子軍的發展，該會成立後的一年之內，全省 24 各縣都有了童子軍團。1926 年，江蘇省選派童子軍代表中國參加哥本哈根世界童子軍大會。儘管童子軍組織逐漸壯大，但是，其中教會學校的童子軍力量佔有相當的比例。因此，1925 年之後反帝鬥爭日趨高漲，中國人掀起收回教育權運動後，江蘇省的童子軍力量大爲削弱，江蘇童子軍發展呈現退化的趨勢。〔註 40〕

　　1915 年，廣州童子軍創建，由黃憲昭在廣東公學發起。此後，廣州的其他學校也仿傚成立童子軍。1916 年，廣州的童子軍在省長朱慶瀾的資助下，獲得一定的發展。1917 年，朱慶瀾離開廣東，童子軍陷入困頓。〔註 41〕

　　1915 年前後，北京清華學校成立了華北地區第一支童子軍。清華童子軍具體的創辦時間，有三種說法：分別是 1916 年、1914 年和 1915 年。據北京檔案館檔案記載：「查京師童子軍事業濫觴於清華學校，時在民國五年之秋」。「自民國三年北平清華學校及基督教青年會等首先創辦童子軍，民國六年學務局規定京師各小學校童子軍辦法，風靡一時」。〔註 42〕又根據《清華周刊》，清華童子軍創始於 1915 年冬季。〔註 43〕究竟始於何時，尚待進一步論證。但根據中華民國童子軍協會成立時間（1915 年）推測，1915 年冬季成立較爲可信。清華童子軍主要針對中等科學生而設。中等科一二年級學生分成十四隊六個團，愈 200 人。儘管在名義上中國已經成立了全國性的童子軍指導機構——中華全國童子軍協會，但是，清華學校的童子軍具有相對的獨立性，具有自己鮮明的特點：一是直接傚仿美國。表現在：其教練員是美國人科爾先生；童子軍訓練所需服飾、器械從美國購買，如船型童子軍軍帽、徽章、軍棍等；〔註 44〕學生所瞭解的童子軍理念皆由美國出版的童子軍刊物翻譯而來。清華學校圖書館館藏大量原版英文圖書，有 4 萬多冊，其中童子軍有自

〔註 40〕 羅敏：《抗日戰爭前江蘇童子軍研究》，蘇州大學碩士論文，2009 年。

〔註 41〕 榮子菡：《廣東童子軍研究》，暨南大學碩士論文，2005 年。

〔註 42〕 兩說分別見《北京檔案史料》2006 年第 3 期第 147、154 頁，北京市檔案館編，新華出版社 2006 年版。）

〔註 43〕 《清華周刊》，1917 年，卷期不詳。

〔註 44〕 《清華周刊》1918 年，第 133 期，第 8 頁。

己專門的圖書室；〔註45〕及時報導美國童子軍近況，做垂範之用。如 1918 年第 138 期報導「美國童子軍之愛國精神」，講述美國一戰中童子軍響應政府號召，義賣「紅名片」（Red Post Card），為戰爭募集捐款。二是有庚款保障，資金充足。清華學校每年有相當可觀的庚子賠款做教育經費，每月 29,000 美元。〔註46〕三是活動豐富。在清華童子軍的示範下，京師學務局積極倡導，北京的一些中小學也成立也童子軍。〔註47〕清華童子軍的訓練也引起山西的注意，山西多次邀請清華童子軍赴太原表演。〔註48〕1917 年，在京師學務局局長張仲蘇倡議下，成立了「北京童子軍委員會」。「將各校分為十餘團，有七百餘人。可惜沒有童子軍教育專家指導，只有童子軍組織的形式，卻無實際的訓練」。〔註49〕

自北京成立了童子軍組織後，天津的南開中學校在張伯苓校長的宣導下，成立了天津的第一支童子軍。其他學校也紛紛傚仿。〔註50〕1921 年 3 月 19 日，在南開、新學書院、青年會宣導下，天津成立天津中華童子軍聯合會，雍劍秋擔任會長、張伯苓擔任副會長。〔註51〕1925 年 3 月 29 日，聯合會召開第五週年紀念會時，張伯苓當選會長。〔註52〕

1913 年，哈爾濱建立了俄國童子軍組織。「童子軍在軍官大街蓋了自己的體育場館。哈爾濱每所中學都有這個組織」。〔註53〕

〔註45〕 清華童子軍的組織結構是：最高機構設司令部；其下設各團部；與團部平行的機構有總務處、評議部、圖書室。筆者將散見於《清華週刊》童子軍資料彙集，復原了組織結構圖。

〔註46〕 《籌備清華學校基本金章程》，載於《清華大學史料選編》第一卷，第 244 頁，清華大學出版社 1991 年版。童子軍經常能夠做遠途旅行。如我國著名科學家高士其回憶童子軍生活時，說：「旅遊參觀，遊覽訪問，接見來人等也是童子軍的一個重要組成部分。我們清華童子軍去過居庸關、長城、明十三陵、故宮、頤和園等。……還組織了長途旅遊」。《高士其全集》第 5 冊，航空工業出版社，2005 年版，第 67～76 頁。

〔註47〕 《北京檔案史料》，北京市檔案館編，新華出版社，2006 年第 3 期，第 128～140 頁。

〔註48〕 浦薛鳳：《致新舊童子軍書》，載《清華週刊》1917 年，卷期不詳。

〔註49〕 劉澄清：《中國童子軍教育》，商務印書館，1938 年版，第 14～15 頁。

〔註50〕 劉澄清：《中國童子軍教育》，商務印書館，1938 年版，第 15 頁。也有研究者認為：天津第一支童子軍是新學書院童子軍。見池維強 2012 年碩士論文《民國時期京津地區童子軍教育研究》。

〔註51〕 《益世報》，1921 年 3 月 21 日。

〔註52〕 《益世報》，1925 年 4 月 2 日。

〔註53〕 （俄）司格林著，《北京，我童年的故鄉》，東方出版社，2006 年版，第 98 頁。

　　由此可知，1915 年之後，中國童子軍發展出現六大中心：武漢、上海、廣州、北京、天津，哈爾濱，分別代表華中、華東、華南、華北、東北。其他地區的童子軍尚沒有大規模的建立。他們多源並進，各自獨立發展。其中，江蘇（包括南京）、上海等地童子軍發展最為顯著。

　　第二、各區域之間彼此很少聯合。

　　上海、武漢、廣州、江蘇、北京、天津等地，童子軍組織都已成立，但是，相互之間很少相互聯絡。北京、天津兩地的童子軍距離雖近，但絕少聯絡。江蘇童子軍在省童子軍聯合會的組織下，更得到江蘇省教育會的大力支持，其發展為全國之冠，堪稱一時之盛。該省多次組織童子軍會操，組織學生參加社會公益活動。江蘇省童子軍省內活動組織的較好，但很少有省外的聯合。〔註 54〕武漢的童子軍自文華書院首創之後，武漢的童子軍逐漸發展。但最終形成教會童子軍和非教會童子軍勢力之分，在民族主義情緒影響下，地區之內無法團結，省外聯絡更少有。〔註 55〕總之，這一時期全國童子軍發展以區域為中心，很少相互聯絡，形成合力。在教會力量的主持下，形成了「中華全國童子軍協會」，而中國人自己並未成立真正意義上的全國性的指導機構。〔註 56〕

　　第三、童子軍發展難以為繼。

　　這一時期童子軍的發展面臨的共同問題是缺乏經費保障。廣州童子軍組建時，一切人等均是自願，因此，童子軍活動經費一律由自己解決。1916 年，朱慶瀾省長支持童子軍，並批撥開辦費 500 元，另外每月由省長公署撥付 100 元作為經常費。「廣東省是當時少數能夠得到政府補助的地方之一」。朱慶瀾離開廣東後，童子軍經費無所依託，僅靠熱心人士的捐助。〔註 57〕江蘇省童子軍經費獲得省財政撥付，有一定的保障，但經費太少，不敷使用。〔註 58〕陶行知撰文呼籲政府及省公署宜大力讚助。〔註 59〕省童子軍聯合會曾致函英

〔註 54〕　羅敏：《抗日戰爭前江蘇童子軍研究》，蘇州大學碩士論文，2009 年。
〔註 55〕　劉澄清：《中國童子軍教育》，商務印書館，1938 年版，第 15 頁。
〔註 56〕　1925 年，在中華教育改進社的組織下成立了「全國童子軍聯合會」。這只是名義上的全國統一領導機構，並無實際的組織工作。見：李豔芬：《中國童子軍組織機構初探》，中山大學碩士論文，2005 年。
〔註 57〕　榮子菡：《廣東童子軍研究》，暨南大學碩士論文，2005 年。
〔註 58〕　羅敏：《抗日戰爭前江蘇童子軍研究》，蘇州大學碩士論文，2009 年。
〔註 59〕　陶行知：《中華童子軍之經歷與前途之希望》，《申報》1920 年 8 月 19 日。

庚款委員會，希望得到款項以支持童子軍事業發展，但沒有解決問題。〔註60〕北京地區的童子軍，除清華童子軍有庚款保障經費充足外，其他學校經費困難，難以爲繼。1917 年 6 月 8 日，京師公立第十九高等小學校致京師學務局函，提到開辦童子軍的經費及教練培訓問題。11 日京師學務局回應「就地勢經濟各端，自行斟酌」。17 日王繼根等 9 名校長聯名爲童子軍經費事致京師學務局函：「惟所需經費，各校皆難於籌措，確係著手第一困難之點。究應如何解決，敬祈陳局長核示」。26 日學務局回函「當以學款支絀應付爲難，需款甚多，非目前所能辦到，宜就校中地勢經濟各端，自行斟酌」。但准其暫時挪用學費，「俟學款稍裕，再予以設法補助」。〔註61〕經費朝不保夕、捉襟見肘，童子軍發展極爲艱難。與中國人自己辦的童子軍相比，教會童子軍發展相對較好。

第四、童子軍在理論及實踐上很少創新。

1915 年，中華全國童子軍協會成立後，爲便於將童子軍理念準確傳達到各地，協會會同商務印書館，出版了系列童子軍用書。據目前所能查到的資料看，主要有四種用書。它們是：協會編著《童子軍規律》（民國 7 年版）、蔣千編著《童子軍烹調法》（民國 9 年版）、魏鼎勳編著《童子軍體操》（民國 9 年版）、朱樸編著《童子軍徽章》（民國 9 年版）。這些書目應童子軍發展的客觀實際需求而編印，在短時間內連續四版、甚至五版，可以看出民眾對於新生的童子軍理念的好奇與渴望。

這些書籍多半是直接傳譯國外的童子軍材料。如魏鼎勳編著《童子軍體操》（民國 9 年版）「例言」中指明：「本書自英國培明罕（Birmingham）青年運動會指導員 Alfred Bradley 所著之 Scouts Exercise 譯出。所載各部操法，均依原本不變。」〔註62〕

民國的童子軍理論工作者都認爲，在國民黨全面接管中國童子軍之前，中國基本上處在全面的模仿時期，少有顯著進展。如沈雷漁說：「童子軍教育在民國十六年以前，尚在試驗時代。」〔註63〕童子軍訓練都是依照歐美的資

〔註60〕　《申報》1926 年 4 月 26 日第七版《請撥英庚與發展童子軍事業》。《申報》1926
　　　　　年 5 月 1 日第七版《請撥英庚款提倡童子軍之覆函》。
〔註61〕　《北京檔案史料》，2006 年第 3 期，北京市檔案館編，新華出版社，2006 年
　　　　　版，第 125～126 頁。
〔註62〕　魏鼎勳編著：《童子軍體操》，1920 年版，「例言」頁。
〔註63〕　沈雷漁：《童子軍教育概論》，商務印書館，1939 年版，第 1 頁。

料；模仿兄弟學校進行。比如武漢童子軍模仿文華書院、北京童子軍模仿清華學校、上海童子軍模仿租界華童公學、廣州童子軍模仿香港童子軍等等。〔註64〕在這些學校裏，教會學校佔有相當的比例。因此，模仿成爲這一時期發展的主要形式。

1.2.2　20世紀20年代民族主義與中國童子軍運動的復興

在初興時期，全國各地的童子軍基本上都是在模仿教會學校，而且在組織上，中華全國童子軍協會掌握了童子軍教育自主權。隨著 20 世紀 20～30 年代中國民眾反帝鬥爭的高漲，這種局面受到國民黨及教育人士的批判。從史料上看，從 20 世紀 20 年代起，隨著中國民眾反帝鬥爭的高漲，民族主義在中國童子軍運動中的作用越來越明顯。

中國童子軍在最初的十幾年裏，與教會童子軍競爭，民族主義情緒時有爆發。中國人建立的江蘇童子軍聯合會，其實質就是與教會控制的中華全國童子軍協會形成「性質區分」。〔註65〕陶行知也認爲中國童子軍應該具有自己的民族風格。他說：「江蘇省教育會提倡童子軍時，擬改用中國口令華語指導，灌輸愛國主義。華界童子軍雖與租界童子軍相聯合，而主權宜操於華人之手」。〔註66〕江蘇童子軍聯合會譜寫的童子軍歌曲，向童子軍傳達了強烈的民族主義情感。如「醒兮醒兮，時其迫矣。人陸蛟龍起，虎視鷹瞵，國其危兮，共謀自足地」。〔註67〕在華中地區，也有民族主義情緒的流露。1919年，武昌中華大學附中物理教師林和成向學校提出，想利用課餘時間，組織童子軍。當時也有很多學生想參加童子軍。學校應師生的共同要求，同意組建童子軍。這樣，武漢地區有了第一支不受教會控制的童子軍。據鄧澤藻回憶，由於武漢地區公私立學校組建童子軍的越來越多，形成教會勢力的童子軍和非教會勢力的童子軍。教會童子軍憑藉著較強的經濟實力，借著成立早、服裝整齊的優勢，常看不起非教會童子軍。因此兩派矛盾時有迸發，在文華書院與中華大學的童子軍球賽上，雙方矛盾的激化。中華大學童子軍最

〔註64〕　陶行知：《中華童子軍之經歷與前途之希望》文中說：「廣東省之童子軍則取法於香港，成績頗爲美善」。《申報》1920 年 8 月 7 日。
〔註65〕　《省立第二師範學校籌設全省童子軍聯合會書》，《江蘇省教育會月報》，1917年 3 月刊。
〔註66〕　陶行知：《中華童子軍之經歷與前途之希望》，《申報》，1920 年 8 月 6 日。
〔註67〕　羅敏：《抗日戰爭前江蘇童子軍的發展》，揚州大學碩士論文，2009 年。

終戰勝文華書院童子軍，「沉重打擊了文華教會狂妄自大的氣焰」。〔註68〕

20世紀20年代，中國各地的童子軍因爲種種原因難以爲繼。而在廣州，隨著廣州國民政府的建立，中國的童子軍的命運發生了轉折。這次轉折更與中國的民族主義關係密切。

1923年廣州市政府認識到童子軍訓練的價值，認爲它是近代最好的教育，可以補充學校教育的不足。在政府機構設置上，教育局內部添設童子軍辦事處。爲宣傳童子軍並在訓練及組織上求得一致起見，廣州市多次舉辦童子軍訓練演講會，曾邀請市長孫科、教育局長及童子軍負責人李樸生蒞臨演講。他們認爲童子軍既可以維持社會秩序、也可以喚醒國人尚武精神，是救濟中國的良藥。在廣州市政府的大力支持下，廣州市童子軍迅速發展。「已有三十餘校組織了童子軍，入伍863人，考查及格的634人。隨後在廣東大學操場舉行隆重的成人禮和閱兵式」。〔註69〕從1924年起廣州市童子軍集中訓練，周六日訓練4小時，每周會操一次。〔註70〕到1927年，廣州「黨童子軍」有40餘團，8000多人。〔註71〕

1925年5月，席捲全國的五卅運動將反帝鬥爭推向高潮。五卅運動的反帝怒潮迅速席捲全國，工人、學生、商人、市民、農民等社會各階層廣泛參入，地域遍及全國二十多個省區，約六百餘縣，各地約有一千多萬人直接參加了運動。各地民眾舉行各種集會、遊行示威和罷工、罷課、罷市鬥爭。6月11日，漢口慘案發生，進一步激起全國民眾的憤怒。全國各地到處響起「打倒帝國主義」、「廢除不平等條約」、「撤退外國駐華的海陸空軍」、「爲死難同胞報仇」怒吼聲，形成了全國規模的反帝怒潮。〔註72〕

在民族主義浪潮高漲的時候，廣州國民黨積極支持反帝鬥爭，支持童子軍的發展。國立廣東大學附中校長鄒海濱在1925年童子軍檢閱上的訓詞，從四個方面說明國民黨對童子軍的認識：〔註73〕

〔註68〕 鄧澤藻：《漢口童子軍的創立和演變》，《武漢文史資料》，1984年第1輯，第157頁。

〔註69〕 陳覺全：《廣州童子軍史略》，《廣東文史資料》，第73輯，廣東人民出版社，1993年版，第150頁。

〔註70〕 榮子菡：《廣東童子軍研究：1915～1938》，暨南大學碩士論文，2005年。

〔註71〕 陳覺全：《廣州童子軍史略》，《廣東文史資料》，第73輯，廣東人民出版社，1993年版，第150頁。

〔註72〕 《中國大百科全書》（中國歷史III），中國大百科全書出版社，1992年版，第1252～1253頁。

〔註73〕 《國立廣東大學童子軍年刊》，1925年，鄒魯提寫刊名，第11頁。

首先，他認為英國童子軍興起受民族主義的影響。

「童子軍的創始者，是貝登堡將軍，於 1907 年，大聲疾呼，向社會中堅人士說：『我深痛英國之現狀，頗像羅馬帝國衰亡時代！我們祖宗刻苦經營所蓄積的勢力，今被那自溺於妄安的子孫損失了！……我國民啊，還不起來商量救濟的方法嗎？』救濟的方法是什麼呢？那就是童子軍訓練。老英帝國雖然頑舊，卻接受了他的提議，以國家的力量，在學校、在社會，勵行訓練；於是老英帝國垂老而將腐敗的氣質，經此特別『維他命』八年的滋養，乃大得健康。雖曾經 1915 年至 1921 年的大災難，如徐柏林飛船的襲擊、四十二生的大炮的直射、潛航艇的封鎖、毒氣彈的轟炸，也能奮發抵抗，而卒取得最後的勝利，稱雄世界」。〔註 74〕

其次，他認為童子軍訓練能塑造新一代國民。

「我們試圖回顧我國的少年同胞，未老先衰，體力衰退，是極普通的現象；而思想惡化，智慧用於邪僻，柔滑姦佞，無復大丈夫的氣概，恐不止過半的數目！嗚呼！此風雨飄搖，危殆萬分的國度中，第二代國民□不肖墮落如此，是何等可悲的啊！我們如果關心中國的前途，如果想挽救中國之頹運，則童子軍運動，確是我們今日應該一直努力的！」

第三，他認為童子軍訓練是實現三民主義的好方法。

「孫中山先生以大仁大智大勇之資，創民族、民權、民生之精義，從事救國運動三十餘年，而尚不克目睹成功。我們繼論起來，未嘗不怪我們成年的同胞之懦弱苟安，未嘗不恨我成年的同胞之頹喪冷酷！所以我們今後對於少年教育，必務培養其仁愛之赤心，使具致命成仁的勇氣，而有切用廣博的智慧，則童子軍便是極恰當的方法」。

第四，他認為中國童子軍應該肩負反帝與建設新國家的使命。

他說：「況自慘殺案發生，帝國主義者磨牙吮血，窮凶極惡的原形畢露，我們為抵抗帝國主義者之壓迫，為求我中華民國之獨立於自由，尤不能不謀武事之普遍。童子軍雖不盡屬武事訓練，卻為武事訓練最重要的基礎，或可簡直說是社會化的武事訓練。故我們為打倒帝國主義，為取消不平等條約，童子軍運動更是一種準備，一種有力的準備」。

〔註74〕《國立廣東大學童子軍年刊》，1925 年，鄒魯提寫刊名，第 11 頁。以下幾段引文來處相同。

　　這一演講對童子軍的起源、訓練目標以及對中國的使用價值，均做了較為明晰的闡發。在這一時段的史料中很有代表性。它從民族大義出發，呼籲「強民」對於「強國」的重大意義，具有很強的鼓動性。它利用五卅運動民眾反帝的民族主義情緒，將童子軍訓練置於三民主義政治話語中，使中國童子軍運動自此與政黨政治相融合，有了生存與發展的合理性。

　　此時國立廣東大學附屬中學的童子軍，組織健全，訓練有素，在廣州頗有影響力。其附中、附小均建立了童子軍。除此之外，廣州其他學校的童子軍發展也很迅速。「年刊」記載，「1925 年，廣州及附城各校童子軍為籌建孫中山先生紀念堂，開表演大會時，參加人數，達一千五百人，實為廣東未有之盛舉也。」〔註75〕足見廣州童子軍發展已經具有相當的規模。

　　鑒於廣州童子軍發展如此之迅速，1926 年，國民黨青年部認識到童子軍對於青年訓練的價值。他們認為過去青年運動最大的缺點是沒有系統的組織機構，導致力量渙散；童子軍具有勇敢誠實的精神、助人服務的特性，是青年運動最好的工具，故向國民黨中央委員會提出議案，建議成立國民黨童子軍委員會。提案直陳成立黨童子軍緣由，摘錄如下：

> 　　查童子軍的教育，尚任俠，重紀律，頗富於革命性，不惟為民眾武裝之先導，且亦可以站在戰線上負警備之責，故為學校青年最要之課外教育。但考各國關於童子軍之訓練，除教育意義之外，尚有其深潛內心之使命。簡言之，即帝國主義文化侵略之一工具。而我國童子軍初創於英人，繼述於美制，即有少數之教育家，脫離宗教之約束，亦不能認識各國童子軍尚有深潛內心使命，更不能決定我國童子軍應負之使命為何，但已普遍於全國之事實，與夫影響青年之偉大力量，則為人所共知。惜主持乏人，辦理不善，故本黨於青年運動中，不能不注意此種重要之事業，而以本黨所負之使命，灌輸於童子軍中。因之中央青年部決議，「中國國民黨童子軍委員會」，直接統轄國民政府區域內之童子軍，並與全國童子軍相聯絡。凡有組織，可以存者留之，應棄者棄之，務使其將本黨主義，納諸內心，而形諸事業。〔註76〕

〔註75〕《國立廣東大學童子軍年刊》，1925 年，鄒魯提寫刊名，第 11 頁。
〔註76〕劉澄清：《中國童子軍教育》，商務印書館，1932 年版，第 16～17 頁。

該提案認爲中國童子軍的發展在全國已有相當的規模，對年輕人影響很大，但「主持乏人，辦理不善」，因此，國民黨接管童子軍十分必要，同時指出中國童子軍發展的弊端：一是不明了各國童子軍運動均「有深潛內心的使命」，認爲中國童子軍過去充當了帝國主義文化侵略的工具；二是發展方向上盲目模仿，不知中國童子軍的使命何在。三是在組織上缺乏統一，辦理不善。由於童子軍訓練尙任俠，重紀律，具有較高的教育價值。因此，今後中國童子軍的發展，要將國民黨所肩負的使命灌輸於童子軍中，成立全國性的童子軍領導機構，以彌補過去發展之不足。

　　這份議案集中了 20 世紀 20 年代的國民黨對童子軍教育的反思。它賦予中國童子軍以神聖的使命，將童子軍納入「反帝」的主流政治話語中，使中國童子軍發展具有了正義感、使命感和方向感。基於這樣的認識，國民黨必須全面接管中國童子軍，開始從組織到教育理念的全面改造。

1.2.3　20 世紀 20 年代民族主義與童子軍領導機構的變動 ——從中國國民黨童子軍司令部到中國童子軍司令部

1.2.3.1　中國國民黨童子軍司令部

　　1926 年，國民黨青年部提議成立國民黨童子軍，其根本動力來自於五卅運動聲勢浩大的反帝愛國運動。國民黨青年部幹事李樸生回憶說：「民國十四年六月廿三日，我們領著童子軍一隊參加上海五卅慘案反英示威遊行，在沙基路被英水兵槍殺了一位童子軍。我從這血案的刺激，便決心參加中國國民黨，實行打倒帝國主義，旋在中央青年部任幹事。甘乃光先生和我們都是玩在一起的朋友。我們便商議創辦中國國民黨童子軍。朱瑞元、梁一鄂兩位及我，便擬定組織規程及實施辦法。十五年三月十五日蒙中央通過」。〔註77〕另外，1927 年，廣州國民黨童子軍委員會建立的第一支黨童子軍，以「景文團」命名，用以紀念在沙基慘案中犧牲的童子軍李景文。這裡童子軍的民族主義的情感就十分明顯了。〔註78〕

　　在此次反帝鬥爭的浪潮中，中國國民黨童子軍委員會正式成立。1926 年 3 月 15 日，國民黨中央執行委員會第十次常務會議，通過青年運動決議案，

〔註77〕李樸生：《我的童子軍生活》，載於《我不識字的母親》，香港 1956 年版，自印本。

〔註78〕榮子菡：《廣東童子軍研究：1915～1938》，暨南大學碩士論文，2005 年。

成立了國民黨童子軍委員會。黨童子軍委員會由以下人員組成：（一）中央青年部部長；（二）各軍代表；（三）總政治部主任；（四）中央軍事政治學校校長；（五）教育行政委員會常務委員；（六）其他特別人員。各省、市、縣、校均需成立童子軍委員會。〔註79〕從該機構組成人員的結構上看，童子軍委員會是集黨、政、軍、教、民各界主管於一體，增強童子軍的政治性、軍事性。

在此背景下，廣州國民黨童子軍委員會主持擬定了童子軍發展的規劃，包括增訂課程、師資培訓、宣傳等，開始全面接管童子軍，力圖使童子軍發展整齊劃一，朝著反帝建國的方向奮進。〔註80〕在此指引下，中國童子軍在廣州開始了新的發展歷程。

隨著北伐的推進，童子軍組織也在隨之壯大。在北伐過程中，童子軍配合北伐軍積極宣傳、參與國民革命。蔣介石發動「四・一二」反革命政變後，武漢童子軍參與了聲討蔣介石的活動，致使一部分國民黨指責童子軍的行為，認為「當赤禍橫流赤黨橫行的一個短小時期內，武漢、廣州所組織胸前嵌著『準備』兩個紅字的童子團，就是仿照童子軍方法來實施共產主義的教育」。〔註81〕由此開始，國民黨對童子軍除了反帝建國的教育外，更加注重對童子軍的三民主義教育。

1928 年 2 月，國民黨二屆四中全會後，國民黨中央機構重組，原有的青年部撤銷，青年組織訓練工作歸中央訓練部管理。中央訓練部長丁惟汾非常重視童子軍，認為「童子軍為黨義教育中最重要的工作之一，各地童子軍組織已趨紛亂，黨義課程參差不齊」，於是提議成立全國性的童子軍領導機關。〔註82〕經國民黨中常會討論後決議，國民黨童子軍委員會隨之撤銷，成立國民黨童子軍司令部，由張忠仁任司令。在司令部主持下，中國童子軍的組織和訓練趨向統一。

第一，司令部頒佈《中國童子軍總章施行通則》（1928 年 6 月 29 日）。規定童子軍訓練的目的「在發展兒童做事能力，養成自立互助愛國愛民族愛人類及勇敢犧牲等習慣，使其人格高尚，常識豐富，體魄健全，俾能切實作三民主義革命的繼續者，以實現民有民享民治的國家，漸臻世界大同」。訓練原

〔註79〕 劉澄清：《中國童子軍教育》，商務印書館，1938 年，第 18～19 頁。

〔註80〕 榮子菡：《廣東童子軍研究：1915～1938》，暨南大學碩士論文，2005 年。

〔註81〕 蔣曉星：《中國童子軍問題研究》，《學海》，1993 年第 4 期。

〔註82〕 劉澄清：《中國童子軍教育》，商務印書館，1938 年，第 20 頁。

則共 17 條，要求「一切訓練以三民主義爲最高原則」，「一切訓練以兒童爲本位」，「充分發揚中華民族精神，但承認童子軍的世界性」，注重軍事訓練、不得存宗教派別、一切組織均不得有違背黨國的法令、組織童子軍必須呈請中國童子軍司令部核准等。〔註 83〕十七條訓練原則從制度設計上保證了國民黨對中國童子軍的牢固掌控權。

　　第二，司令部要求各地童子軍重新登記。1928 年 9 月 7 日頒佈《中國童子軍服務員登記條例》，要求「凡在中國童子軍事業中服務者，均須遵照本條例舉行登記」。爲保證國民黨對童子軍的掌控，要求「凡曾經加入國民黨所反對之政治團體者，請求登記時，除經切實聲明與該團體業已脫離關係者，須有本黨有黨證之忠實同志五人以上，負責保證方可登記」。1928 年 10 月 12 日，中央訓練部頒佈《中國童子軍登記條例》，規定「登記人請求人經司令部審查合格登記後，即行按級發給證書及徽章」「已經核准登記領得司令部所頒發之證書及徽章者，方得爲中國童子軍」「中國童子軍需每年登記一次以便稽核」「凡舊童子軍（以前一切男女幼童軍童子軍特別童子軍羅浮童子軍等）除依本條例登記外，須將所領得各級徽章及證書交由團長審查後，備文呈請司令部登記，經審查合格後，即更換中國童子軍各級證書及徽章」。〔註 84〕

　　另外，司令部還審查了黨童子軍三級課程及專科課程，出版《黨童子軍司令部公報》、《黨童子軍月刊》、《黨童子軍世界》等刊物。〔註 85〕

1.2.3.2　中國童子軍司令部

　　1929 年 6 月，國民黨中央訓練部認爲童子軍教育有普及全國的必要，宜提高黨童子軍司令部的地位，提出改組黨童子軍案。在中央訓練部部長戴季陶的提議下，國民黨中央決定將黨童子軍改爲「中國童子軍」，〔註 86〕司令部

〔註 83〕治永清：《童子軍專論》，商務印書館，1930 年，第 189〜192 頁。
〔註 84〕治永清：《童子軍專論》，商務印書館，1930 年，第 185〜186 頁。
〔註 85〕劉澄清：《中國童子軍教育》，商務印書館，1938 年，第 20〜23 頁。
〔註 86〕戴季陶説：「國民黨是負救國的責任的，所救的國，就是中華民國，中國國民黨就是領導中國全國國民，把中國青年訓練起來。我們顧名思義，就可以把童子軍的名稱，大大氣氣的，稱爲『中國童子軍』，而由中國國民黨負起領導的責任，這也就是中國國民黨天下爲公的精神啊！」陳天賜：《戴季陶先生文存》第二卷，臺北：中國國民黨中央委員會黨史史料編纂委員會，1959 年版，第 800〜801 頁。程禮東認爲：此次改名還有另外一個原因，按照世界童子軍大會章程規定，世界各國的童子軍組織不得在政黨的名義下組織活動。因此中國國民黨童子軍想加入世界童軍組織，必須改名。但程禮東並沒有給出國

直屬於中央執行委員會，司令由訓練部部長兼任。8月，中國童子軍司令部正式成立，何應欽任司令。〔註 87〕在此期間，童子軍在統一組織上又向前邁進了一大步。

首先，中國童子軍司令部頒佈《中國童子軍宣傳大綱》，統一了中國童子軍宣傳的內容。主要內容如下：〔註 88〕

1、回顧世界童子軍運動發展簡史。

> 從英人彼敦堡（即：貝登堡）於 1907 年在桃山白浪島上組織始創的童子軍及 1908 年出版《童子軍警探》這名著之後，各國聞風繼起，組織童子軍的聲浪竟傳遍全球。到此時通通表現出轟轟烈烈地各別成績來（注：原文如此），雖然不過二十週年。〔註 89〕

2、概述中國童子軍的發展歷程，初步認定中國童子軍運動源於上海教會學校。

> 中國童子軍當民國二年時，由外人康普——上海格致公學校長與上海教育界籌商，也仿傚歐美組織起來了。（注：此時的國民黨認為是外國人康普首創中國第一支童子軍。這與後來 1941 年國民黨確定的首創人是中國的嚴家麟不同。）這幾年來，雖因為支持乏人，而且各自為政，不能夠有突飛猛進的現象。但是全國已有相類的組織，其勢雖不十分蓬勃，而成績已經是大有可觀。我們若把中國取法外人的各種制度，如政治法律教育……比賽一下，童子軍總算是奪得錦標，為國人增光不少。〔註 90〕

3、闡明童子軍運動潛藏的意義：各國童子軍均肩負國家使命。

> 童子軍組織的外表的共同目標是學校中的一種課外教育，無非是德智體美群五育的平均發展，振作青年的奮鬥精神，訓練青年有視察服從恃己合群和慈善的習慣，達到誠實勤勇、敦品立性，在社會上成一有用青年而已。可是我們更深的一層的觀察一下，很顯然

民黨改名的直接證據，見：程禮東碩士論文《論戴季陶的童子軍教育思想》，華中師範大學，2008 年。

〔註 87〕《十年來的中國童子軍總會》，中國童子軍總會編，1944 年版，第 3 頁。

〔註 88〕治永清：《童子軍專論》，商務印書館，1930 年第二版，第 194～201 頁。無法確切宣傳大綱的具體頒佈日期。根據文字內容，判斷時間為 1929～1930 年間。

〔註 89〕治永清：《童子軍專論》，商務印書館，1930 年第二版，第 194～201 頁。

〔註 90〕治永清：《童子軍專論》，商務印書館，1930 年第二版，第 194～201 頁。

的除開教育意義之外，尚有深潛內心的重大使命，為組織者本身的需要伏線，如英國是鞏固皇室，美國是顯示上帝，德法是互相為打倒之對象，日本是為實現大日本主義之良具。〔註91〕

4、檢討過去的中國童子軍，指明今後努力的方向──建設新中國。

　　但是我們中國呢？除過當帝國主義的先鋒隊──基督教主辦的各學校拿組織童子軍為文化侵略的工具，為麻醉反抗帝國主義的民族意識，為製造媚外賣國的洋奴階級而外，我們中國熱心童子軍的教育家，大都抄襲外人之皮毛，不察尚有潛伏內心之使命。他們只是從教育著眼，把應有的政治意識避棄無餘。他們當然不能確定童子軍應負的使命，而使之有堅固的信仰和團結。因此，中國童子軍不但過去對國家無大表現，且至今還沒有認識自己的使命──今後應將創造新中國的責任負荷起來，努力奮鬥，以與世界各國爭雄。

5、強調國民黨調整中國童子軍領導機構、加強童子軍指導的必要性。

　　中國童子軍沒有走上應有的軌範，這是中國前途的損失，也是本黨的損失。本黨對於全國青年負有領導反抗帝國主義，完成國民革命，和增進科學的創造能力，為建設新中國準備的兩種歷史使命。（注：筆者加著重號。）而對於童子軍這種重大的事件自當深切關懷，使之向應負的使命方面改善前進。所以我們黨的中央青年部當是十五年的時際，即注意此項問題，曾設立全國童子軍最高的統一的指導機關──中國童子軍委員會。目下我們黨的中央訓練部又續舊布新，發揚光大，設立中國童子軍司令部，為全國童子軍謀一實用的統一的大發展，以養成革命青年，為國民革命與建設新中國而奮鬥。〔註92〕

「宣傳大綱」檢討了童子軍過去的發展，籌畫了今後的努力，同時宣傳了反帝的民族主義。「大綱」特別強調要求「思想統一化」，「指揮統一化」，即統一在三民主義的指導之下，統一在中國童子軍司令部之下。也就是說，童子軍要在中國童子軍司令部統一領導下，向著反對帝國主義和建設三民主義新中國兩個方向邁進。

〔註91〕治永清：《童子軍專論》，商務印書館，1930 年第二版，第 194～201 頁。
〔註92〕治永清：《童子軍專論》，商務印書館，1930 年第二版，第 194～201 頁。

第二，中國童子軍司令部進一步完善童子軍法規。

1930 年 1 月 30 日，國民黨中央第 69 次常務會議通過《中國童子軍團組織條例》、《中國童子軍特別市理事會組織條例》、《中國童子軍省理事會組織條例》和《中國童子軍縣（市）理事會組織條例》、《中國童子軍團海外理事會組織條例》等法規。〔註93〕

《中國童子軍團組織條例》規定了各地童子軍團成立的各種要件，「凡中國童子軍十八人以上並有確實經濟來源者，得依本條例組織中國童子軍」；團設正副團長、小隊長等級階；「團之成立須依照中國童子軍團登記條例，履行登記其團次，由中國童子軍司令部編定之」。《中國童子軍省理事會組織條例》規定「凡成立中國童子軍縣及市理事會十處以上

之省，得由該省黨部訓練部，陳請中國童子軍司令部，在該省組織中國童子軍省理事會，定名爲中國童子軍某某省理事會，秉承中國童子軍司令之命令，執行該省童子軍編制、指導、考核等事宜。」「中國童子軍省理事會由理事五人至七人組織之，並設候補理事三人。以該省黨部訓練部長及教育廳長爲當然理事。……」《中國童子軍特別市理事會組織條例》規定了各地理事會組織的原則。如「凡已成立童子軍團七團以上之特別市，得有該特別市黨部訓練部陳請中國童子軍司令部，在該特別市組織中國童子軍特別市理事會，定名爲中國童子軍某某特別市理事會，秉承中國童子軍司令之命令，執行當地童子軍編制、指導、考核等事宜」。「中國童子軍特別市理事會由理事五人至七人組織之，並設候補理事三人，以當地黨部訓練部部長、教育局長爲當然理事，其餘由當地童子軍服務員（補充），每半年互選一次，由特別市黨部訓練部陳請中國童子軍司令部核准充任之」。《中國童子軍縣（市）理事會組織條例》規定「中國童子軍縣（市）理事會由歷史三人至五人組織之，並設候補理事三人，以當地黨部訓練部長機教育行政長官爲當然理事，其餘由當地童

〔註93〕治永清：《童子軍專論》，商務印書館，1930 年第二版，第 201～210 頁。

子軍服務員（充任），每半年互選一次，由縣市訓練部陳請省理事會核准」。〔註94〕《中國童子軍團海外理事會組織條例》規定了國民黨海外支部所在地，成立童子軍團所需要的條件，與國內的程序基本一致。

　　1930 年 5 月 19 日，中國童子軍司令部頒佈《中國童子軍登記條例》。條例第一條規定「凡國內及海外之中國兒童年滿十二歲，願接受中國童子軍之訓練，並得家長之許可者，均須依照本條例向中國童子軍司令部履行登記」。第四條規定：「凡請求登記者，經中國童子軍司令部審查合格，即行發給中國童子軍登記證書及證章」。〔註95〕這是國民黨實施童子軍教育許可制度的標誌。它的意義在於：通過重新登記，將分散於社會各層面的童子軍組織統一在中國童子軍司令部下。通過國民黨領導，體現童子軍教育的三民主義宗旨；同時對教會所辦理的童子軍實施許可制度，保證了中國教育自主權。

　　從這些行政法規的規定看，國民黨通過審批許可制度，從人事安排、指導原則、組織結構等方面，指引中國童子軍未來的發展方向。在這些制度的保障下，中國童子軍能夠按照國民黨既定的方向發展。

1.2.4　20 世紀 30 年代民族主義與中國童子軍總會的成立

1.2.4.1　首次全國童子軍大檢閱激發童子軍的民族意識

　　在中國童子軍司令部主持下，「全國各地的童子軍請求登記紛紛而來，已經審查合格的童子軍團者，有二百餘團。」〔註96〕另外，各地還成立童子軍促進會、學術會、研究會等，共同推進童子軍事業的發展。

　　爲展示國民黨童子軍的發展成果，也爲了敦促童子軍登記制度的順利推進，更爲了激發全國童子軍的民族國家意識，1930 年 4 月 18～22 日，南京市舉行了中國童子軍的第一次大檢閱。這是國民黨第一次組織全國性的大檢閱。當時的報刊爲我們描寫了當時的盛況：

　　　　轟動全國之全國童子軍總檢閱，於四月十八日晨八時在首都小
　　營開始，觀眾萬人空巷、擁擠不堪，一種熱烈氣象，直非筆墨所能

〔註94〕　以上法規出自：治永清：《童子軍專論》，商務印書館，1930 年第二版，第 201
　　　　～210 頁。

〔註95〕　《第一次中國教育年鑒》乙編「教育法規」，教育部編，開明書店，1934 年版，
　　　　第 85 頁。

〔註96〕　劉澄清：《中國童子軍教育》，商務印書館，1938 年，第 24 頁。

形容，而全體童子軍態度之莊嚴活潑，精神之飽滿充足，尤予觀眾以極深的印象，而爲新中國之前途，抱無限之希望。〔註97〕

這次檢閱由張忠仁任總指揮，國民黨中央委員到會的有蔣介石、胡漢民、譚延闓、王寵惠、吳稚暉、李石曾、蔡元培、林森、劉廬隱、邵力子、邵元沖、古應芬、朱培德、蔣夢麟、王正廷、焦易堂、張道藩、桂崇基、陳耀垣、張治中、鄭毓秀、何思源等數十人，由中央訓練部長戴季陶擔任

學生童子軍檢閱

主席。參加檢閱的童子軍團計 121 團，共 3,366 人。媒體評論說：「此次前來參加檢閱之三千餘童子軍服裝之整齊、動作之靈敏、精神之煥發，可謂卜中國童子軍不久即有驚人之發展也」。〔註98〕

國民黨要人紛紛發表演講。蔣介石即興演講，強調童子軍應該肩負起「打倒列強除軍閥」的歷史任務，建設獨立自由平等的新國家。他說：「各位都知道中國現在一方面受帝國主義者的壓迫欺凌，國家的地位連三等國家都趕不上；一方面國內殘餘軍隊裏挾其封建思想，□漫於革命潮流之中，使革命不能進行不能成功，童子軍對於這種情形，有何感想呢？簡單的說，就是我們不打倒國內的殘餘軍隊，不消滅封建思想，不打倒帝國主義者，我們中國便永久不能獨立自由平等。但是要打倒殘餘軍閥消滅封建思想，排除侵略中國之帝國主義，其責任就在現在的中國新青年，將來爲中國主人翁的身上，這就是中國全國的童子軍」。而要完成這樣的任務，包括童子軍在內全體民眾，擁護國民黨的三民主義，擁護國民政府是唯一的選擇。〔註99〕

在檢閱會上，戴季陶、吳稚暉等都發表了演講，中心意義在於肯定童子軍訓練的價值，希望童子軍積極訓練，成爲中國的「新青年」，擔負起反帝建國的歷史使命。從這次國民黨高規格的大檢閱中，看出中國童子軍在國民黨的主持下，已經獲得突飛猛進的發展。而且中國童子軍不再像以前那樣，盲

〔註97〕 《湖北教育廳公報》，1930 年，第 2 期。
〔註98〕 《湖北教育廳公報》，1930 年，第 2 期。
〔註99〕 《湖北教育廳公報》，1930 年，第 2 期。

目的模仿，確立了童子軍的民族立場與發展方向，肩負著振興民族國家的重任。

　　受到大檢閱的鼓舞，國民黨更加重視童子軍。蔣介石對訓練部長戴季陶說：「童子軍訓練是國民軍訓的基礎、青年軍事訓練的根本。在中央方面應有一個獨立健全的組織機關，然後中國童子軍教育方能辦好」。〔註100〕戴季陶遂提出組建中國童子軍總會，獲得蔣介石的許可。1931 年，曾擔任國民黨中央訓練部正副部長的戴季陶、何應欽、馬俊超、苗培成共同簽名，提議組建中國童子軍總會。

1.2.4.2　中國童子軍總會的成立

　　20 世紀二三十年代，資本主義世界經濟經歷了「過山車式」的發展，在此期間，1929～33 年席捲資本主義世界的經濟「大蕭條」，加劇了世界的緊張局勢，各國擴軍備戰的步伐越發加快。德國、意大利正在法西斯政黨的領導下，將國家引向戰爭的軌道，日本制定了征服中國的戰爭計劃：1931 年「九·一八事變」發生，緊接著，1932 年上海「一·二八事變」爆發。在「一·二八」抗戰中，上海市理事會特別組織「童子軍戰地服務團」，300 多名受訓童子軍參加後方服務工作。其中四名童子軍在戰地服務時失蹤。「他們雖然慘死，然而是光榮的。由這次犧牲的童子軍們，的確可代表全中國童子軍盡忠國家與勤懇服務的偉大成就。所以世界童子軍領袖貝登堡郵給『一·二八戰役』上海市童子軍服務戰地的信函，表示非常贊美中國童子軍的愛國精神。」〔註101〕在民眾民族主義高漲的情況下，國民黨加快了中國童子軍總會的成立步伐。

　　從另外的角度看，中國國民黨成立童子軍總會還有一個潛在的原因：按照世界童子軍組織的規定，童子軍是非黨非教派的社會組織。中國童子軍要想加入世界童軍組織，首要條件就是把現有的黨童子軍改變成一個非黨的合乎要求的社會組織。因此，國民黨中央決定成立中國童子軍總會。從名稱上把「黨」的痕跡抹去。但是，這種改頭換面的做法，改變不了國民黨控制童子軍的事實。

　　1932 年 4 月 10 日，洛陽國民黨中央第 16 次常務會議通過提案，並推選

〔註100〕劉澄清：《中國童子軍教育》，商務印書館，1938 年，第 25 頁。
〔註101〕劉澄清：《中國童子軍教育》，商務印書館，1938 年，第 27 頁。

蔣介石擔任總會會長，戴季陶、何應欽爲副會長。6 月 27 日，中國童子軍總會籌備處成立。1933 年 10 月，《中國童子軍總章》公佈。〔註 102〕

1934 年 7 月，教育部依據「總章」第 18 條的規定，選舉王世杰、朱家驊、陳立夫、張治中、周亞衛、酆悌、桂永清、劉詠堯、陳劍修、嚴家麟、張忠仁、段錫朋、郝更生、顧樹森、雷震等十五人爲中國童子軍第一屆全國理事會理事。10 月 19 日，全國理事會推選王世杰爲理事長，〔註 103〕陳立夫、顧樹森、陳劍修、劉詠堯爲常務理事，酆悌爲主任秘書。1934 年 11 月 1 日，中國童子軍總會正式成立。總會之下設全國理事會，全國理事會下設常務理事會，常務理事會下設秘書處、設計委員會、戰時工作委員會等各種委員會。秘書處下設辦事機構有訓育科、組織科、公用科、總務科以及各種委員會。〔註 104〕至此，中國童子軍置於童子軍總會的領導之下，各省、直轄市、縣均成立各級理事會，指導童子軍運動的發展。

時人回憶說，1932 年 4 月，國民黨在洛陽召開第四屆十六次常委會，決議成立「中國童子軍總會」，其中一個重要因素在於：用「總會」取代教會派掌握的「中華全國童子軍協會」，以彰顯中國童子軍教育的「民族性」。〔註 105〕

在總會領導下，進一步完善了法規。如幼童軍的誓詞規律銘言、專科訓練標準、羅浮童子軍（注：Rover Scout，即 18 歲以上成人童子軍）組織規程及訓練原則、海童軍三級課程標準等，定三月十五日爲童子軍節。〔註 106〕

中國童子軍總會的成立有內外兩大動因。從外部因素看，中國童子軍總會須與世界童子軍組織接軌。中國童子軍總會是一個獨立的社會組織，與國民黨、國民政府均沒有直接的隸屬關係，符合國際童子軍的組織原則。同時，

〔註 102〕《十年來的中國童子軍總會》，中國童子軍總會編，1944 年版，第 3～9 頁。

〔註 103〕王世杰時任教育部部長，兼任第一屆理事長。之所以這樣，是考慮到童子軍教育應該歸屬於教育部管轄。也就是說，童子軍教育的行政主管是各級教育主管部門。各級理事會只是起到督促、監督之責，並無直接行政干預職權。第二屆之後的理事長分別是：陳立夫（第二屆）、張治中（第三屆）。

〔註 104〕《總會籌備處之由來及會長之產生》，《第一屆全國理事會產生及總會宣告成立》，《十年來的中國童子軍總會》，中國童子軍總會編印，1944 年版，第 3～9 頁。

〔註 105〕據龍步雲回憶：「蔣介石欲在少年學生中培育他所需要的一代人，非常重視童子軍工作。特將受教會派掌握的『中華全國童子軍協會』撤銷，成立『中國童子軍總會』。」《解放前學校中的童子軍及軍訓工作》，《長沙南區文史資料》，第 2 輯，第 10 頁。

〔註 106〕劉澄清：《中國童子軍教育》，商務印書館，1938 年，第 29 頁。

中國童子軍總會的成立也是爲了方便國際交流，使中國童子軍獲得國際童子軍界的認同。曾任中國童子軍總會視導科總幹事的黃祐前回憶說，「北伐成功後，在南京成立了『中國國民黨童子軍司令部』，由張忠仁擔任司令。後來，因爲要加入世界童子軍國際組織——『世界童子軍大會』，按照大會章程規定，各國童子軍組織係一種少年兒童教育的群眾性組織，不得在任何政黨名義領導之下參加，故不久改爲『中國童子軍司令部』，由何應欽任司令。這樣改頭換面，仍得不到世界童子軍大會的承認，最後不得不按照國際規定，⋯⋯1931 年正式成立『中國童子軍總會』（注：中國童子軍總會成立於 1934 年 11月 1 日。1931 年僅僅是訓練部長們提議成立總會的時間。故筆者認爲作者回憶有誤。）」〔註107〕

　　從內部因素看，中國童子軍總會的成立暗含著國民黨政治派別的較量。中國童子軍總會雖名義上是獨立的組織，但是事實上國民黨從來就沒有放棄對童子軍總會的控制，集中體現在總會的人事安排上。總會會長由蔣介石親自擔任，副會長、秘書等均由國民黨中最親近蔣介石的人物來擔當。據統計，童子軍總會的主任秘書以及各委員會組成人員都來自於勵志社、復興社以及三青團骨幹分子，如酆悌、劉詠堯、趙範生等。〔註108〕從黃埔系在總會中實力的增強，我們也能從側面看出，蔣介石刻意讓童子軍總會擺脫國民黨 CC 系掌控的用意。鄧澤藻回憶說：「『復興社』爲操縱童子軍，成立了『中國童子軍勵進社』，作爲它的周邊組織（社長是蔣介石），童子軍勵進社總社設南京，各省及特別市教練員中的頑固分子及一般童子軍教練員中站在教會派立場的人須愼重考慮外，其餘所有童子軍教練員可以吸收爲社員。『復興社』操縱童子軍是採取由上而下的方式，即首先掌握童子軍的領導機關，如黨童子軍司令部、中國童子軍司令部，中國童子軍總會的歷任秘書都是『復興社』總社的領導層人員。另外，省市童子軍指導員許多也是『復興社』社員」。〔註109〕

　　儘管國民黨有如此多的「私心雜念」，但此次中國童子軍組織機構的調整，尤其是中國童子軍總會的成立，表面上看它不再直接隸屬國民黨中央

〔註107〕黃祐前：《我所知道的中國童子軍》，《鎮江文史資料》第 25 輯，政協鎮江市委文史資料委員會編，1993 年，第 173 頁。

〔註108〕《十年來的中國童子軍總會》，中國童子軍總會編印，1944 年版，第 9～15頁。

〔註109〕鄧澤藻：《湖北、漢口童子軍的創立和演變》，武漢文史資料文庫，第 4 輯，教育文化卷，武漢出版社，1999 年版，第 228～229 頁。

執行委員會，成爲一個獨立的社會組織，因此，此舉可視作是對過去童子軍運動過於倚重黨權傾向的重大政策調整。從中國童子軍組織發展的角度看，這是國民黨整合黨政諸權及社會力量，合力推進童子軍大發展的新起點。

在中國童子軍總會和各地理事會的敦促下，全國各地的童子軍有了長足的發展。尤其是教育部通令，要求全國中小學建立童子軍，初中自 1935 年起將童子軍列入必修課。這道通令如同春風，在全國各地的中小學校催生出童子軍組織之花。〔註 110〕

1.2.4.3　第二次全國大檢閱進一步激發童子軍的民族意識

1935 年華北事變，掀起全國民眾抗日的新高潮。在全國童子軍大發展及民眾抗日情緒高漲的情況下，1936 年 10 月 7～11 日，中國童子軍總會在南京舉行全國第二次大檢閱大露營活動。這是中國童子軍發展史上規模最大、影響力最大的檢閱露營活動，將反帝愛國的民族主義情感推向高潮。此後雖有多次檢閱露營活動，但都無法與此次相比。〔註 111〕

在這次大檢閱中，國民黨中央宣傳部發表《告全體童子軍書》，向童子軍發出號召；「負起救亡的責任」、「矯正社會病態」等。〔註 112〕在童子軍和民眾心目中，大檢閱激發了空前的民族主義情感。

媒體報導說：「在萬眾歡騰慶祝國慶聲中，在莊嚴肅穆之總理陵前中央體育場舉行盛大之大檢閱。……由蔣委員長任檢閱官，劉詠堯任總指揮。各中央委員、各院部會長官暨蔣夫人，均參加盛會。參加大檢閱之各省市單位，計有江蘇、浙江、南京市、上海市、安徽、廣州市、廣東、山西、山東、雲南、江西、福建、湖北、湖南、河南、貴州、陝西、廣西、河北、綏遠、察哈爾、甘肅、北平市、天津市、青島市、漢口市、江寧實驗區、遼寧、吉林、熱河、黑龍江等三十一省市縣，童子軍共計一萬一千人。會場四周看臺上的來賓，約十萬餘人。……檢閱長官有蔣會長中正、檢閱長官戴副會長傳賢、

〔註 110〕《十年來的中國童子軍總會》，中國童子軍總會編印，1944 年版，第 33 頁。
〔註 111〕此後規模較大的檢閱有：1938 年 11 月 12 日，第一次陪都童子軍大檢閱；1941年元旦，第二次陪都童子軍大檢閱；1942 年 3 月童子軍節，第三次陪都童子軍大檢閱；1943 年 3 月童子軍節，第四次陪都童子軍大檢閱；1944 年 3 月25～29 日，第五次陪都童子軍大檢閱。見：《全國及各地童子軍之檢閱》，《十年來的中國童子軍總會》，中國童子軍總會 1944 年編印，第 61～66 頁。
〔註 112〕《公教學校》，1936 年，第 2 卷，第 25 期。

何副會長應欽、檢閱官馮玉祥、孫科、居正、張繼、陳立夫、葉楚傖、丁惟汾、孔祥熙、王世杰、朱家驊、方治、陳紹寬、馬俊超、褚民誼、錢大鈞、桂永清等。」

當看到東北等淪陷區的童子軍不遠萬里長途跋涉，參加大檢閱時，記者寫到：「當舉行進行式時，遼寧、黑龍江、吉林、熱河、察哈爾、河北、綏遠、北平、天津、甘肅、貴州、雲南、廣州市、廣東、廣西等省市童子軍行進看臺時，看臺之民眾，無不拍掌表示歡迎。尤以遼吉黑熱察之童子軍，民眾除拍掌歡迎外，並自動起立致敬表示慰勞之忱。」〔註 113〕

金陵大學教育系學生章映芬參加了大檢閱，她對華北事變後的北平有別樣的感受。她寫到：「北平十九人是喬裝南下的，八號到達營地，往年運動會中北平總是夠神氣的單位，現今竟是如此，我們怎樣說？八日那天東北四省也有代表報到。雖則只十九人，卻叫全營地都興奮。」「（檢閱時）當東北四省的代表走過時，歡呼聲中都禁不住流下淚來」。〔註 114〕

河南省的老童子軍魏明回憶當年的大檢閱時說：當東北的童子軍經過檢閱臺時，「受到全場十分熱烈的歡迎。許多人一邊鼓掌一邊感動得流淚。我們這時注意到檢閱臺上的人們的表情，看到馮玉祥將軍用手帕在擦淚，自古『英雄有淚不輕彈』，此情此景實在感人至深。這表達了全國人民對日本帝國主義的憤怒！表達了對東北四省同胞不甘當亡國奴奔向祖國的敬意！」〔註 115〕

陝西的老童子軍劉超回憶說：「晚間聽到『我的家，在東北松花江上……』這突如其來的沉痛歌聲，劃破秋夜長空，喧囂、雜亂的狂歡聲停頓了。同學們發自內心的共鳴，熱血沸騰了……（檢閱時）東三省的童子軍代表團入場了：一面大紅旗，上書黑絨『東三省』三個大字，十分醒目。雖然只有五個人，但那莊嚴、肅穆、穩健、沉重的腳步，卻踩動每個人的心……在他們帶著三千萬流亡同胞的情感、希望、要求，繞完全場後，何應欽總指揮把他們安排在司令臺的首席位子上。」〔註 116〕

〔註 113〕　《公教學校》，1936 年，第 25 期。
〔註 114〕　章映芬：《童子軍大檢閱營地生活紀實》，《勤奮體育月報》，1936 年第 3 期。
〔註 115〕　《解放前「全國童子軍第二次大檢閱大露營」親歷記》，《漯河文史資料》，第一輯，第 147 頁。
〔註 116〕　《陝西童子軍代表團在南京》，《蓮湖文史資料》，第三輯，第 88 頁。

　　這種民族主義情感在中山陵前的體育場形成一股團結的力量，抗戰到底誓死保衛祖國的愛國情感在童子軍心中激盪。詩人臧克家用飽含感情的筆觸寫下詩歌《要國旗插在東北的土地——聞全國童子軍受檢閱情況有感作》。詩歌寫到：

> 誰敢小看中華民族？
> 說它成了風前的殘燭？
> 請他到這檢閱臺下，
> 看看我們青年的隊伍。
>
> 步子咚咚的震動了大地，
> 嗚嗚的軍號給扣著拍子！
> 看，走過去一面面大旗，
> 旗上標著行省的名字，
> 旗尾碼著大隊一個個，
> 堂堂的行列受著檢閱。
>
> 三面旗影來了悲痛：
> 一面是吉林，
> 一面是黑龍江，
> 一面是遼寧。
>
> 三面旗子，
> 綴著六個童子，
> 這六個沒了故鄉的孩子，
> 給祖國牽來了東北的土地！
>
> 一陣掌聲，
> 響破了人心，
> 是喜是悲，
> 分不清這滋味！
> 掌聲拍下了一串串眼淚，
> 眼淚模糊了旗上的字！
> 人心裏忽的燃起一把火，
> 心裏的誓言跳出了口角：

「誓死要把我國的國旗，

　　插上我們東北的土地！」〔註 117〕

綜上所述，1920～1930 年代，從廣州國民黨開始建立黨童子軍起，中國童子軍領導機構從中國國民黨童子軍司令部，到中國童子軍司令部，再到中國童子軍總會，這些調整的背後，都離不開帝國主義侵略所帶來的強烈的民族主義思潮的推動。與其相伴隨的是 1925～1926 年的五卅運動，1931 年的九一八事變、1932 年的一二八事變以及 1935 年的華北事變。在帝國主義侵略步步緊逼的背景下，國民黨越發重視童子軍。通過掌控中國童子軍，國民黨就掌控了一個訓練青年、武裝民眾、訓練幹部的示範工具。

在總會、各地理事會及童子軍團的共同努力下，1937 年之後的全面抗戰，童子軍成為後方服務的重要力量之一。童子軍組織雖因國土淪陷而遭到破壞，但在國統區及其他地區，童子軍依然在堅持戰地服務。

1.2.5　中國童子軍運動中民族主義表現形式

中國童子軍運動中的民族主義表現在以下幾個方面：

第一、童子軍訓練強化了「反帝愛國」和對國民黨執政理念認同的內容。

中國童子軍訓練內容基本上都是繼承英美童子軍而來。按照貝登堡的設計，童子軍訓練分為初級、中級、高級以及專科課程。初級的核心課程是願詞、禮節、國旗、結繩、徽章、體操、衛生、記號。中級核心課程有旗語、方位、禮節、快速識記、儲蓄、野炊、縫補、救護。高級課程有旗語、旅行、游泳、救護、製圖、儲蓄、野炊、測量、手工、指導初級童子軍。專科課程分為體育類、服務類、職業類、教育類、野外類等，有數十種之多。〔註 118〕

中國童子軍在模仿時期（1912～1926），基本上完全照搬了上述訓練課程。如治永清〔註 119〕在《童子軍專論》（1926 年版）提供的課程，就是依照英美童子軍模仿而來。〔註 120〕

〔註 117〕　《要國旗插上東北的土地》，《臧克家集外詩集》，陝西人民出版社，1984 年版，第 51～52 頁。

〔註 118〕　*scouting for boys*.Robert Baden-Powell, C.Arthur Pearson Ltd, 1919.

〔註 119〕　治永清 1923 年前後擔任北平師範大學童子軍教練員，著《童子軍專論》一書。該書是 1920 年代出版的比較少見的童子軍訓練研究用書，保存了 1920 年代童子軍珍貴的資料。今天見的童子軍用書多出版於 1930～40 年代。

〔註 120〕　治永清：《童子軍專論》，商務印書館，1926 年版，第 12～18 頁。美國的童子軍訓練主要內容有：knowledge of the scout oath and law; hisrory and

　　1925 年，國立廣東大學童子軍訓練時，已經在原有的內容基礎上，加入了以下課程：初級：孫文歷史、童子軍歷史；本級（中級）：三民主義淺說；優級（高級）：建國方略。〔註 121〕添加的課程說明廣東革命政府結合革命形勢的發展，初步改造了童子軍，希望他們成爲國民革命的後備力量。

　　在五卅運動的高潮時期，童子軍直接參加反帝大遊行。1925 年 6 月 28 日的遊行中，童子軍李景文中彈殉難，事蹟悲壯。〔註 122〕1926 年，中國國民黨童子軍司令部根據中國反帝鬥爭的需要，在原有童子軍訓練內容的基礎上，又對訓練的內容做出新的調整，加入了激發童子軍民族國家情感的內容。如初級加入總理史略、三民主義、國恥之意義、童子軍史；中級課程則加入中國國民黨之史略、帝國主義侵略中國之概況；高級課程加入中國革命史、五權憲法、建國方略、三民主義精義等。〔註 123〕

　　從所加的內容上看，國民黨一方面是加強了對童子軍反帝愛國精神的教育，如帝國主義侵略中國之概況、國恥之意義、中國革命史；另一方面也強化了童子軍對三民主義的認同，如總理史略、三民主義、五權憲法等。

　　1934 年，教育部頒佈童子軍訓練課程標準時，鑒於學生課業負擔過重，將童子軍的課程做了刪減。上述的三民主義、國恥之意義、中國國民黨之史略、帝國主義侵略中國之概況、五權憲法、建國方略等課程被刪除，僅保留了初級的總理事略、童子軍史略，中級的三民主義要略，高級的中國革命史略。這是對 1926 年中國國民黨童子軍司令部時制定訓練標準的一次大的修訂。此次修訂，目的除了減少學生的課業負擔外，另一原因是被刪除的內容與其他課程重複，如公民課、歷史課等。〔註 124〕儘管刪除了這些課程，但童子軍課程中的民族主義核心內容依然保留。如總理史略、三民主義要略、中國革命史略等。

---

composition of the American flag, and knot-tying. elementary signaling, tracking, and observation, outdoor cooking; map-making and map-reading, etc. *The Boy Scout Movement Applied By The Church*, Norman E.Richardson, S.T.B, Ph.d, New York Charle s Scribner's Sons, 1919, pp12～15.

〔註 121〕《國立廣東大學童子軍年刊》，1925 年，鄒魯提寫刊名，校內編印，第 16 頁。

〔註 122〕陳覺全：《廣州童子軍史略》，《廣東文史資料》，第 73 輯，廣東人民出版社，1993 年版，第 153 頁。

〔註 123〕治永清：《童子軍專論》，商務印書館，1930 年版，第 10～13 頁。

〔註 124〕1930 年代，教育部頒佈的初中課程標準，原來的黨義課已被公民課所取代。在公民課中設置了三民主義等教學內容。詳細內容見後面的章節。

　　第二、與日本的比較，增強中華民族團結與自信的意識。

　　1927 年，戴季陶寫作《日本論》，是其日本研究的得力之作。著述的目的是以日本近代的崛起做對比，力圖爲中國的民族復興提供借鑒。戴季陶認爲，日本維新成功的原因在於兩方面，一是「有時代的切實要求」；二是「有人民共同的信仰」。這兩個原因又歸結爲一點：在歷史上「日本民族統一的發展能力已經確實具備」。「民族的統一思想，統一信仰，統一的力量，」這就是日本維新成功的最大元素。〔註 125〕以此反觀中國，他認爲：「對應現在的中國，應該相信中山先生所主張的三民主義的確是現代唯一的革命理論，他不但在事業上指導我們未來，還可自自然然替我們解釋了一切的歷史」〔註 126〕在論證政黨在革命中的作用時，他說，「政黨的生命必須要維持一種堅實的獨立性。要具備革命性，才能夠維持眞正的獨立。」什麼是革命性與獨立性呢？當然不外乎「革命的主義」「革命的政策」「革命的策略」。而「這三樣東西，更靠革命的領袖和革命的幹部而存在。」〔註 127〕

　　將中日兩國革命做對比我們不難發現：戴季陶的目的在於論證「主義」的唯一與革命政黨隊伍的純潔對於中國革命的重要意義。因爲只有這樣，中國才能產生統一的信仰，才能像日本那樣實現民族的復興。而中國當下的信仰就是三民主義的信仰，孫中山就如同日本「天皇」一樣，應當成爲中國民眾信仰的符號。這就是戴季陶分析日本所得出的主要結論。從這裡我們可以看出：在實現民族復興的道路上，戴季陶對民族凝聚力作用的神往。對像中國這樣經濟、政治、軍事諸方面都無法使民族自信的情況下，惟有中國傳統的道德與文化才具有凝聚人心的作用，具有全民族認同的功效。而當下國民黨信仰的三民主義就是指引中國革命的正確理論，因此，構建中國傳統道德文化與三民主義之間的繼承關係，是三民主義贏得全民族革命認同的唯一選擇。這就是戴季陶的革命邏輯，也就是「純正三民主義」的核心所在。

　　與戴季陶的觀點略有不同，蔣介石認爲促使日本迅速崛起的最重要原因是中國的儒家哲學。他說：「日本所以致強的原因，不是得力於歐美的科學，而是得力於中國哲學。他們日本自立國以來，舉國上下，普遍學我們中國的

〔註 125〕戴季陶：《日本論》，《日本四書》，線裝書局，2006 年版，第 299 頁。
〔註 126〕戴季陶：《日本論》，《日本四書》，線裝書局，2006 年版，第 300 頁。
〔註 127〕戴季陶：《日本論》，《日本四書》，線裝書局 2006 年版，第 307 頁。

故先輩中，每一德目應選擇二三人。四、世界各國人物中，每一德目，選擇若干人，於不知不覺中教兒童以世界歷史，且養成其世界眼光。此種標準：一應注意近代史；二應注重建國人物；三應注意慈善家及發明家。五、行文□□，宜用語體，尤須採用小說連載。」〔註136〕

在戴季陶的要求下，中國童子軍的課程教材呈現出極其濃厚的民族特色。各地童子軍訓練在參照英美童子軍小隊象徵形象的基礎上，結合中國的歷史文化，設計了具有濃鬱民族特色的新形象。如小隊以歷史著名人物的名字命名，如班超、張騫、岳飛、文天祥、史可法、鄭成功、戚繼光等。也有以古蹟命名，如長城、天安門、天壇、布達拉宮等。〔註137〕女童軍則有以花木蘭命名的。〔註138〕

第四、歌頌中國悠久的歷史與文化，增強民族自信力。

以中國童子軍教材編寫為例。童子軍總會副會長戴季陶要求統一童子軍教育訓練教材，要求由總會統一審核。在對中國悠久歷史與文化的宣傳上，國民黨偏重於對傳統倫理道德的宣傳，如「四維六藝八德」等。他們認為，這是中華民族過去賴以生存的根本，也是中華民族自信力的根本。這一點，在後章將詳細闡述。

〔註136〕戴季陶：《選擇童子軍規律之補充教材標準》，《會長副會長及各屆理事長監事長對童子軍教育之言論》，中國童子軍總會編印，1945 年，第 44 頁。
〔註137〕葉偉強：《民國時期的惠州童子軍》，《惠州文史資料》，1999 年第 15 輯，第 58 頁。
〔註138〕楊大釗：《童子軍生活回顧》，蓬溪文史資料，第 24 輯，1995 年版，第 80 頁。

第 2 章　國民黨對童子軍教育理念的改造

　　貝登堡設計的童子軍教育是以「品性訓練」（character training）為訓練核心，中國童子軍在民國之初，也是以此為核心。從 1926 年起，國民黨從廣州開始，全面主持童子軍的建設與發展。在國民黨的三民主義政治意識形態影響之下，童子軍教育理念除了秉承「品性訓練」外，還承擔了「政治規訓」與「軍事訓練」的使命。在 20 世紀二、三十年代中國民族危機日益加劇的形勢下，中國童子軍所蘊含的三重教育功能，成為改造國民性的重要形式之一。

　　國民黨對童子軍教育理念的改造主要體現在三民主義與原有理念的結合上。具體而言，首先是「革命的智仁勇」成為中國童子軍的行為銘言；其次是 1930 年代國民黨將「四維八德」列入中國童子軍訓練的最高指導原則；第三，再次修訂《中國童子軍總章》；最後，對童子軍的外在符號系統如服飾、軍禮等進行徹底的改造。

　　從政治角度看，國民黨對童子軍教育理念的改造是國民黨實現三民主義政治社會化的手段之一；〔註1〕從中西文化交融的角度看，國民黨對童子軍理

〔註 1〕　在社會的政治領域，政治宣傳機構對社會成員進行有效的政治訓練，使之具備必要的政治知識及政治覺悟，以便於凝聚人心，也使受教育的民眾適應社會的政治生活。各種政治團體便將自己的政治主張以意識形態的方式灌輸給民眾，目的在於贏得統治的合法性。政治學者將這種「人們學習政治價值和政治立場的過程」稱之為「政治社會化」，更準確的說，政治社會化是「正式負責教育的機構有目的地對於政治意識、政治價值和政治習慣的灌輸」。它是

念的改造也是童子軍教育中國化的過程。當然，從改造的程度來看，國民黨的此次改造只是建構了一個「中體西用」的童子軍教育模式，在童子軍的訓練方式上並沒有眞正實現中國化。

本章將對以上問題做詳細的闡述。

2.1 童子軍理念與中國傳統教育思想的糅合

2.1.1 國民黨改造之前的童子軍理念的變化

中國童子軍在初興時期（1912～1926），中華全國童子軍協會參照英美的童子軍，制訂了誓詞、規律、銘言，同時根據中國的情況做了適度的調整。體現在一些幾個方面：

1、童子軍的訓育目標在於實施公民教育，培育「良善有爲的國民」。

中華民國成立之後，把延續數千年的「臣民」培養成「國民」成爲民眾教育方面最爲緊迫的任務。這是「民國」賴以存在的社會基礎。童子軍的組織者結合這一宏大的時代主題，賦予童子軍教育以崇高的歷史使命。《童子軍規律》〔註2〕第一章「總章」中對童子軍「宗旨」做如下的表述：「本協會之宗旨在訓練兒童視察、服從及恃己等習慣，教以忠恕待人，並以一切利人益己之藝術，使成爲良善有爲之國民。」〔註3〕

爲訓練國民適應民主制度，在民主常識及民主程序方面做了特別的安排。如《童子軍規律》第三章「教育類」第13款「公民」條，內容是：須知地方公民選舉之資格；須知中華民國官制之名稱及選舉法；須知審判庭應用

「個體認識政治、形成政治人格與社會對個體的塑造兩個運動過程的辯證統一」。它強調政治與個人之間的雙向互動。政治社會化的主要媒體有家庭、學校、同輩團體、工作場所、大眾傳媒、選舉及其他政治活動場所、社會政治組織等。其中，學校是政治社會化的重要媒介與載體之一。「學校實施政治社會化的方式很多，可以分爲正規教育和非正規教育。正規教育是指通過學校的正式課程和有組織的政治活動對學生進行系統的政治教育；非正規教育是指學校中存在的政治文化環境對學生潛移默化的薰陶和影響」。「正是因爲學校具有這樣的功能，教育制度和教育政策歷來是統治者關注的焦點，學校教育也成爲政治體系培訓公民的重要手段」。見：《政治學導論》（第2版），楊光斌主編，中國人民大學出版社，2004年第2版，第77～81頁。

〔註2〕 《童子軍規律》具體內容見「附錄2」。
〔註3〕 《童子軍規律》，中華民國童子軍協會編，1919年版，第1～2頁。

之官員，及其責任與任期；須知本地方官長之名稱、責任及選舉法；須知本地方火警、巡警、衛生等局之責任；須知本團事務所周圍六里之地形、及重要之建築物；須知中華民國立國之史略；須純熟普通語（即官話）。〔註4〕從規定的訓練內容看出：童子軍訓練在於培養中華民國的新「公民」──知曉民主程序與社會組織功能的新國民。

　　2、童子軍徽章上的座右銘（motto）由「時刻準備著」（be prepared）變成「智仁勇」。〔註5〕

　　按照貝登堡的設計，童子軍徽章上的「時刻準備著」眞意是：童子軍隨時隨地準備著盡自己的職責，盡最大努力幫助別人。徽章的設計像是一張微笑的嘴巴，意即樂意效勞。〔註6〕協會在傳譯過程中，將中國傳統教育中的核心「智仁勇」替換「時刻準備著」，作爲中國童子軍的座右銘。從文化的傳承上看，這是西方理念與中國文化對接的成功典範。

First Class Badge

　　「智仁勇」是孔孟儒家大丈夫、君子「人格論」核心內容。其主要內容是身心合一爲仁愛，天人合一爲道德，內外合一爲聖王，知行合一爲智勇。這是孔子理想人格的至高境界。〔註7〕在具體修身之道上，孔子有「五倫說」，即父子、君臣、夫婦、兄弟、朋友。處理好這五種人際關係就做到了「仁」。要做到「五倫」，必須知曉三大美德──智仁勇。《中庸》中說：

　　　　天下之達道五，所以行之者三。曰君臣也，父子也，夫婦也，昆弟也，朋友之交也。五者天下之達道也。智、仁、勇三者，天下之達德也，所以行之者一也。或生而知之，或學而知之，或困而知之，及其知也，一也。或按而行之，或利而行之，或勉強而行之，

〔註4〕　中華全國童子軍協會：《童子軍規律》，商務印書館，1918年初版。

〔註5〕　《童子軍徽章》具體內容見「附錄3」。

〔註6〕　*scouting for boys.* Robert Baden-Powell, C.Arthur Pearson Ltd, 1919, pp34～35.

〔註7〕　鄧球柏：《孔孟的人格論──三大德（智仁勇）與大丈夫》，載於《哲學研究》2001年第12期。

　　及其成功，一也。子曰：好學近乎知，力行近乎仁，知恥近乎勇。

　　知斯三者，則知所以修身；知所以修身，知之所以治人；知之所以

　　治人，則所以治理天下國家矣。〔註8〕

　　《論語・子罕》中又說「知者不惑，仁者不憂，勇者不懼」。要想達到這三種道德至高境界，需要有堅強的意志。孟子在繼承孔子「仁」說的基礎上又提出仁政、大丈夫、君子當有浩然之氣的觀點。孔孟的學說經過歷代與時俱進地改造和提倡，成為中國倫理道德的核心，也是中國傳統教育的核心。有此三達德，即可修身齊家治國平天下。

　　民國初年，中華全國童子軍協會的傳譯者把童子軍教育的「品格塑造」教育理念與中國儒家文化的核心價值「智仁勇」相結合，成功嫁接了兩種源於中西方不同文化背景下的教育理念。之所以能夠做到這一點，關鍵因素在於兩種教育理念在核心價值上具有高度一致性。貝登堡的童

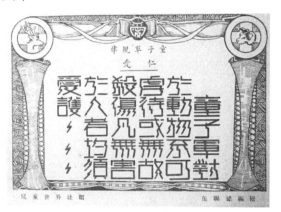

子軍訓練的重心首先在於「德」，即道德的培養。具體體現在童子軍的諸多品質上，如 trusted, loyal, help friend, courteous, friend to animal, obey, smile, thrifty, clean。〔註9〕（依次翻譯為誠實、盡忠、助人、親愛、禮節、愛物、服從、快樂、節儉、整潔。後傳到美國後，又加上「勇敢」與「公德」兩項。）細細研究這十餘種道德修養的目標，發現它與儒家孔孟提倡的「智仁勇」基本一致，而且中國儒家的道德目標更加具有概括性：童子軍訓練的目標在於將「童子軍」培養成「大丈夫」，有「浩然之氣」。貝登堡童子軍訓練的其他目標，比如體育、智育等無不包含在「智仁勇」三字之中。易言之，中國傳統教育重在教育人格，以孔孟的「仁」為核心而衍化出「智仁勇」的德育目標，內容在「禮、樂、射、御、書、數」六藝。貝登堡童子軍理念集德育、智育、體育、群育與一體，是現代教育內容的表述。究其實，兩者在育人的內容上

〔註8〕　《中庸》，中華書局，2005 年版，第 27～28 頁。

〔註9〕　*Scouting for Boys*. Robert Baden-Powell, C.Arthur Pearson Ltd.1919, ninth edition, pp57～58.

具有高度的一致性。這就是中西兩種教育思想在近代的彙集。協會傳譯者將貝登堡一系列複雜的教育理念濃縮為「智仁勇」，是對童子軍理念最經典的詮釋。南京國民政府提倡童子軍教育，依然將「智仁勇」作為童子軍的教育的終極目標。直到今天，中國臺灣地區童子軍還在沿用這一傳譯。〔註 10〕無論在「形」還是「意」上都達到了翻譯標準「信達雅」的至高境界。

3、在童子軍服裝設計上，西方的 15 種佩飾在數量上大大減少，而且考慮到中國幅員遼闊，風俗各異，主張在童子軍基本制服款式一致的基礎上，可以因地制宜調整顏色、布料等。〔註 11〕

4、童子軍入會時的宣誓，第一條：原文是「對於上帝，對於英王，盡己之責」。〔註 12〕傳譯後中國童子軍宣誓第一條變成：「（一）對於國家，應盡己之責；」很顯然，這裡強調是對「國家」效忠，是對儒家修齊治平家國情懷的繼承。《童子軍規律》還規定：「本協會與軍政兩界絕無關係」，「本協會尊重宗教信仰自由，並不參與一切宗教事宜」，保持了童子軍組織非宗教的中立立場。〔註 13〕

除去上述四項變化之外，中國童子軍的組織機構、訓練方法等方面均直接照抄西文原典，並無太多創造性轉化。尤其是童子軍訓練的方法與技巧，直接傚仿歐美童子軍。因此，劉澄清將這一時期的童子軍發展階段稱之為「歐化時期」。〔註 14〕

2.1.2　國民黨對童子軍理念的改造

2.1.2.1　「革命的智仁勇」成為中國童子軍的座右銘

前文所述，童子軍理念在民國之年移植到中國後，與傳統文化融合產生初步的嬗變，表現之一就是將「智仁勇」做為中國童子軍的座右銘。

但是，蔣介石國民政府定鼎南京之後，鑒於童子軍教育的功能性價值，國民黨決定大力發展中國童子軍。囿於當時國民黨內部派系對立、共產黨武裝力量的存在以及日本咄咄逼人的侵略態勢等多重因素並存的局勢，蔣介石、戴季陶等國民黨右派高舉「純正三民主義」的旗幟，排斥異己，樹

〔註 10〕臺灣中華民國童軍總會官網：http://www.scout.org。
〔註 11〕《童子軍規律》，中華全國童子軍協會編，1920 年版，第 38～46 頁。
〔註 12〕 *scouting for boys*. Robert Baden-Powell, C.Arthur Pearson Ltd, 1919, pp33.
〔註 13〕《童子軍規律》，中華全國童子軍協會編，1920 年版，第 1～2 頁。
〔註 14〕劉澄清：《中國童子軍教育》，商務印書館，1938 年版，第 12 頁。

立其正統地位。通過種種渠道宣講執政理念，力圖擴大自己派系的影響力。因此，具有軍事化外表的童子軍也成為民眾及青年軍事訓練的途徑之一。另外，中國國民黨童子軍司令部主持期間，將總理史略、三民主義要義、帝國主義侵華史等課程加入童子軍訓練中，這些課程也是黃埔軍校政治訓練的必修課。〔註 15〕對其理念「三民主義化」成為童子軍政治訓練的必要手段。除上述將智仁勇繼續作為座右銘之外，又賦予「智仁勇」以新的內涵。

　　首先，國民黨對「智仁勇」的闡釋體現在孫中山的《軍人精神教育》長篇演講中。1922 年孫中山於北伐間隙在桂林對滇粵軍演講，將「智仁勇」做為革命軍的軍人精神。孫中山認為：革命成功首先在於軍人有沒有革命的精神，片面強調物質上的武裝是錯誤的，所謂「攻心為上」的戰爭策略就是精神勝利的表現。當下革命軍人的精神集中在有沒有將三民主義做為精神支柱，體現在「智仁勇」三方面。所謂的「智」就是軍人能否辯是非、明利害、識時勢、知彼己。是非、利害的標準在於是否利民，「利於民則是，不利於民為非」。〔註 16〕「軍人之智，須以合於道義為準」。軍人之「仁」是「救國之仁」，「愛國之仁」；革命軍人救國「須有一定之主義，始可以成仁，始可以成功」，「主義維何，三民主義是也」。〔註 17〕「軍人之勇，是在夫成仁取義，為世界上至大勇。」體現在「一長技能，二明生死」，〔註 18〕「須知軍人之為國家效死，死重於泰山」。〔註 19〕

〔註 15〕　劉澄清：《中國童子軍教育》，商務印書館，1938 年，第 12 頁。

〔註 16〕　《軍人精神教育》，《孫總理演講集》，黃埔中央軍事政治學校政治部 1927 年編印，第 56 頁。

〔註 17〕　《軍人精神教育》，《孫總理演講集》，黃埔中央軍事政治學校政治部 1927 年編印，第 63 頁。

〔註 18〕　《軍人精神教育》，《孫總理演講集》，黃埔中央軍事政治學校政治部 1927 年編印，第 72 頁。

〔註 19〕　《軍人精神教育》，《孫總理演講集》，黃埔中央軍事政治學校政治部 1927 年編印，第 77 頁。

綜合孫中山對軍人精神的闡述，可以概括為：軍人須以三民主義為精神支柱（智），以勇敢的犧牲精神（勇）踐行救國的目標（仁）。這是孫中山治軍思想的集中闡釋。1924 年黃埔軍校成立時，這一治軍思想得到徹底的貫徹。與此同時，廣州市國民黨政府開始關注童子軍。1926 年，廣州國民黨童子軍委員會認為：「現在我國之童子軍，仿自歐美，徒具形式，實為帝國主義者文化侵略之一工具，夫童子軍之訓練，除教育意義外，尚有其中之精神與應負之使命，本黨為求童子軍訓練之一致，以養成智仁勇之革命青年」。〔註 20〕從這裡可以看出孫中山的「智仁勇」闡釋對塑造「革命青年」指導意義。

其次，國民黨對「智仁勇」的闡釋體現在戴季陶「純正三民主義」中，《民生哲學系統表說明》是其闡釋邏輯的集中體現。「天下之達道三，民族也，民權也，民生也。所以行之者三，智仁勇也。智仁勇三者，天下之達德也。所以行之者，一也。一者何？誠也。誠也者，擇善而固執之者也」。〔註 21〕在戴季陶的闡述中，「智仁勇」已經超越了孫中山對軍人精神的闡述，泛化為國民黨所有人員的行為準則，即：為了實現三民主義「三達道」，須有「智仁勇」的行為與勇氣；要做到這一點，就需「誠心誠意」的固守精神。總之，以「誠」之心、「智仁勇」的行為氣概，實現三民主義的革命理想。戴季陶的這種泛化式的闡釋賦予「智仁勇」以更大的適用範圍，將民國初年移植後傳譯的「智仁勇」的傳統思想替換成「純正三民主義」的內涵。這個「智仁勇」具有鮮明的政治色彩，不僅僅是人格修養的準則，更是政治規訓的準則。由此，童子軍的座右銘已經由「智仁勇」變成了「革命的智仁勇」。

2.1.2.2 「四維八德」、「六藝」成為中國童子軍最高訓練原則

除將座右銘變成「革命的智仁勇」外，童子軍的最高訓練原則發生變化。

第一、「四維八德」成為國民行為準則。

「四維八德」成為南京國民政府執政時期全體國民的行為準則，離不開戴季陶對「純正三民主義」理論的闡發。1925 年 6、7 月間，戴季陶出版了《孫文主義之哲學基礎》、《國民革命與中國國民黨》兩部書，對孫中山的「三民主義」做了新的闡釋。

〔註 20〕 《黨化體育童子軍課程》，新教育出版社編印，民國 16 年 8 月出版，第 73 頁。
〔註 21〕 戴季陶：《民生哲學系統表說明》，上海三民書店印行，1925 年版，《孫文主義之哲學基礎》附頁。

　　在《孫文主義之哲學基礎》著述裏，戴季陶說：「中山先生的思想，完全是中國的正統思想，就是繼承堯舜以至孔孟而中絕的仁義道德的思想。我們可以承認中山先生是二千年來中絕的中國道德文化的復活」，「先生的國民革命是立腳在中國國民文化的復興上面，是中國國民創制力的復活」。〔註22〕戴季陶認爲孫中山基本上實現了現代國家與儒家思想的完美結合，他的革命「就是『天下之達道五，所以行之者三。智仁勇三者，天下之達德也。所以行之者一也』。……到了兩千多年後的今天，中山先生就現代世界的國家組織、社會組織，從建國的理論和實際上，把天下的達德五，改做了天下的達德三，恢復起中國民主創造力的能力，建設出繼往開來的新國家、新社會。用革命的工夫，把埋沒了幾千年的社會連帶責任主義，在三民主義的青天白日旗下，重新發揚光大起來」。〔註23〕這裡所謂的「達道三」在戴季陶看來就是民族、民權、民生。而且，民族主義的基礎就是孝慈的道德，民權主義的基礎就是信義的道德，民生主義的基礎就是仁愛和平的道德，這樣三民主義就與中國儒家傳統道德緊密聯繫在一起。

　　戴季陶認爲：孫中山之所以繼承中國傳統思想文化，主要有兩個原因：一是爲了恢復中華民族的自信心；二是反對唯物史觀和階級鬥爭學說。兩者共同的目標在於：利用中國優越於西方的「東方文化」實現世界的大同。這個闡釋基本上承襲了孫中山對待傳統文化的態度。同時，通過闡釋孫中山的政治哲學，蔣介石、戴季陶獲得了繼承三民主義政治遺產的合法性。戴季陶的「純正的三民主義」的眞實目的在於：用「純正三民主義」武裝一個「純正的黨」，成爲排除異己與反對馬克思主義的理論依據。

　　1926年10月，戴季陶出任廣州中山大學委員長（後改稱校長。國立中山大學的主體是前國立廣東大學），除將中山大學打造成「三民主義」革命的搖籃外，對中山大學附屬中小學的童子軍組織給予高度關注。戴季陶對童子軍的直接認識源於擔任中山大學校長時，對國立廣東大學附中附小童子軍訓練的觀察。此後，他終生支持中國童子軍的發展。〔註24〕

〔註22〕 戴季陶：《孫文主義之哲學基礎》，上海三民書店印行，CADAL 電子書，第33頁。
〔註23〕 戴季陶：《孫文主義之哲學基礎》，上海三民書店印行，CADAL 電子書，第40～42頁。
〔註24〕 《國立廣東大學童子軍年刊》，1925年，鄒魯提寫刊名，第11頁。

　　除戴季陶的「純正三民主義」闡釋外，蔣介石、陳立夫等人也皈依中國傳統倫理道德，與戴季陶的闡釋具有高度的一致性。對於近代中國屢受殖民國家欺辱的原因，尤其是日本變本加厲的侵略，蔣介石認爲是中國國民道德的淪喪，人心不古所致。他認爲，中國之所以淪落到任人欺辱的境地，完全是中國國民腐敗、墮落、自私自利，「一般人都沒有禮、義、廉、恥，都喪失了忠孝、仁愛、信義、和平諸固有的德性」。〔註25〕1935 年 9 月對軍政人員訓話時，又說：「我們國家危亡，根本原因不是武力不夠。是什麼呢？是一般國民不能『明禮義知廉恥』，做成一個眞正的『人』。」「這『四維』八德『就是我們禦侮圖強救亡復興最重要的武器──最好的槍炮子彈』！」〔註26〕在蔣介石等人的主導之下，恢復中國傳統倫理道德成爲中國教育在 20 世紀 20～40 年代最突出的特徵之一。

　　爲了弘揚四維八德，1928 年 4 月 19 日，南京國民政府頒佈命令，把「忠孝仁愛信義和平」及「格物、致知、誠意、正心、修身、齊家、治國、平天下」確定爲全體國民行爲準則，要求公職人員以身示範。同時，政府命令大學院將這種精神編入課本。1929 年 4 月，南京國民政府頒佈了出國民黨「三大」通過的《中華民國教育宗旨及其實施方針》，規定教育應當「以陶融兒童及青年『忠孝仁愛信義和平』之國民道德爲主要目的」。1931 年，國民政府行政院命令全國各校必須將「忠孝仁愛信義和平」製成匾額，懸於禮堂或公共場所。〔註27〕

　　第二、「四維八德」成爲中國童子軍訓練的最高原則。

　　以戴季陶、蔣介石爲代表的國民黨要人在 20 世紀 30 年代初頻繁發表講話，闡釋「四維八德」對童子軍訓練的價值。

　　首先，大力宣傳「禮義」對於民族復興及童子軍教育的意義。

　　戴季陶在 1929 年 12 月 30 日在「來京之廣州市童子軍教練赴日考察團訓話」中，首次闡釋了「禮義」對當下中國的意義。他說，我們中國現在落後到了極端的程度，身體孱弱、精神萎靡，比不上日本人；中國向來是「萬邦尊仰之國」，何以有如此大的差距，關鍵是「把固有的禮義拋棄無

〔註25〕　蔣介石：《合作人員的革命責任》，《先總統蔣公全集》第一冊，秦孝儀主編，
　　　　　（臺灣）中央文物供應社 1984 年出版，第 790 頁。

〔註26〕　蔣介石：《提倡固有道德身體力行》，《新運月刊》第 37 期，1936 年 9 月印發。

〔註27〕　《各學校忠孝仁愛信義和平八字匾懸掛以資啓迪》，《中學法令彙編》，教育部
　　　　　編，商務印書館，1935 年版，第 215～216 頁。

存」；而日本直到今天依然保存著「從中國學去的禮義」；什麼是「義」？就是「對人要合乎人情道德，對事要把事情做得確實妥當」；要做到「義」，「必須有高尚的智識、適當的辨別力和適當的技能」；什麼是「禮」？「就是和平仁愛的精神，而造成的社會秩序國家組織」；我們「欲圖挽救的方法，唯有大家自立起來」，人人受法律，重視社會秩序，「養成多數有智識有技能有辨別力的青年」，「要人人有這樣的志氣，永始不變，更要有主義——三民主義眞正的認識和堅確信仰」；童子軍教育「我相信辦理眞好，眞可以救中國的衰弱」。〔註28〕

　　1930 年 4 月 18 日戴季陶在「中國童子軍第一次全國總檢閱訓詞」中，再次闡釋「禮義」對於中國的意義。「中國古代所以如此強盛，就是中國乃是文明之國，禮儀之邦的緣故。禮者，大之即國家社會政府之一切組織，小之即人與人之接觸。義者辦理妥當之謂，亦即犧牲自己，扶助他人」。「我們童子軍，應該把這種禮義的教育發揚起來，把全國造成知禮知義知文明的國家，所以現時之教育，即注重於造成救國之力量，尤其是童子軍教育，更是起死回生的教育」。〔註29〕

　　爲此，戴季陶爲童子軍組織建設傾注了相當多的精力。1931 年，中央訓練部頒佈修訂版的《中國童子軍歌》，由戴季陶部長親自重新擬定歌詞。歌詞如下：「中國童子軍，童子軍，童子軍！我們，我們，我們是三民主義的少年兵！年紀雖小志氣眞，獻此身，獻此心，獻此力，爲人群。忠孝、仁愛、信義、和平，我們行動的精神！大家團結向前進、前進、前進！青天高，白日明。」〔註30〕

　　除此之外，戴季陶還爲童子軍創作許多歌曲，宣傳智仁勇、四維八德。如《童子軍博愛歌》、《國旗歌》等。如《博愛歌》歌詞：「童子軍，童子軍，愛我的身努力做完人，有智有仁有勇不負好青春。……童子軍，童子軍，愛我的國爲國做犧牲，救國大道，民族民權與民生，赤血丹心青天白日放光明，自由，平等要爲國家爭。童子軍，童子軍，愛我人群，捨己助他人，

〔註28〕 戴季陶：《不學禮無以立》，《會長副會長及各屆理事長監事長對童子軍教育之言論》，中國童子軍總會編印，1945 年，第 27 頁。

〔註29〕 戴季陶：《童子軍教育是起死回生的教育》，《會長副會長及各屆理事長監事長對童子軍教育之言論》，中國童子軍總會編印，1945 年，第 28 頁。

〔註30〕 吳耀麟：《童子軍全書》，上海黎明書局發行，1935 年 7 月初版發行，第 486～487 頁。

有禮有義同德同心，日行一善，行善在至誠，必忠，必誠，大地盡皆春。……」
〔註31〕

其次，認爲童子軍教育是中國傳統的「仁愛」教育。

1932 年 1 月 11 日《童子軍教育之目的》中，戴季陶認爲童子軍教育是仁愛的教育。「童子軍教育的目的，在於使受此教育之兒童，將來立身處世，在家則爲克家之子女，在社會則爲有用之人才，在國家則爲忠良之國民，在全體人類中則爲中正和平圓滿無缺之人。所謂三能齊備、八德俱全、正氣充盈之完人」。「其尤其重要者，人類之受生，來自尋常動物。上至所述，爲眞實高尙之人生，即爲異於尋常動物之特點究其德本，首在仁愛，施之於國家則爲忠孝，施之於社會人類則爲信義和平，皆無不以仁愛爲至始至終之至善」。「是以人類之所謂仁愛者，必純發於利他人之□情，爲社會人類種族國家而服務，乃由以自異於一切動物」。「童子軍之教育，乃依知行合一與教學相長原理原則，以日行一善爲行爲之標準，義即在此也」。〔註32〕

再次，與日本文明做比較，弘揚中華文明，激發童子軍的民族自信心。

1932 年 11 月 8 日，戴季陶在漢口市童子軍訓詞中，面對日本的侵略，他極力贊揚中國的文明，說「日本的文明實夠不上與中國小學生一比」，之所以日本敢於侵略我們，就是因爲「中國太衰弱了，中國人的道德、智識、體魄退化了」。〔註33〕

第三、童子軍是實施「六藝」的教育。

陳立夫則將童子軍教育精神與中國傳統教育中的「六藝」相比附，認爲童子軍教育是對學校教育極好的補充。1935 年 12 月。他在對童子軍總會全體工作人員的講話中，對「六藝」給與高度的評價，「以禮樂射御書數爲中心的教育，也就是德、智、體三育並修的一種完美的教育」，「禮以節民性，樂以和民情，禮樂就是德育」，童子軍教育是訓練兒童做人的道理，「尤其要重視禮樂二字」。「書數」就是智育，體現在童子軍三級課程中的許多方面，比如

〔註31〕吳耀麟：《童子軍全書》，上海黎明書局發行，1935 年 7 月初版發行，第 506
　　　　～507 頁。

〔註32〕戴季陶：《童子軍教育之目的》，《會長副會長及各屆理事長監事長對童子軍教
　　　　育之言論》，中國童子軍總會編印，1945 年，第 39 頁。

〔註33〕戴季陶：《童子軍對於社會國家民族世界人類應負的責任》，《會長副會長及各
　　　　屆理事長監事長對童子軍教育之言論》，中國童子軍總會編印，1945 年，第
　　　　36 頁。

「測量」、「旗語」等。「射御」就是體育，全體國民有了健康的身體，再以勇猛的精神去建設國家，爲復興民族而努力。〔註34〕

　　1938 年 11 月 25 日，已經擔任教育部長併兼任全國童子軍理事會理事長的陳立夫，在童子軍總會全體工作人員的講話中，全面地闡述了「六藝」與童子軍教育之間的契合。他說：「童子軍事業，其關繫於社會國家民族者實至互且大」，「我國自古已行而目前童子軍訓練的精神相彷彿的教育是什麼呢？那是先師孔子的六藝教育」。童子軍教育的目的之一是培養青少年集體生活的習慣，而「六藝」中的「禮樂」就爲集體生活確立了行爲標準。「射御書數」籠統地講就是強身健體、掌握各種技能、學習科技知識，以適應現代的社會。只有依賴於「禮樂」教育才能恢復我國的固有文化。在抗戰的關鍵時期，童子軍要做到「加緊童子軍的戰時服務」，爲抗戰建國服務。〔註35〕

　　1930 年代，國民黨高度重視用中國道德傳統指導童子軍，有兩個原因：一是爭取童子軍做三民主義的少年兵。他們的目的在於提倡仁愛說以抵制馬克思主義的階級鬥爭學說。〔註36〕

　　1932 年戴季陶在漢口演講，說共產黨是不懂中國禮義的組織。認爲共產黨人「沒有受過教育，不曉得做人的道理」；「童子軍教育的目的，就是練出一個有禮有義的人來」，三民主義就是培養「此種有禮有義」的精神力量。〔註37〕1933 年，他「書告全國童子軍工作人員」中指出，現有的中國童子軍規律有缺陷，其中之一是「當時掌童子軍教育的人，有意從無形中赤化童子軍。這一個不光明的趨向，應該矯正了他。」〔註38〕

　　他所說的「赤化」童子軍教育的人，是指 20 世紀 20 年代國共第一次合作時的廣州政府讚同兩黨合作的人。他認爲那時的中央宣傳部、組織部以及

〔註34〕　陳立夫：《六藝與三育》，《會長副會長及各屆理事長監事長對童子軍教育之言論》，中國童子軍總會編印，1945 年，第 108～110 頁。

〔註35〕　陳立夫：《童子軍教育與六藝》，《會長副會長及各屆理事長監事長對童子軍教育之言論》，中國童子軍總會編印，1945 年，第 112～118 頁。

〔註36〕　彭明、程歗主編：《近代中國的思想歷程：1912～1949》，中國人民大學出版社，1999 年版，第 559 頁。

〔註37〕　戴季陶：《童子軍對於社會國家民族世界人類應負的責任》，《會長副會長及各屆理事長監事長對童子軍教育之言論》，中國童子軍總會編印，1945 年，第 36 頁。

〔註38〕　戴季陶：《中國童子軍規律修改要點》，《會長副會長及各屆理事長監事長對童子軍教育之言論》，中國童子軍總會編印，1945 年，第 40 頁。

農民部等要害部門，均有共產黨員。〔註 39〕更重要的是，1926 年廣東國民黨組建第一屆黨童子軍委員會時，「青年部長甘乃光任主席，共產黨員黃日葵任政治訓練處主任，梁一鄂任軍事教練主任」。在北伐時，童子軍積極參與革命宣傳。蔣介石發動「四・一二政變」後，童子軍參入聲討。〔註 40〕因此，戴季陶、蔣介石爲代表的國民黨右派要加強童子軍三民主義信仰的指導。

　　第二個重要原因是，蔣介石等人將童子軍組織（包括童子軍及教練員、訓練人員）視作培植親信的重要力量。1930 年全國童子軍第一次大檢閱時，4 月 20 日晚，蔣介石攜夫人在勵志社內宴請童子軍代表，鼓勵童子軍「做新中國的主人」；〔註 41〕1930 年代的全國童子軍教練員師資培訓，每期訓練班開班、結業式，蔣介石必到場訓話，五次大規模的師資訓練均是復興社操辦。〔註 42〕

2.1.3　《中國童子軍總章》的制定

　　《中國童子軍總章》是中國國民黨成功改造童子軍理念的標誌，它的起草過程最能說明童子軍理念的改造過程。

　　根據《中國童子軍總會籌備處工作報告》，國民黨對成立中國童子軍總會及修訂《中國童子軍總章》頗費心思。1932 年 6 月 23 日，會長蔣介石呈准中央聘請朱家驊、陳立夫、王陸一、李濟深、劉建群、辛樹森、張忠仁、嚴家麟、章輯五等九人擔任中國童子軍總會籌備處委員，朱家驊任籌備主任。6 月 27 日，中國童子軍總會籌備處成立。除朱家驊、陳立夫、王陸一、李濟深、劉建群、辛樹森、張忠仁、嚴家麟、章輯五九各籌備委員外，增聘張道藩、滕傑爲籌備委員，推張道藩任籌備處主任秘書。後因張道藩另有它任，辭去

〔註 39〕 當時國民黨中央機構的共產黨員主要有：擔任中央組織部長的譚平山、擔任代理中央宣傳部長的毛澤東等等。而這時期的戴季陶卻被留在上海國民黨中央，雖號爲中央，實際上國民黨此時的領導核心已經聚集在廣州。故而戴季陶對廣州的國民黨十分不滿。當 1927 年蔣介石南京國民政府成立後，戴季陶的右翼黨派勢力得到所謂的「合法性」，因此，其「純正三民主義」具有了正統的地位，並成爲蔣介石政權的指導思想。

〔註 40〕 蔣曉星、孟國祥：《中國童子軍問題研究》，《學海》1993 年第 4 期。

〔註 41〕 蔣介石：《歡迎大家做我們新中國的主人翁》，《會長副會長理事長副理事長對童子軍教育之言論》，中國童子軍總會編，1945 年版，第 14～15 頁。

〔註 42〕 《全國師資的培養》，《十年來的中國童子軍總會》，中國童子軍總會編，1944 年版，第 27～30 頁。

主任秘書職位。推滕傑擔任主任秘書職務。此時，籌備處最主要的工作是擬定《中國童子軍總章草案》和《總會組織規程草案》。籌備處還兼有發號施令，主辦全國童子軍之職責，具體工作由滕傑主持。〔註43〕

　　1933 年 1 月，戴季陶召集籌備處會議，改組籌備處，將辦公地點由原來的待賢館遷至勵志社內，副會長戴季陶親自兼任籌備秘書。聘請朱家驊、張治中為副主任，顧樹森、吳貽芳、端木傑、黃仁霖、滕傑、章駿、周亞衛、桂永清、汪強等為籌備委員。推舉滕傑、章駿任主任秘書，徐觀餘為助理秘書，顧樹森為訓育組組長、吳貽芳為財務組組長、端木傑為工程組組長、黃仁霖為總務組組長。後因滕傑出國考察世界青年運動，其工作由趙範生繼任。3 月 7 日，為便於執行命令，「中國童子軍司令部」恢復，蔣介石任司令，趙範生任司令部秘書。〔註44〕

　　1932 年 8 月，前中國童子軍總會籌備委員第 2 次會議，嚴家麟提議推舉總章起草人，決議：推嚴家麟、章輯五、張忠仁、陳立夫、滕傑為起草人。第三、第四兩次會議，嚴家麟先後提出所擬總章及實施細則草案公決。決議大體通過，推張道藩秘書負責整理，是為總章草擬之先聲。9 月 23 日，第五次會議，朱家驊任主席，覆議總章草案，討論修正後通過。呈交蔣介石、戴傳賢正副會長核閱。蔣介石閱後，手批「並對個人所信仰之宗教亦不加干涉」。總章初稿形成。

　　1933 年 4 月，籌備處召集中國童子軍組織訓練設計委員會會議，就總章草案覆議。各委員詳細研討，費時很久。最後通過委員會提出的原則，推顧樹森、嚴家麟、章輯五，依據該原則草擬內文呈送籌備委員會討論。5 月 4 日，籌備會第六次會議，戴傳賢任主席，討論總章草案，修正三十六條。次日晨，戴傳賢又召集張忠仁等在待賢館繼續討論。6 月 8 日，籌備會第七次會議，朱家驊任主席，繼續討論總章草案，全文修正通過，交章駿、趙範生整理後，呈蔣介石會長核閱。22 日，籌備會第八次會議，戴傳賢提請核定總章草案全文，再次修訂，並推顧樹森、趙範生校對後，呈蔣介石會長核閱。7 月 10 日，戴傳賢會同朱家驊、張治中二副會長在待賢館核閱總章草案，修訂若干條。8 月，戴傳賢、張治中先後因公幹路過江西，協同總章草案並請蔣會長核閱。9

〔註43〕　《十年來的中國童子軍總會》，中國童子軍總會編，1944 年版，第 4～5 頁。
〔註44〕　《籌備處成立及其兩度改組之經過》，《十年來的中國童子軍總會》，中國童子軍總會編印，1944 年版，第 4～5 頁。

月 10 日，戴傳賢在南京核正總章草案，對第五條規律內文再加整理。14 日，籌備會第十次會議，最後修訂草案全文。20 日，戴主任最後校正總章草案，修訂第十四條。28 日，中國國民黨第四屆中央執行委員會第九十次常務會議，照原案通過中國童子軍總章。10 月，中國童子軍總章公佈。中國童子軍總章的擬定，費時一年又兩個月，參加工作者超過四十人，至此完成。〔註45〕

　　1933 年 5 月至 10 月，戴季陶直接參入「總章」修訂。據「報告」記載，戴季陶堅持在「第十四條」、「童子軍規律第五條」、「第三十六條」上做出謹慎的改動。「第三十六條　市（行政院直轄）理事會設常務理事三人，由理事互選之。常務理事任期一年，得連選連任。」加上「第三十七條　市（行政院直轄）理事的選舉規則另訂之。」從中可以看出，國民黨中央對於一些敏感問題執非常謹慎態度。根據民初以來中國童子軍發展的現狀看，直轄市的童子軍組織發展比較健全，如南京、上海、北平、天津等地，通過對童子軍組織的控制，一方面可以對全國童子軍發展的起到示範作用，另一方面則是對直轄市起到掌控作用。再如：「規律之五　禮節　對人須有禮貌。凡應對進退，均應合乎規矩。」從表面上看，是將童子軍培養成一個有禮貌、有修養的好青年。但其中的「規矩」究竟是什麼就頗耐人尋味。再如，「第十四條　下列各項人員經過正式之手續，得為中國童子軍總會會員。其資格責任及入會手續等另訂之。一、直接參加童子軍事業者；二、以精神與物質讚助童子軍事業者；三、熱心社會事業，德隆望重，堪稱兒童表率者。」〔註46〕這是對總會會員資格的要求。這一要求從表面上看堪稱公允，但在實際操作上具有很強的遊移性。很明顯，只有符合「純正三民主義」的人才有資格加入總會。這就從童子軍權力的核心把握了革命的領導權。事實證明：總會裏的成員多半是具有三青團、復興社等特殊身份的人。而且更有意味的是：中國童子軍總會成立後，其辦公地點設在勵志社內。

　　中國童子軍總會籌備委員會的努力，最終體現在《中國童子軍總章》中，三條誓詞、五項訓練原則及十二條規律集中體現了四維八德對童子軍訓練的指導意義。

〔註45〕　《中國童子軍總會籌備處工作報告》，中國童子軍總會籌備處，1934 年 8 月編，第 13～14 頁。

〔註46〕　《中國童子軍總會籌備處工作報告》，中國童子軍總會籌備處，1934 年 8 月編，第 13～14 頁。

誓詞如下：

第一　勵行忠孝仁愛信義和平之教訓，爲中華民國忠誠之國民。

第二　隨時隨地輔助他人，服務公眾。

第三　力求自己智識道德體格之健全。

五條訓練原則摘其要者如下：

一、中國童子軍以忠孝仁愛信義和平爲最高訓練原則。

……

五、中國童子軍訓練在使兒童自知警惕以服務他人爲最大快樂，並
　　以「準備」、「日行一善」、「人生以服務爲目的」三語爲銘言。

〔註47〕

　　十二條原則是：誠實、忠孝、助人、仁愛、禮節、公平、服從、
快樂、勤儉、勇敢、清潔、公德。〔註48〕

　　戴季陶在一篇序言中解釋了爲何將八德作爲童子軍訓練的最高原則。他說：「人類之受生，來自於尋常之動物。上之所述，爲眞實高尚之人生，即爲異於尋常動物之特點。推其德本，首在仁愛。施之於國家則爲忠孝，施之於社會人類則爲信義和平，皆無不以仁愛爲徹始徹終之至善。」他將人類與動物相比較，認爲唯有人類才能以仁愛的原則，做利他及服務社會國家的事情。他說：「人之所以爲萬物之靈，具天地之德者此耳。」因此，「童子軍之教育，乃依知行合一與教學相長之原理原則，以日行一善爲之標準，義即在此也」。戴季陶進而認爲童子軍對兒童是萬能的教育。他說：「童子軍教育的目的，在於使受教育之兒童，將來立身處世，在家則爲克家之子女，在社會則爲有用之人才，在國則爲忠良之國民，在全體人類中，則爲中正和平圓滿無缺之人。所謂三能齊備八德俱全、正氣充實之完人，即童子軍教育之目的。」〔註49〕

〔註47〕　《中國童子軍總章》，吳耀麟：《童子軍教育概論》，商務印書館，1936年版，
　　　　　第243～245頁。

〔註48〕　《中國童子軍總章》，吳耀麟：《童子軍教育概論》，商務印書館，1936年版，
　　　　　第243～245頁。

〔註49〕　戴季陶給張忠仁著《童子軍教育價值》一書做的序言。轉引自吳耀麟著《童
　　　　　子軍教育概論》，商務印書館，1936年版，第3～4頁。

2.1.4 《中國童子軍總章》的文本分析〔註50〕

《中國童子軍總章》具有以下特徵：

第一、強調三民主義的政治認同。

「總章」第二條明示童子軍教育的目標是「建設三民主義之國家，而臻世界於大同」。訓練原則首先要求以「忠孝仁愛信義和平爲訓練最高原則」。〔註51〕

蔣介石認爲中國童子軍受到特殊國情的限制，必須成爲三民主義的戰士。他說：「中國的兒童，由於我們國家的特殊環境，決定了負有爲國家民族的獨立自由而奮鬥的重大責任，當然不能和歐美的兒童一樣，享受那種幸運的理想的教育。」「所以，我們中國的童子軍也就不能完全模仿人家，而唯人家的馬首是瞻。你們今後教導童子軍，應當明瞭這一點，必須以中華民族爲本位，以三民主義爲基礎去訓練兒童，使其成爲適合我們國家、民族所需要的三民主義戰士，才是我們中國童子軍教育的眞精神」。〔註52〕

第二，強調遵循教育規律，注重人格教育。

訓練原則第三條規定：「中國童子軍應採用兒童爲本位之教育主張，及近代科學教育方法。根據兒童生活生理及心理之狀態，爲實施訓練之準繩，以養成其服務民族國家及社會所需要之基本能力」。第四條要求「中國童子軍訓練，在由做而學、由學而做，應盡量給予兒童與自然界及社會實際接觸之機會，以培養其對人對物之各種生活技能及正常態度」。

以戴季陶爲代表的國民黨人，對童子軍的教育並非全是灌輸三民主義，對教育規律及教育方法的認識也是很重視的。他在《中國童子軍規律修改要點》中強調：「做教育的人，必須知道『小學』與『大學』的不同，教大學不以大學之道，只教出些自私自利的人，這倒要不得，同時教小學而不培養他爲人的基本，教他一些國家天下，其結果之壞乃至不可思議。」〔註53〕他通

〔註50〕 《中國童子軍總章》的具體內容見「附錄四」。
〔註51〕 《中國童子軍總章》，吳耀麟：《童子軍教育概論》，商務印書館，1936 年版，第 243～245 頁。
〔註52〕 蔣介石：1939 年 8 月 20 日對中央訓練團中國童子軍教導人員訓練班第一期學院畢業訓詞，轉引自：吳耀麟、章輯五編：在《童子軍教育原理及方法》，正中書局，1942 年版，第 110 頁。
〔註53〕 戴季陶：《中國童子軍規律修改要點》，《會長副會長及各屆理事長監事長對童子軍教育之言論》，中國童子軍總會編印，1945 年，第 41～42 頁。

過大學與小學教育重心的比較，說明小學生的教育不可脫離兒童的心理特徵，不可過早地進行政治教化，要把握人格教育與政治規訓之間的平衡。他在《童子軍幹部的責任與信念》中說：「各位同志現在所負的責任就是教育十二到十六歲的兒童」，使他們成爲社會與國家有用的人，「同時我們又要估量這班兒童的能力，決不可把成年人所應肩荷的責任，加在他們的身上」。〔註54〕也就是說，對兒童的教育要把培養的重心放在人格教育上，而不能過於強調政治上的規訓。儘管戴季陶到處宣講三民主義，但是在童子軍教育上，他既強調童子軍教育所肩負的責任，又反覆強調對於兒童的教育要注意兒童的心理及成長規律，注意教育的方法。對童子軍教育者而言，時刻記住童子軍教育的責任與使命，對兒童而言，重在對其人格教育，這二者之間的平衡，關鍵在於童子軍的從教人員。這就是戴季陶「黨化」與「教育」思想的特點。

第三，主張政治規訓與公民訓練並重。

從前面兩條的引文看，童子軍總會在制定「總章」時，並不是僅僅強調政治規訓的功能，而是特別強調教育規律與兒童生理的把握，以便實現童子軍教育的有效性。在此基礎上，童子軍規律十二條與之配合，更加凸顯童子軍教育的「公民訓練」的目標。其中，「誠實」、「助人」、「公平」、「快樂」、「勤儉」、「勇敢」、「清潔」、「公德」，包括「禮節」都是公民教育的內容，而「忠孝、仁愛」等詞條也不能完全視之爲國民黨的政治規訓，它具有一定的普適性。如「忠孝」要求「對國家須盡忠，對父母應盡孝」；「仁愛」要求「待親戚朋友須親愛，待眾人須和善，對無害於人之生物須愛護」。〔註55〕所以，從總體上看，對兒童品德的教育還是童子軍訓練的最主要內容。這與貝登堡的教育理念是吻合的，重在品德塑造（character training）。

綜上所述，童子軍「總章」在敘事上兼顧了政治規訓與公民訓練雙方面的均衡。這是童子軍教育中國化的巨大嬗變：即由沒有黨派、宗教偏向的、中立的「公民訓練」到「政治規訓與公民訓練並重」的轉變。從「總章」來看，國民黨重視童子軍，最根本原因還是發現了童子軍的「革命價值」，童子軍所肩負的民族復興、做「三民主義少年兵」等使命是其在南京國民政府時期最重要的政治任務。

〔註54〕戴季陶：《童子軍幹部的責任與信念》，《會長副會長及各屆理事長監事長對童子軍教育之言論》，中國童子軍總會編印，1945年，第58頁。

〔註55〕《中國童子軍總章》，吳耀麟：《童子軍教育概論》，商務印書館，1936年版，第243～245頁。

　　國民黨之所以必須用三民主義改造童子軍教育理念，目的在於通過童子軍組織在學校裏訓練青少年，進而使其認同政權合法性。美國政治學者羅伯特・達爾論證政治意識形態與政權合法性的關係時說，「任何政治體系的領袖都要維護和弘揚一種政治意識形態，以便證明國家統治的合法性。這是因爲政治權力一旦披上了合法性外衣就會獲得一種特殊影響力——政治權威。這種政治權威不僅比赤裸裸的強制可靠和持久，而且還能使統治者以最少的政治資源實現對社會的控制。當被統治者得到的命令和安排有道德上的約束力時，只需要支出相對少的資源，就能獲得令人滿意的結果。因此，在不同的地方和時代，幾乎每一種政治統治形式都獲得了相當的合法性，人們心甘情願甚至不惜生命去護衛它」。〔註56〕

　　從 1927 年到 1930 年代，蔣介石的南京國民政府總是在各種各樣的鬥爭中尋求政權合法性。這一斗爭不僅來自國民黨內部，而且來自軍閥，最主要的是來自於中國共產黨。利用童子軍訓練青少年，不僅可以塑造「三民主義的少年兵」，還可以影響到與學校、教育相關的社會領域。所以，中國童子軍在國民黨時期肩負著傳播三民主義的重任。

　　另外，總章中還能見到一些矛盾之處。如「總章」第二十二條規定：各地童子軍理事長須由黨部常務委員一人及教育廳廳長、童子軍服務員等組成。黨的監督就從制度設計上保障了童子軍發展的三民主義軌道。但第三條童子軍訓練原則之二又規定：中國童子軍無論個人或團體，均不得以童子軍資格或名義參加政治活動。〔註57〕這兩點就很矛盾：一方面童子軍是三民主義的少年兵，另一方面童子軍不得參加任何政治活動，其中就包括國民黨。童子軍怎麼可能不參加國民黨的政治活動呢？南京國民政府童子軍積極參加各種社會活動，尤其是在全民抗戰中，其中許多都是國民黨組織的政治活動。這一矛盾只能這樣解釋：童子軍不能成爲其他政黨的組織工具。結合 1920～1930 年代中國的歷史，就不難發現，國民黨想利用這一點阻止童子軍成爲共產黨的群眾組織。因此，「總章」具有潛在的政治排他性特徵。當然，這種形式上做出的「去政治化」的姿態，其目的是排除人們對教育「黨化」嫌疑。

〔註56〕《政治學導論》（第 2 版），楊光斌主編，中國人民大學出版社，2006 年第 2版，第 228 頁。

〔註57〕《中國童子軍總章》，吳耀麟：《童子軍教育概論》，商務印書館，1936 年版，第 243～245 頁。

2.2 對童子軍的服飾及軍禮的改造

1930 年 4 月 18 日，蔣介石在中國童子軍第一次全國大檢閱發表訓詞時說：「中國童子軍是以智仁勇爲根本精神的，但這種精神必須有一個最高原則，必須有一個大使命，方得有所歸宿。中國童子軍既名爲黨童子軍，可知他的最高原則，便是三民主義，他的最大使命，便是實現三民主義」，建設一個三民主義的社會；這樣的社會是「有組織有紀律的嚴密的社會」，童子軍的訓練目標便是「服務社會」。在革命的過程中，黨童子軍的使命是「完成國民革命的大事業。每一個隊員，都是青年的革命戰士。他的思想要純正，勿爲三民主義以外的邪說所迷惑」。看到童子軍檢閱時的精氣神，蔣介石倡議「不僅學校的學生，就是學校以外社會上的一般民眾的青年，也應該使其有加入的機會」。〔註58〕

這段文字頗能代表蔣介石對中國童子軍的基本看法，它表達了蔣介石對童子軍所寄予的希望。根據「黨童子軍」的理念，童子軍在隊員的徽章、服飾、軍禮等設計上，處處印刻著「黨」的符號。

2.2.1 徽章

童子軍徽章分不同級別、種類。這裡以童子軍二級徽章爲例，對比中國徽章的變化。（變化對比如圖 2－1、2－2）從圖中看出，明顯的變化有兩個：一是中國童子軍的銘言已由「Be Prepared」變爲「智仁勇」；二是百合花的中心加上中國國民黨的標誌。

〔註58〕 蔣介石：《中國童子軍之精神與使命》，《會長副會長及各屆理事長監事長對童子軍教育之言論》，中國童子軍總會編印，1945 年，第 1～3 頁。

圖 2－1：美國童子軍三級徽章　　圖 2－2：中華民國童子軍高級徽章
（從下至上依次是初級、中級、高級）

中華民國童子軍徽章意義闡釋如下：

（1）徽章的尖端：象徵航針，指示童子軍應該朝著正確的方向，努力向前、向善、向上。

（2）兩旁傾斜及兩顆明星：表示童子軍的一雙明亮的眼睛，能明辨是非，追求智慧與真理，達到完美的境地，以達健全之人格。

（3）徽章的外形：象徵一朵純潔與和平的百合花。（貝登堡設計的童子軍徽章百合花中央沒有國旗標誌。美國則加上美國標誌，中國也一樣加上中華民國標誌。）

（4）花的三瓣：代表三條諾言。

（5）中間的青天白日國徽：代表屬於中華民國。

（6）國徽下方束帶：提醒童子軍應力行自己的諾言，不能鬆懈。

（7）徽章的下半部卷帶：類似笑口常開的嘴型，稱為「笑口帶」，表示童子軍是快樂的。

（8）「智仁勇」三字：顯示童子軍應有智慧、仁俠和勇敢的精神。

（9）卷帶下的繩結：稱為「日行一善結」，象徵童子軍的日行一善。〔註 59〕

〔註 59〕維基百科「中華民國童子軍」徽章，見於網路資源：維基百科「中華民國童子軍」。筆者尚未找到當年「徽章設計方案的說明」之類的原始材料。但這些徽章在今天的臺灣地區依然在沿用，故借助了網路資源。

這是一個設計完美、頗具匠心的圖案，又是一個寓意深刻的政治符號。它把中國童子軍的教育理念以美麗簡潔且容易辨識的方式展現出來：它寓意童子軍以「爲國服務」（青天白日）爲核心，以「智仁勇」爲訓練的基礎，以美麗的百合花象徵天眞無邪的少年，並預示著童子軍光明的未來。

2.2.2　服裝

中國童子軍服飾的設計也獨具匠心。制服和服飾是童子軍身份的標誌。中國童子軍最早的服飾直接採用英制：頭戴船形帽，上身著襯衫，飾以胸帶與肩章，下身著短跨，腳穿皮靴。這種服飾穿著顯得英姿颯爽，但是它不適合中國實際狀況。1922 年顧拯來撰文指出直接採用英制服飾的缺點：造價高、與風俗相違、式樣特異等，建議童子軍服裝在學生制服的基礎上加上童子軍飾物，這樣經濟又實用。〔註60〕

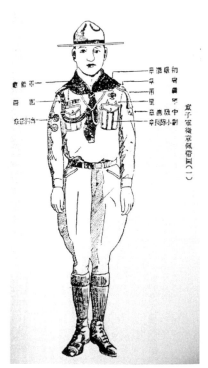

圖 2－3：童子軍服飾圖

國民黨童子軍服飾並沒有採用顧拯來的建議，也沒有直接複製西式童子軍裝，而是在西式童子軍裝的基礎上融入了三民主義的符號系統，和中山裝一樣成爲國民黨政治身份的標識。（如圖 2－3）

中山裝是由孫中山親自設計並率先穿著的。孫中山之所以要設計一套獨特的服飾，其要義在於用這樣一套獨特的符號系統標識其革命的意義，在於刷新政治，精神國民。目前，學術界對中山裝誕生的時間、設計的靈感有兩種不同的觀點。第一種認爲孫中山以日本士官服裝、學生服裝爲基礎，設計出了第一套中山裝；時間在辛亥革命後。第二種觀點認爲孫中山以南洋華僑中流行的上班裝爲樣本，在此基礎上加反領、改明袋、加軟蓋等，製成第一套中山裝。中山裝的設計滲透著孫中山革命的三民主義：「中山裝強調平民實用風格，而且寓

〔註60〕《改良童子軍制服之芻議》，《申報》，1922 年 5 月 14、17、18 日。

意三民主義的思想：前衣襟有五粒扣子，代表『五權分立』；四個口袋，象徵『國之四維』；三粒袖扣，則表達『三民主義』」。〔註61〕

　　但是，在考察童子軍服飾的象徵意義時，發現中山裝設計靈感的第三條路徑。按照吳稚暉的觀點，孫中山設計的中山裝，其靈感來自於蘇格蘭的童子軍服裝。1929 年中國國民黨在南京舉行第一次全國童子軍大檢閱。在大會開幕式上，吳稚暉做了演講，他說：

> 　　各位童子軍小先生們，兄弟今天看到全國童子軍大集合，就回想起 20 年前，不知是 1904 年，還是 1905 年，在英國第一次看見童子軍的故事。那時我一個英文都不懂，有一次在街上和總理看見童子軍，總理告訴我，這叫 Boy Scouts，那時我在蘇格蘭住了一年，剛到倫敦，總理說了以後我以為這就是蘇格蘭的小孩子。（按英文字之蘇格蘭與童子軍二字之音極相似）總理一面笑一面把童子軍的經過告訴我，我才知道總理說我們要使全國人民都變成童子軍。所以他對年紀大一點的人，便發明了中山裝，中山裝即仿傚童子軍服裝而成的，並不是仿傚童裝。所以中山裝就是老頭子軍的服裝，就是要使老頭子變成童子軍。〔註62〕

　　如果吳稚暉的回憶可信的話，那麼童子軍對民國的歷史就多了一份貢獻。從中山裝和童子軍的服裝比對來看，兩者之間在寓意上確實存在高度的一致性。中山裝隨著南京國民政府黨國體制的鞏固迅速得以推廣。國民黨推廣中山裝從機關、學校開始，然後向民眾逐步滲透。1935 年河北省政府規定學校男職員一律著中山裝。〔註63〕1936 年，南京國民政府教育部規定「學校職員服中山裝為原則，顏色式樣須一律」。〔註64〕1935 年始，教育部將童子軍教育列入初中必修課，全國多數學校以全校為整編制集體加入童子軍。按照《初級中學童子軍管理辦法》的規定，童子軍需著童子軍服裝。〔註65〕這樣，

〔註61〕　陳蘊茜：《身體政治：國家權力與民國中山裝的流行》，《學術月刊》2007 年第 9 期。

〔註62〕　《全國童子軍總檢閱詳情》，《湖北教育廳公報》1930 年第 2 期。

〔註63〕　《河南省政府行政報告》，河南省政府行政報告處編，1935 年 9 月，第 17 頁。

〔註64〕　《教育部訂定的高中以上學校軍事管理辦法》（1936 年 1 月），《中華民國史檔案資料彙編》，第五輯第一遍教育（二），第二歷史檔案館編，江蘇古籍出版社，1994 年版，第 1314～1316 頁。

〔註65〕　《初級中學童子軍管理辦法》第七條規定：「為促進童子軍管理之效率起見，團長以下各級職員，應隨時對學生實施服裝、用品、勤務諸檢查，予以矯正及獎懲」。《教育法令彙編》第三輯，教育部編，商務印書館，1938 年版，第 36～40 頁。

高中中山裝與初中童子軍裝在學校裏完成象徵符號的承接，強化了教師、學生政治認同，在一定程度上實現了政治社會化的目標。從這個角度上講，吳稚暉的觀點是有道理的。

除制服外，童子軍的「領結」，國民黨也賦予寓意。「童子軍的領巾下面，為什麼要多打一個結呢？……多打一個結，就是表示要『日行一善』的意思。怎樣才能行善？就是要準備多的技能、好的品格、好的身體，以便替社會人群以及國家民族做些有益的事業」。〔註66〕

中國童子軍總會所主辦的刊物《童子軍教學做》中，對童子軍服裝的意義做了如下的闡釋：

> 童子軍制服除了樣式美觀，穿起來便利舒適，適合少年的身心發展外，還有幾個同樣重要的意義：
>
> 童子軍制服可以代表少年高尚德行的外表；
>
> 童子軍制服是民主精神的象徵；
>
> 全世界童子軍穿一樣的制服，這是「四海一家」的精神；
>
> 制服可以提醒兒童的責任心；
>
> 制服上的徽章，有一種光榮的引誘力，可以鼓舞兒童的前進；
>
> 穿上制服，可有更多的機會服務，無形中養成兒童「助人」的美德；〔註67〕

從總會的解釋來看，童子軍服飾隱含著童子軍教育的「規律」，象徵意義十分豐富。

2.2.3　軍禮

童子軍行軍禮時，「要求右手中間三指伸直併攏，拇指小指內屈，拇指交壓在小指之上，舉手至帽檐。三指表達『智仁勇』三達德，大拇指與小拇指交壓，表示扶助弱小之意」。〔註68〕（見圖2－4）

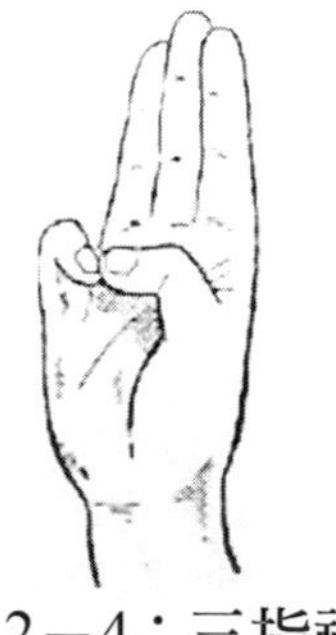

圖2－4：三指禮

〔註66〕 楊永泰：《童子軍訓練的意義所在》，《近代中國史料叢刊·975·楊永泰先生言論集》，沈雲龍主編，文海出版社，1966年版，第146～147頁。

〔註67〕 《童子軍教學做》，1947年第2卷，第8、9合刊。

〔註68〕 《省立南中「童子軍」活動情況的回憶》，《南平文史資料》第八輯，1987年版，第7頁。

　　楊永泰的闡釋比較經典。1935 年 3 月 15 日，他在武漢童子軍成立紀念大會上說：

　　「爲什麽用三指敬禮呢？童子軍的三指敬禮就是代表童子軍宣誓中的三條。……你們都知道將右手的食指中指無名指伸直靠緊，拇指和小指屈入手中，用拇指壓著小指再將手舉起，指端與帽檐與眉相齊，這就是三指敬禮。三指中的中指，代表誓詞中的第一條，就是叫我們要勵行忠孝、仁愛、信義、和平的教訓，做一個中華民國忠誠的國民。就是要我們愛國家愛民族。食指表示誓詞的第二條，叫你們隨時隨地要扶助他人，服務公眾。就是要你們愛人群愛社會。無名指表示宣誓詞的第三條，就是叫你們要力求自己知識、道德、體格的健全。就是叫你們自己要愛自己。拇指壓著小指，就是表示強扶弱，幼者尊敬長者的意思。每一個記號都有他明確的用意，所以做童子軍每

棍棍執時正立

圖 2－5：執棍禮

次敬禮的時候，就要反省到自己是否照著三條誓詞力行」。〔註 69〕童子軍這種「三指禮」通行全國，已經深深印在了人們的心裏，構成童子軍身份的重要標誌。當年（福建）省立南平中學的童子軍，雖已過花甲之年，但依然清晰地記得行禮時要求：「右手三指伸直併攏，拇指小指內屈，拇指交壓在小指之上，舉手至帽沿，三指表達『智仁勇』三達德」。〔註 70〕

　　「軍棍」也被塗上三民主義的色彩。（見圖 2－5）據潢川文史資料記載，潢川州下轄 7 縣的童子軍，所持軍棍長 1.2 米，統一油漆成青白紅三段或青白、紅白兩段，象徵「青天白日滿地紅」之意。〔註 71〕

　　有學者指出：「對政治象徵現象的歷史觀察和功能研究表明，象徵／符號構成了政治動力的一個重要側面，也是維繫政治共同體運轉的持久性因素。」「這些象徵策略的共同目標就是要使其政治行爲合理化、權力

〔註 69〕　楊永泰：《童子軍訓練的意義所在》，《近代中國史料叢刊》第 975 卷《楊永泰先生言論集》，沈雲龍主編，文海出版社，1966 年版，第 146～147 頁。

〔註 70〕　《文史資料選編》第 1 編「教育編」，福建人民出版社，2000 年版，第 596～597 頁。

〔註 71〕　劉緒德：《童子軍數事》，《光州文史資料選輯》第 12 輯，1996 年版，第 7～8 頁。

合法化並長久維持。」「政治群體通過象徵策略表達的政治觀念、情感、態度和價值——政治文化，讓成員認識到自我本身以及所屬群體的利益和價值，從而使群體和成員在特定的政治框架內取得一致性立場和採取一致性行動」。一般而言，政治象徵或符號具有提供社會記憶、尋求政治認同、整合意識形態、實施政治社會化等四項文化功能。〔註 72〕

　　以上四項文化功能的分析適用於中國童子軍的象徵符號分析。上述四項中的「尋求政治認同」與「整合意識形態」最爲重要。對於中國童子軍而言，這兩項功能最具有政治現實意義。「一般而言認同危機和合法性危機通常發生在社會、政治的重大變革時期。此時，舊的象徵符號喪失原有的功能，原有的意義受到懷疑，新的象徵符號和新的意義也不斷湧現。」〔註 73〕1930 年代的蔣介石南京國民政府正面臨著「政治認同」與「意識形態認同」危機。雖然蔣介石憑藉軍事實力逐漸成爲中國的核心政治力量，但其統治的合法性遭受諸多政治、軍事派別的質疑與挑戰；戴季陶「純正三民主義」和蔣介石的「儒家化的三民主義」也未能完全主宰國民黨人的思想。與此同時，日本帝國主義侵略的野心也在逐漸明顯。因此，如何盡快地將全國民眾統御起來，順歸三民主義，支持蔣介石政府成爲國民黨最爲緊迫的問題。而要完成這樣的工作，首先須有堅強的幹部隊伍和團結一致的國民黨。童子軍恰好可以做爲青年訓練、幹部訓練的組織之一。正是戴季陶等黨國要人認識到童子軍教育的功能性價值，下大氣力去改造童子軍，才使得童子軍在中國發生了最爲深刻的嬗變。按照此理，國民黨主持下的中國童子軍總會設計的徽章、服飾等，均屬於三民主義政治象徵符號之一。通過徽章、服飾的特別設計，將三民主義化的童子軍組織起來，起到宣傳、整合意識形態，獲取政治認同的效果，進而將三民主義形象化於社會民眾之中。

〔註 72〕　馬敏：《政治象徵／符號的文化功能淺析》，《華南師範大學學報》（社會科學版），2007 年第 4 期。
〔註 73〕　馬敏：《政治象徵／符號的文化功能淺析》，《華南師範大學學報》（社會科學版），2007 年第 4 期。

第 3 章　民國時期童子軍的理論研究

　　中國童子軍在初興時期（1912～1926）以模仿爲主，基本談不上原創性或轉化性的理論研究。國民黨主持童子軍發展時期（1926～1949），在中國童子軍司令部、中國童子軍總會的領導下，童子軍研究呈現繁榮局面。童子軍學術研究會、童子軍教練及愛好者翻譯或編寫了　些研究專著，在童子軍的教育、行政、方法及管理諸方面取得豐富的成果，爲童子軍發展的提供重要參考。同時，在童子軍的理論研究方面，也存在一些問題。

　　本章將以 1920～1940 年代出版的童子軍研究用書爲主體，對上述問題展開討論。按照出版的先後順序，將主要論著羅列如下：

治永清：《童子軍專論》，商務印書館，1926 年初版，1930 再版；

吳耀麟：《童子軍全書》，上海黎明書局，1935 年初版；

劉澄清：《女童子軍教育法》，商務印書館，1935 年版；

吳耀麟《童子軍教育概論》，商務印書館，1936 年版；

曹庸方《童子軍旅行書》，商務印書館，1937 年版；

趙邦燦：《童子軍教育原理》，正中書局，1937 年初版，1947 年第 7 版；

劉澄清：《中國童子軍教育》，商務印書館，1938 年版；

沈雷漁《童子軍教育概論》，1939 年初版、1947 年上海再版；

徐觀餘《戰時給童子軍的信》，商務印書館，1939 年版；

吳耀麟、章輯五：《童子軍教育原理及方法》，正中書局，1942 年版。

　　以上羅列均是筆者能夠見到的部分童子軍用書，由於散失等原因，許多書籍只存目錄，難見眞本。〔註1〕但上述的書籍基本能夠代表這一時代的理論研究水準。

〔註 1〕　實際上出版的書籍遠不止這些，比如顧樹森《英國少年義勇團組織法》（中華書局，1929 年版）、《團長實用管理法》《兒童品行訓練大綱》（中央訓練團，

3.1 民國時期童子軍理論研究的內容

按照論著的論述重點，可將童子軍理論的研究內容劃分爲以下幾個方面
分述：

3.1.1 對童子軍教育價值的認識

這一部分是童子軍理論工作者研究著墨最多的地方。在他們看來，童子
軍訓練是一種非常好的教育。綜合起來主要有以下幾種觀點：

第一、童子軍訓練是實現「智仁勇」目標的現代教育形式。

通覽理論著述，在認識童子軍教育價值上，有兩種傾向：一是比附中國
傳統教育，二是以現代教育方法論的標準來分析童子軍的價值。

將西方的童子軍理念與中國傳統教育相比附，是民國時期理論工作者的
一個共同的選擇。他們認爲童子軍所蘊含的種種教育目的，與中國既有的「智
仁勇」的教育目標完全一致，具體體現在「四維八德」、「六藝」等方面。如
沈雷漁通過對比中國傳統教育和童子軍教育，認爲童子軍教育就是體現「智
仁勇」的教育。他說：「中國古代教育的目的，都在使人爲善，和今日童子軍
以日行一善之意相符。並且古代教育的內容，也不是僅限於智識，就是行爲
要有仁心，體育要具勇敢精神，那麼不又和今日童子軍教育以智仁勇三德爲
目的盡相一致了嗎？」〔註2〕持此觀點的人數較多。前文所述的國民黨的戴季
陶、陳立夫等，都是這種教育理論的宣導者。

也有學者從現代教育方法論來概括童子軍教育的價值。如吳耀麟認爲：
「童子軍訓練，既使兒童之體育、智力與精神平均發展之組織，以訓練兒童
成爲良好國民宗旨，故亦爲一種教育運動。」他援引英國曼徹斯特大學教授
傑克（Prof.Jack）和美國哥倫比亞大學校長羅素（Russell）贊揚童子軍教育的
話，說明童子軍教育是集德、智、體、群諸育於一體的教育。〔註3〕他列舉出

1930 年版）、蓋其新譯的《智仁勇的青年訓練》（南京小書店，1932 年版）、
羅素著、張忠仁譯《童子軍訓練的教育價值》（童子軍學術研究會，1932 年版）
鄭昊樟著《幼童軍》（商務印書館，1934 年版）、張忠仁《美國童子軍總會組
織之研究》（中國童子軍學術研究會，1933 年版）、《童子軍教育原理》（共和
書局，1933 年版）、楊克敬著《童子軍訓練之理論》（共和書局，1934 年版）、
范曉六著《童子軍教育要義》（二二五書局，1935 年版）、汪仁侯著《英國幼
女團》（商務印書館，佚失）等等。

〔註 2〕 沈雷漁：《童子軍教育概論》，商務印書館，1939 年版，第 9～10 頁。
〔註 3〕 吳耀麟：《童子軍教育概論》，商務印書館，1936 年版，第 3～4 頁。

十二條理由說明童子軍訓練對兒童成長的意義，如善用閑暇、養成品行、服務精神、自尊盡忠、自信、健康、守紀律、發展個性、快樂等等。〔註4〕

第二、童子軍訓練能夠糾正中國國民的缺陷。

認爲中國國民性有缺點的觀點，在中國近代史上源遠流長，最早從來華傳教士到國民黨執政時期，討論從未中斷。童子軍被引進並推廣，與國民性討論關係密切。研究者普遍認爲，童子軍訓練能夠整治國民缺點，塑造現代的國民。

如吳耀麟認爲：中國自古是一個文明古國，但在近代由於帝國主義的入侵，致使民族精神喪失，民族道德衰落，進而造成中國淪爲「次殖民地」地位。中國民族精神衰弱表現在：「精神散漫態度消極暮氣沉沉；行動遲緩工作敷衍絕少有青年活潑氣象；逆來順受苟安畏難聽天由命；團結無力缺少愛國熱誠；遇事取巧喜歡投機心存僥倖；自私自利缺乏同情心；道德標準低化等」。貝登堡的童軍課程是針對英國國民的弱點設計的，它同樣適合訓練中國國民的品行。如「誓詞規律及各種儀式可以養成名譽心、自重心及訓練自己；禮節禮儀可以養成克己復禮習慣；服務善舉救護看護可以養成俠義性及利他心；游泳露營旅行工程可以養成堅韌心自信心及勇氣；小隊制度及小隊活動可以養成責任心及互助合作精神」等等。〔註5〕

國民黨對中國國民性的檢討 1934 年在江西南昌發起的新生活運動中，達到前所未有的高度。在新生活運動中，國民黨力圖通過宣導新生活，刷新中國民眾的精神面貌。在這場運動中，童子軍積極參入，是運動中的一支生力軍。1930 年代，中國童子軍運動和新生活運動一起，掀起一場影響深遠的國民改造運動。

第三、童子軍教育是對學校教育的補充。

這種觀點主要是在 1930 年代後盛行。當時的教育界掀起了一場新教育中國化運動，〔註6〕旨在通過反思中國新教育推行的效果，探討中國教育未來的發展方向。在這股思潮的影響下，教育界對現行的學校教育也做了深刻檢討。同時，童子軍理論者認爲：童子軍就是對現行學校教育的補充，童子軍教育的特點在於與兒童發展相適應、與生活實際相結合。

〔註 4〕　吳耀麟：《童子軍教育概論》，商務印書館，1936 年版，第 4～5 頁。
〔註 5〕　吳耀麟：《童子軍教育概論》，商務印書館，1936 年版，第 61～63 頁。
〔註 6〕　新教育中國化運動的探討詳見第 8 章「童子軍教育中國化及歷史地位」。

沈雷漁通過研究童子軍教育，對當下的教育做了深刻反思，他說：「中國自滿清末葉廢科舉興學堂，差不多已有四十餘年了。到現在大家又覺得教育失敗了。這又是什麼道理呢？因為人們的生活一天天繁複起來，這就是社會在那裏不絕地進化的緣故。當初把科舉廢掉，變成了洋學堂，換句話說，實在是和生活沒有關係，不過把中國的八股換成洋八股罷了。所以儘管賣盡氣力，還是不中用。這就是離開生活太遠的緣故。」「中國的教育一向是以文字和書本做唯一的工具，要知文字和書本不過是生活的工具的一種，在古代生活簡單的時候，這可把這種簡單的工具來應付。若在繁複的生活中，哪裏應付得了呢？」〔註7〕他進而認為，童子軍教育更加適合今天的生活，是對今天教育的補充。他說：「我們看過了童子軍各級課程的內容，知道它絕不是完全的室內學習的，也絕不是完全依靠著文字和書本做教學的工具。它的露營一種，凡衣食住行四種生活要素，已多具備著，足以應付簡單的人生生活」。〔註8〕

劉澄清總結出童子軍教育的特點：尊重兒童自由學習的權利、發展兒童創新的能力、注重兒童實際的活動、注重團體的生活、注重兒童的個性、注重自動與學習上的興趣、採用與生活和職業有關的材料、提供快樂優美且有內發效力的環境和設備環境、注重兒童團體而且富有興趣和教育意義的生活、注重軍事訓練、引起兒童對於政治上的濃厚興趣等。〔註9〕他還總結童子軍教育與學校教育的區別：學校僅僅注重成人生活的準備，童子軍將成人生活預備與兒童成長並舉；學校教育專事束縛，童子軍教育崇尚自由；學校教育固定呆板，童子軍教育活動有變化；學校教育注重課本教材，童子軍教育注重試驗；學校教育注重注入式教學，童子軍教育力求內發；學校教育教師是主動的，童子軍教育學生是主動的；學校教育訓練專門人才，童子軍教育訓練萬能人才等等。〔註10〕通過對比，童子軍教育的價值已經十分明瞭。

吳耀麟認為，童子軍教育是從實際生活中總結出來的、適合兒童發展的形式，能夠補充教學校育的不足。他說：「貝登堡創辦童子軍對於教育雖然沒有經歷深刻的研究，但他從實際的生活的體驗中發現教育的真意，他以為教

〔註 7〕 沈雷漁：《童子軍教育概論》，商務印書館，1939 年版，第 56～57 頁。
〔註 8〕 沈雷漁：《童子軍教育概論》，商務印書館，1939 年版，第 60 頁。
〔註 9〕 劉澄清：《中國童子軍教育》，商務印書館，1938 年版，第 10～13 頁。
〔註10〕 劉澄清：《中國童子軍教育》，商務印書館，1938 年版，第 12～13 頁。

育不但要適應國家與個人現時的需要，而且要顧及未來的重要。他所提倡的童子軍訓練，不期而然地附和當代教育的主張，和當時各國提倡的國民訓練的要求。所以發明之後，大受國內外教育家的重視，紛紛模仿提倡。與其說教育上的改革，不如說是利用兒童自然的發展做今日教育的實際補助而已。」〔註 11〕

蓋其新是中國最早接受童子軍訓練的學生之一。他以切身的體會認為童子軍教育具有極高的價值，表現在以下幾個方面：第一、品性訓練是童子軍教育的重心和關鍵，凝聚在「日行一善」的銘言中；第二、童子軍教育與「實用主義教育」思想吻合；第三、童子軍在教學方法上的優勢能充分適應青少年青春期發展的需要；第四、童子軍教育的實用性能伴隨青少年一生的成長。這些都是學校教育不能完全做到的。〔註 12〕

第四、童子軍教育是戰時非常時期的好教育。

在 1937 年之後的非常時期，童子軍研究者最賞識童子軍教育價值的，還是課程中的軍事訓練內容。沈雷漁認為，中國自京師同文館創辦，到抗戰全面爆發，「迄今六七年，其間教育的主旨，無非是仕應付國難，充實國防」。抗戰非常時期的教育是中國最急需的教育。在國難當頭，我們不僅需要犧牲精神的訓練，還需大量領導抗戰的人才，更需要特殊技能的訓練。在技能訓練中「體格訓練、健康訓練、防空和防毒的訓練，以及一切與作戰有關的訓練都是十分重要的事情」。「童子軍的課程和非常時期的教育課程相符」。童子軍訓練可以養成對己對社會對國家都有意義的青年。〔註 13〕

徐觀餘在《戰時給童子軍的信》中，為童子軍的戰時服務指明了奮鬥的方向。他在書中闡述了以下問題：救護常識是我們最需要的；我們要為流血的流汗；協助後方社會的安定；喚起民眾共同奮鬥；我們不止給予助力，還要給予安慰；募捐金錢付出代價；防毒防空、看護小朋友、救濟災難都是我們奮鬥的方向等等。〔註 14〕徐觀餘在書中鼓勵童子軍積極為前方將士提供良好的後方服務，體現童子軍平時訓練的應急價值，童子軍的軍事技能訓練的價值在抗戰時期意義非常重大。

〔註 11〕　吳耀麟、章輯五：《童子軍教育原理及方法》，正中書局，1942 年版，第 56
　　　　　頁。
〔註 12〕　蓋其新：《童子軍訓練在教育上的價值》，《教與學月刊》，1936 年第 4 期。
〔註 13〕　沈雷漁：《童子軍教育概論》，商務印書館，1939 年版，第 93～104 頁。
〔註 14〕　徐觀餘：《戰時給童子軍的信》，商務印書館，1939 年版，目錄頁。

第五、童子軍教育的其他價值。

在研究者看來，童子軍教育的三級課程、專門課程，其蘊含的教育意義除了上述幾方面之外，尚有其他未盡的意義。比如：童子軍對勞動生產教育的意義。沈雷漁認爲，目前中國的教育「一向是重在知識的灌輸，忽略了生產能力的培養」。因此，中國學生不僅不能參加生產，充實生活，反倒成了「洋貨的推銷員」，以至於「民族地位下降」。而童子軍教育的專科課程，「既可以養成職業的興味，還可以賺錢生利」。「現在童子軍教育推行後，社會人士也慢慢把從前文雅而不（注重）生產的作物（疑爲：陳舊、保守）觀念轉變了」（注：原文如此）。〔註15〕

3.1.2　對各國童子軍組織等方面的比較研究

對童子軍組織等方面的比較研究，研究成果顯現的差別很小。本節將以吳耀麟的成果爲例。組織方面的研究，可以細分爲以下幾個方面：

第一、英、美、日、中四國的領導機構的比較研究。

英國童子軍最高領導機構，是英國童子軍總會。英國國王是童子軍運動的保護者，以英帝國參加童子軍運動的臣民爲總會會員。英國童子軍會不受任何政府機構的統轄，與軍事機關也沒有關係，而「與無政治氣味之組織如教會等聯絡」。此外，女童子軍總會與童子軍總會並立，女童子軍之制度、組織、經費均與男童軍分離。「在英倫三島，本部蘇格蘭、威爾士、愛爾蘭自由邦，各設有理事會，採用分權制，但其他自治邦及殖民地所有支會，均隸屬倫敦至英國童子軍總會」。「英國總會以皇家司令部的名義，任用職員，設立辦事處，處理全國童子軍組織訓練及其他事務」。總會下面在各郡區，設郡區童子軍會，郡區之下設地方童子軍會，正副指導員有司令部委派。〔註16〕所以，英國童子軍的管理體制是分區負責制。

美國童子軍總會有全國理事會負行政的責任。全國理事會由全國理事會的代表組成，每年開會一次。在全國理事會全會中，組建執行委員會。執委會之下設設計、行動、人事、事務、經濟、服裝用品及國際關係等分組委員會。「美國童子軍總會由美國在任大總統爲名譽會長，前任大總統爲副會長，實際的會長副會長由全國理事會選出」。〔註17〕

〔註15〕沈雷漁：《童子軍教育概論》，商務印書館，1939年版，第80頁。
〔註16〕吳耀麟：《童子軍教育概論》，商務印書館，1936年版，第13～17頁。
〔註17〕吳耀麟：《童子軍教育概論》，商務印書館，1936年版，第18～19頁。

　　日本童子軍的最高領導機構是「大日本少年團聯盟本部，附設在文部省內，設置總長一人，正副理事長及理事若干人」。聯盟本部設理事會。理事會下設總務、健兒、海洋健兒三部。聯盟本部之下為府縣聯盟、府縣聯盟之下設郡市聯盟，郡市之下領導各地童子軍團。〔註 18〕「日本三府四十三縣一島均有地方聯盟的組織，各該地的少年健兒團，均須向各該處地方聯盟本部加盟。最近調查，日本已加盟的童子軍團共有 1,095 團，團員 90,002 人。」〔註 19〕

　　中國童子軍總會是童子軍的最高領導機構，附設全國理事會，作為處理行政事務的常設機關；各省市縣理事會是各地童子軍發展的指導機關。中國童子軍組織採取中央集權式，取法歐美，但又與英美日都不相同。

　　第二、經費保障比較研究。

　　以吳耀麟的研究成果為例。英國童子軍總會不受政府津貼，經費來源主要有「童子軍商店盈餘、童子軍及服務員登記費、下級組織上交的費用、捐助等」。〔註 20〕美國童子軍總會經費由登記費、會費、捐款、出售調整用品及出版物等。「美國是一個商業化國家，所以賺錢生利的機會較多」，如童子軍團部音樂會或演影戲，或回收廢品、或社會捐助等等。童子軍個人也可以自給自足，如賣報紙、修理、清潔等等。〔註 21〕日本的童子軍經費，多由各團及熱心童子軍事業者捐助。聯盟本部的經費來源有登記費、文部省的補助及捐助等。〔註 22〕

　　中國童子軍經費，除中央和地方補助外，由每年登記費、會員費、捐款、售賣童子軍刊物用品之盈餘，及總會核定的其他收入。〔註 23〕其中，中央和地方的財政補助是中國童子軍經費的主要來源。

　　第三、童子軍類型比較研究。

　　以吳耀麟的研究成果為例。英國分小狼隊（8～12 歲以下的幼童）、童子軍（12～18 歲以下）、羅浮隊（17 歲以上的青年）。〔註 24〕美國分類有很

〔註 18〕吳耀麟：《童子軍教育概論》，商務印書館，1936 年版，第 18～19 頁。
〔註 19〕沈雷漁：《童子軍教育概論》，商務印書館，1939 年版，第 131 頁。
〔註 20〕吳耀麟：《童子軍教育概論》，商務印書館，1936 年版，第 17 頁。
〔註 21〕吳耀麟：《童子軍教育概論》，商務印書館，1936 年版，第 20～21 頁。
〔註 22〕吳耀麟：《童子軍教育概論》，商務印書館，1936 年版，第 24 頁。
〔註 23〕吳耀麟：《童子軍教育概論》，商務印書館，1936 年版，第 33 頁。
〔註 24〕吳耀麟：《童子軍教育概論》，商務印書館，1936 年版，第 15～16 頁。

大不同，如童子軍（12 歲以上，向總會登記者）、活動童子軍（得父母或監護人許可，參加團部組織，而按時參加集會者）、服從童子軍（由教練或團務委員會認爲，不能依照活動童子軍各項標準而行者，唯每年必須到會一次）、海童軍（15 歲以上，向總會登記者）、獨立童子軍（不隸屬任何團部，向總會登記）、幹部童子軍（高級童子軍服務在五年以上，而願永遠旅行童子軍義務者、榮譽童子軍（美國公民探險、冒險可做童子軍表率者，由全國理事會選爲榮譽童子軍）、小狼（9 歲以下）。〔註 25〕日本的童子軍分幼年、少年、青年三種，與英國的小狼、童子軍、羅浮相當。一切小狼取法歐美，但灌入了武士道精神。〔註 26〕

中國童子軍分爲四種：幼童軍（8～12 歲，志願參加並獲家長許可）、童子軍（12 歲以上，志願參加並獲家長許可）、青年童子軍（18 歲以上志願參加）、女童軍（12～18 歲，志願參加並獲家長許可）。

中國童子軍團分爲兩種類型：一是只有童子軍者，稱爲單式童子軍團。二是複式童子軍團，除童子軍外，還有青年童子軍團、幼童軍團、女童軍團等。〔註 27〕

關於中國童子軍組織等方面的研究，既有的成果多是解讀官方的法律文書。如關於中國童子軍總會、全國理事會、榮譽評判委員會、省市理事會、縣市理事會、童子軍團等機構研究，都是直接摘抄官方頒佈的法律法規。〔註 28〕比如：中國童子軍團成立須有合格的團長、并可保證一年之費用者，即可向總會申請登記。總會審核合格後，編爲中國童子軍團次，童子軍團成立。中國的學校、黨部、社會團體、政府機關、私人等均可辦理童子軍。〔註 29〕

3.1.3　對外國訓練技術的介紹

這一部分是童子軍理論研究最爲豐富的地方之一。在解讀貝登堡設計的各種野外軍事技能訓練上，除了出版的各種單項訓練讀本之外，治永清是比

〔註 25〕 吳耀麟：《童子軍教育概論》，商務印書館，1936 年版，第 20～21 頁。
〔註 26〕 吳耀麟：《童子軍教育概論》，商務印書館，1936 年版，第 24 頁。
〔註 27〕 吳耀麟：《童子軍教育概論》，商務印書館，1936 年版，第 33～34 頁。
〔註 28〕 吳耀麟：《童子軍教育概論》，商務印書館，1936 年版，第 30～31 頁。
〔註 29〕 吳耀麟：《童子軍教育概論》，商務印書館，1936 年版，第 33 頁。

較早、比較全面的研究童子軍教練員之一。他所著的《童子軍專論》1926 年
初版，1930 年出版修訂版，對北京及其他地區的童子軍訓練指導意義很大。
在這部著作中，治永清偏重於技能的講解，並配以圖示，十分直觀、詳細。
如童子軍禮節、徽章、結繩法、記號、蹤跡觀察法、童子軍旗語、野外測量
法、野外救護術（包括三角巾、卷軸帶、四尾帶及各種止血法、包紮法等等）、
造橋術、緊急消防、野外炊事、野外繪圖法等等。〔註 30〕與貝登堡的《童軍
警探》相比，治永清的技能講解更加詳實、直觀。這是目前所能見到的最早
的一部重在技能訓練的專著。從民國教育史的角度看，書中的急救衛生知識
是最早普及此類知識的用書。〔註 31〕此書在 1930 年再版時，在原來的內容基
礎上，加入了總理史略、三民主義要義、黨旗國旗等內容，適應了時代的需
要。〔註 32〕

　　1930 年代出版的研究論著中，多偏重於以下內容：

　　介紹小隊制度及組建、團部組建程序、團長的任命職責及聘任教練員、
團部的經費預算、教練員的資格職責獎懲、如何開好隊會團會、如何登記、
如何宣誓、如何組織小隊中隊團部及特別隊等等，涉及到如何認識童子軍教
育、如何組建童子軍各級組織、如何訓練童子軍等重要環節。

　　對於課程中的各項技能訓練，則專門出版單項訓練小冊子。比較集中的
是 1940 年代在教育部的主持下，聯合正中書局出版了一套《童子軍小叢書》，
如：薛元龍的《幼童軍遊戲》（1946 年版）、《營火會一助》（1946 年版）、裘
宏達的《航空》（1946 年版）、《圖騰杆的設計》（1946 年版）、黃祐前的《軍
棍使用法》（1946 年版）、汪仁侯的《測量》（1946 年版）、《西文旗語》（1946
年版）、《規律故事》（1946 年版）、劉漢民的《小隊制度概要》（1946 年版）
蔣振翼的《偵查故事》（1947 年版）等。

　　另外，在此之前，也單獨出版過一些訓練用書，如曹庸方的《童子軍營
地布置術》（大同書局，1928 年版）、薛元龍的《看護》（商務印書館，1936
年版）、《童子軍旅行術》（商務印書館，1937 年版）等。

〔註 30〕治永清：《童子軍專論》，商務印書館，1926 年版。
〔註 31〕民國教育史最早將「衛生」課列入中小學教育大綱是在 1922 年新學制。但衛
　　　　生課的主要內容是講述衛生常識，而沒有專門講述如何急救。
〔註 32〕治永清：《童子軍專論》，商務印書館，1930 年版，見「第七章　童子軍必修之
　　　　課程」，第 10～13 頁。

3.1.4　課程研究

中國童子軍課程設計是在貝登堡的三級訓練基礎上，加上三民主義等課程糅合而成。除三級課程外，還有特種訓練、專科訓練。「童子軍訓練以三級課程爲基礎，特種訓練次之、專科訓練又次之。三級課程爲必修」。〔註33〕三級課程中，總理史略、三民主義要略、中國革命史略是每一級的第一門課。

對三級課程，有研究者做了仔細分析，認爲童子軍課程具有兩大特徵：〔註34〕

一是補充學校教育的不足。

童子軍課程分爲日常生活知識（如結繩、衛生、炊事、縫補洗滌、儲蓄等）、野外活動知識（包括記號、方位、旗語、訊號、偵查、露營、測量、工程等）、公民品行訓練知識（包括總理史略、黨旗國旗、誓詞規律、服務、禮儀等）、健康教育知識（包括衛生、救護等）、緊急訓練知識（如國難時的救護、看護、防空、防毒、交通、警探等）及其他（徽章、組織法等）。認爲童子軍訓練以衣食住行普通知識技能訓練爲中心，養成自立自治的習慣。學校教育僅僅限於知識的傳授，因此童子軍教育是對學校教育的補充。

二是童子軍課程「可做職業的預備」。

貝登堡將職業分爲智慧的、熟練的兩類。前者包括事務員、文書、記者等；後者包括建築、機械、製造、美術等。同時，貝登堡認爲有些職業不要去學，比如售貨員、搬運夫、信差、小販等。〔註35〕爲做職業的準備專門設計了專科課程。中國的童子軍專科課程，根據中國情況做了調整，可以分爲科學類、職業類、野外活動類、體育衛生類、服務實習類以及軍事常識類六種。這些課程能夠爲青年升學或就業服務。〔註36〕

〔註33〕　吳耀麟：《童子軍教育概論》，商務印書館，1936 年版，第 49 頁。
〔註34〕　吳耀麟：《童子軍教育概論》，商務印書館，1936 年版，第 77～79 頁。
〔註35〕　貝登堡著，趙邦燦譯：《童子軍教育原理》，正中書局，1936 年版，第 97 頁。
〔註36〕　吳耀麟：《童子軍教育概論》，商務印書館，1936 年版，第 77～79 頁。

3.2　童子軍理論研究的特點及評價

3.2.1　童子軍理論研究的特點

通過對以上童子軍理論的梳理，筆者認為國民黨時期的理論研究具有以下幾個特點：

第一、緊扣時代的脈搏，訓練重心適時調整。

中國知識界對童子軍價值的理解，從其研究和宣傳的重點上，明顯可分為三個階段：

首先是公民訓練的價值（1912～1926）。這是童子軍運動在中國興起時，童子軍的宣導者大力宣導童子軍的原因之一，主要是迎合中華民國的新時代、新政體的時代訴求。如中華全國童子軍協會制定的中國童子軍規律：「本協會之宗旨在訓練兒童視察、服從及恃己等習慣，教以忠恕待人，並以一切利人益己之藝術，使成為良善有為之國民。」〔註 37〕江蘇童子軍協會制定的規律：「對國家盡己之責任，並服從童子軍規律」。〔註 38〕

其次是政治訓練的價值（1926～1937）。這一時期主要是國民黨改造童子軍理念時期。從廣東開始到國民黨童子軍普及全國，國民黨強調童子軍是「三民主義的少年兵」，童子軍肩負反對帝國主義侵略及建設新國家的雙重任務。

最後是軍事訓練的價值（1937～1945）。全面抗戰爆發後，實現全民族抗戰是這一時期最主要的任務。童子軍作為國民軍事訓練及青年訓練的根本方式之一，是抗戰後方服務的一支重要力量。因此，童子軍訓練最基本的軍事技能訓練發揮了重要作用。如貝登堡所言：「戰爭（指一戰）已經極好地檢驗了我們運動的有效性，也檢驗了我們的訓練方法。我們的童子軍在戰時的服務的確比一般青年要好得多。實踐證明：我們的訓練不僅能培養帝國良好的公民（good citizenship），而且能夠訓練優秀的士兵和海員（good soidier or sailor）」。〔註 39〕

以上三個階段的劃分，是就其重點內容而言，並不意味著童子軍的價值僅此三項，或者在三個時期，其他內容都被忽視。童子軍所有的訓練價值都

〔註 37〕《童子軍規律》，中華民國童子軍協會編，1919 年版，第 1～2 頁。

〔註 38〕治永清：《童子軍專論》，商務印書館，1926 年版，第 21 頁。

〔註 39〕 *Preface of scouting for boys.* Robert Baden-Powell, C.Arthur Pearson Ltd, 1919。引文是筆者的翻譯。

是理論工作者強調的，只是隨著中國內外形勢的變化，訓練重心適時調整而已。

第二、研究成果偏重方法論研究。

這一特徵貫穿整個中國童子軍發展史。民國之初，模仿時期無論從規律、誓詞、訓練課程還是組織形式，均是照搬英美的訓練模式。而對童子軍訓練內容的模仿占主要篇章，這也是童子軍能夠得到很多教育人士欣賞的地方。

真正意義上的童子軍理論的研究，是從 20 世紀 20 年代廣州國民黨時期開始。前文所述，童子軍理論工作者在童子軍訓練具體方法上著墨較多，如如何組組建童子軍團、如何登記、如何實施三級課程的教學、如何露營、如何進行小隊訓練等等。

理論工作者偏重方法論研究，有兩個原因：一是在童子軍法律法規已經頒佈的條件下，童子軍訓練的價值、重心、理念無需更多的理論探討。二是推廣童子軍是主要任務，各地對童子軍的認識及具體組建、訓練等並不瞭解，因此要宣傳訓練方法。

第三、組織、訓練等方面的研究，以解讀法律法規爲主。

據統計，中國國民黨在 20 世紀 40 年代頒佈的童子軍法規有四大門類近四十個。法規分爲組織、調查、訓練及其他四個方面。各類法規舉例如下：

中國童子軍總會方面的法規，如《中國童子軍總章》、《中國童子軍全國理事會組織規程》等。

中國童子軍各級理事會法規，如《中國童子軍省（市）理事會組織規程》等；中國童子軍團部的各種法規，如《中國童子軍團組織規程》、《中國童子軍團登記規程》、《中國童子軍團團長任免規程》等。

中國童子軍的各種規程：如《中國童子軍登記規程》、《中國童子軍各種旗幟證章遺失補領辦法》等。

中國童子軍訓練法規，如《中國童子軍三級訓練課程標準》。另外，還有女童軍、幼童軍、海童軍以及各類專科訓練標準等。

中國童子軍其他法規，如《中國童子軍徽章旗幟服裝》、中國童子軍登記各種表格的規定等。〔註 40〕

在出版的多數童子軍成果中，對童子軍的各種法律法規的解讀是最主要

〔註 40〕 劉澄清：《中國童子軍教育》，商務印書館，1938 年版，第 123～126 頁。

的內容，佔據成果的相當大的比重。如吳耀麟的《童子軍教育概論》，〔註41〕
其中，關於訓練方法的指導佔據五分之四篇幅；再如：劉澄清的《中國童子
軍教育》，該書訓練方法的部分佔據全書的四分之三篇幅。〔註42〕

第四、政治立場上帶有鮮明的黨性原則。

鮮明的黨性原則是中國童子軍最大的特點。如《中國童子軍總章》規定，
童子軍訓練有五大原則，四維八德是訓練最高原則；不能利用童子軍的名義
參加政治活動、童子軍是三民主義的少年兵等。〔註43〕

3.2.2　童子軍理論研究的評價

如前文所述，童子軍理論研究在理念、組織、訓練等諸多方面有頗多建
樹，為中國童子軍的發展提供了理論、方法上的便利。但是，就筆者掌握的
資料看，童子軍理論研究尚存在一些缺憾。詳述如下：

第一、將國民黨三民主義政黨理論與童子軍遊戲化課程拼接，在實踐層
面上沒有形成理論與實踐的雙向協調機制。易言之，童子軍理論研究先行，
用以指導各地童子軍的發展，而在各校具體實踐中發現的問題，應該及時回
饋到童子軍研究機構，針對實踐中發現的問題做進一步理論研究，以指導童
子軍教育下一步實踐。如此的「理論——實踐——理論——實踐」螺旋式迴
圈配合，才能更好的指導中國童子軍的發展。

學校的童子軍教育實踐中，存在諸多現實的發展困境。其中較為集中的
問題是經費緊張、師資急缺等。筆者在史料中很少能找到各級童子軍主管機
關應對困難採取有效措施的相關資料。這說明：面對這些困境，各級學校及
行政主管機構普遍缺少積極應對的策略，理論研究者也很少有具體的指導成
果。我們能見到的最多的童子軍理論研究成果，多半出自中國童子軍總會。
如：吳耀麟、徐觀餘、胡立人、張忠仁、薛元龍等人。他們都是中國童子軍
總會的工作人員。總會中設有童子軍訓育科，專門負責童子軍理論研究和實
踐的指導，如擔任過訓育科科長的吳耀麟就是著名的童子軍研究專家。他對
童子軍理論的研究貢獻很大，其主要成果有：《童子軍全書》（上海黎明書局，
1935 年版）、《童子軍教育概論》（商務印書館，1936 年版）、《童子軍教育原

〔註41〕　吳耀麟：《童子軍教育概論》，商務印書館，1936 年版。
〔註42〕　劉澄清：《中國童子軍教育》，商務印書館，1938 年版。
〔註43〕　吳耀麟：《童子軍教育概論》，商務印書館，1936 年版，第 43 頁。

理及方法》（正中書局，1942 年版）等，另外還發表許多童子軍研究的文章。但從他們的研究成果來看，他們很少將理論研究與學校的教育實踐相結合。

從既有的童子軍理論成果上看，研究成果基本上都是解讀三民主義理論，解讀中國童子軍領導機構頒佈的各項法律法規，還有一些具體訓練方法上的指導。所以，研究成果大體上由三民主義、法律法規、方法指導三部分構成。

在具體的方法指導方面，研究成果多數比較抽象，比如：如何組建小隊、如何建團、如何組織理事會、如何露營等等。而對基層單位推進童子軍所面臨的問題，比如：如何有效地解決師資問題、如何解決經費緊張問題、如何解決童子軍課程與體育等課程的關係問題等等，在解決問題方法上也沒有能夠根據中國的現有情況，給予因地制宜的方法指導。

針對經費的難題，教育部或教育廳頒佈的政策有的過於強調標準與統一，不能因地制宜。童子軍的訓練需要專用的服裝和訓練器械。服裝費要求學生自理，訓練器械各省略有差別，有的是學校統一購置，有的還需要學生出資，成爲學生家長的一項負擔。如江西教育廳明確規定組建童子軍團必須具備的訓練器械名單，數目達 18 種之多：童子軍軍服一套、船形帽一頂、黑長襪二雙、皮帶一根、黑皮靴一雙、領中一方、背囊一個、乾糧袋一個、警笛一個、警備繩一根、鋼斧一柄、六用刀一把、水壺一個、肩章一方、隊章一方、軍籍章一方、雙旗一付等。另外，各校必須配備辦公室、桌椅、營帳、炊事器具、軍棍、斗笠、雨衣等若干。〔註 44〕全套裝備配齊，花費不少，甚至有些昂貴。河南新野童子軍回憶時也說，置辦一套完整的童子軍訓練裝備需要 12 塊銀元。〔註 45〕按照網友的估算：1927～1936 年間，在上海大米平均每市石（160 市斤）10.2 銀元；1 銀元可以買 16 斤大米；1 銀元可以買 4～5斤豬肉；這時期「一塊錢」大約折合 20 世紀 90 年代中期人民幣 30 元；折合 2007 年市值人民幣 36 元。〔註 46〕照此計算，江西省裝配一名童子軍需要約 190 斤大米（20 世紀 30 年代上海市價），折合 20 世紀 90 年代人民幣 430 多元。所以，童子軍的標準裝備還是很昂貴的。這筆費用針對當時中國城鄉居民收入來說，還是不小的花銷。

〔註44〕 《江西教育旬刊》，1934 年，第九卷，第七期。
〔註45〕 于有勝：《我在中山小學組建中國童子軍的回憶》，《新野文史資料》，第 6 輯，第 92～93 頁。
〔註46〕 北鳥王的博客：http://blog.sina.com.cn/beiniaow。

　　多數學校要求整校學生加入童子軍。江西省的童子軍教育經費，「除省會小學及省立中學附屬小學教廳撥給經費外，其餘各校，均無固定之常年經費」。因此，許多學校難以滿足上述的配置。童子軍專家吳耀麟也注意到這一問題，他在總結童子軍發展困境時，將訓練配備不足視作原因之一，「全國童子軍事業發展並無計劃，此亦限於人才經費，但一切服裝、用品、徽章、旗幟、書籍、教本等生產供應事業亦不能辦理，無法增加收入，補助業務發展」。〔註47〕但是，他也未能想出較好的解決方案。

　　在中國廣大的農村地區，具有天然的優勢，童子軍訓練的許多器材、活動完全可以在本地解決，警探、露營等活動，根本不用花很多的資金，更不必要整齊劃一，如果指導得當，廣大的農村的童子軍訓練更有效果。但遺憾的是，理論界沒能在這些方面給予科學的指導。

　　再如師資問題。童子軍專門師資異常短缺是制約童子軍發展的瓶頸之一。針對這一問題，有人評論說：

> 　　我國過去童子軍教練員的訓練問題，一直不很注意，除在少數體育學校，附設教練員訓練班之外，沒有一個專門訓練童子軍教練的場所。自政府規定童子軍課程，列入必修課後，童子軍教練員的需要，格外殷切。各體育學校為應急需，便將短期培訓班畢業生，分發各地充任中小學童子軍教練，但實際上，還是不敷支配。經過了這次事變（指七七事變），原有的教練員，大都逃亡流散，而過去附設的教練員訓練班，亦皆全部停頓，所以，目前造成了各學校爭聘的風潮。而優良的教練員，更不易羅致。各學校常有以體育教師或級任教員來兼充童子軍教練員的。（對此，作者建議說，）除體育學校附設童子軍教練員短期班外，尤須特設學校，從事專門的訓練。在行政當局，最好有一個通盤計劃，全國成立多少童子軍團部，造就多少童子軍教練，才可以供應相應而不致浪費經濟與人才。〔註48〕

　　相反，在基層，許多學校因地制宜地解決現實中的問題。以河南臨汝縣為例。臨汝縣立一小校長韓錦軒「對童子軍很重視，但因資金缺乏，無力購買全套童子軍露營設備如帳篷、炊具等。後來想了個辦法，由他出面宴請當地有名的士紳及商人到校商談，請求他們自由捐款支持童子軍，當天就捐了

〔註47〕吳耀麟：《青年訓練之理論與實際》，商務印書館 1944 年版，第 328～329 頁。
〔註48〕顧棟：《中國童子軍的回顧與前瞻》，《教育建設》，1938 年，卷期不詳。

一千多元。隨即用這些錢購置帳篷、炊具等，加上團旗、隊旗、童子軍棍、軍樂隊等，已經初具規模，便根據課程的安排進行緊張的訓練」。1941 年 4 月 4 日，縣立一小 210 名童子軍在團長郭德化帶領下到許昌參加全專區童子軍露營和檢閱比賽，最後一小童子軍共獲得錦標旗八面，團體總分全專區第二名。「由於替本縣爭了光，所以縣政府在北大操場專門開了歡迎會。不久，在全縣城鄉各中小學都發展了童子軍組織，實現了童子軍化」。〔註 49〕校長因地制宜，發揮了積極性與主動性，解決物資匱乏等現實難題。諸如此類的案例，應該在理論研究中總結推廣。但在童子軍總會的相關資料中，很少發現此類經驗推廣的案例。

綜合以上情況可以看出，中國童子軍研究和實踐出現脫節：童子軍的發展沒有形成理論與實踐的雙向互動機制。單純憑藉行政命令去推動發展，其結果自然會虛與委蛇。在現實中童子軍教育敷衍塞責現象嚴重。如 1937 年湖北省政府第 128 號訓令稱，查各校對於體育軍訓童子軍教學，敷衍塞責不在少數，下文勒令嚴格訓練。〔註 50〕

就筆者掌握的史料看，出現上述理論與實踐脫節的狀況，可能與以下因素有關：

一是童子軍系統與教育系統各自為政。從理論上講，童子軍總會及各分會與各級教育主管部門各自分工，應該彼此配合，但在實際中缺各自為政。在制度設計上，負責童子軍發展的行政機構分兩類：一是中國童子軍總會、各級理事會，這一類專屬童子軍序列機構；二是教育部、教育廳以及各級學校，屬於教育序列。從實際考察來看，兩類機構的配合出現很多問題。總體上說，自童子軍列入學校教育課程序列之後，總會及各級理事會就不再發揮實際的指導作用，僅依賴學校推行童子軍教育。以理事會與學校關係為例。按照《中國童子軍總章》的規定，地方須成立各級童子軍理事會，作為童子軍發展的指導機關。理事會由以下人員構成：黨部訓練部長、教育廳局長及童子軍服務員組成。〔註 51〕從人員構成上看，理事會的成員都是各地行政機關的主要負責人，在理事會屬於兼職。中國童子軍全國理事會也不例外。幾

〔註 49〕 郭德化：《臨汝縣童子軍簡介》，《臨汝文史資料》，第 3 輯，第 42 頁。

〔註 50〕 《湖北省公私立中小學體育軍訓童子軍訓練改進事項》，《湖北省政府公報》「訓令」，1938 年，第 339 期。

〔註 51〕 治永清：《童子軍專論》，商務印書館，1930 年版，第 207 頁。

屆全國理事會理事長及理事，均由各機關行政領導兼任。教育部長須兼任理事長。〔註52〕《中國童子軍特別市理事會組織條例》第 5 條規定：「總幹事、幹事由童子軍事業有關係之機關或團體調員兼任，以不支薪爲原則」。《中國童子軍省理事會組織條例》第十一條的規定與縣理事會相同。又按照各級理事會組織條例的規定，這樣的兼職不負薪酬。〔註 53〕從這個意義上講，童子軍理事會純粹是義務性的工作。而且，理事會的成員有自己實際負責的本職工作，所以，他們不大可能將理事會的工作視爲首選。理事會成員更多的工作只是象徵性的。比如在童子軍檢閱時，他們會出現在主席臺上。而在現實工作中，學校是童子軍發展的實際負責單位，因此，名義上由理事會擔任指導職責的制度安排，在現實中徒有虛名。

　　中國童子軍總會與國民政府教育部之間的配合也並非分默契。史料顯示：童子軍教育理念在實踐中嚴重流失，這種局面多半是由於 1935 年前後教育政策所致。在中等學校，將初中童子軍訓練與高中軍事訓練相銜接，構成完整的軍事訓練體系。教育部的這種制度安排本身就是對童子軍教育理念的曲解。在他們眼裏，童子軍眞正成了「軍」，所以要「訓練」。總會的研究人員撰文，反覆強調童子軍教育的眞精神，不是單純的軍事訓練，以此喚起國人對童子軍教育的重視。但是，這樣的研究和宣傳和政府的行政力量相比，實際影響力要小得多。因此，前文所述的學校童子軍教育實踐在許多方面背離童子軍教育理念，也是有原因的。

　　另外，當教育部要求童子軍教育列入初中必修課之後，全國面臨教練員極其短缺的局面。爲解決這一問題，國民政府先後組織四次全國大規模的童子軍師資培訓，由黃埔系主辦，具體工作主要由「復興社」主持。其中，國民政府軍事委員會主辦兩次，中央訓練團連續舉辦五期訓練班。第四次培訓班是由總會和教育部聯合主辦，但蔣介石命令培訓班交由中央訓練團接辦。這說明以「力行社」爲主體的中央訓練團把控著童子軍教練員的培訓。〔註54〕據當年童子軍李養義的回憶，總會內部的分爲「二‧二五」和「三‧一五」兩派，實際上是陳立夫爲首的 CC 系與力行社之間派系分歧的表現。由此可以

〔註52〕《十年來之中國童子軍總會》，中國童子軍總會編，1944 年版，第 9 頁。

〔註53〕治永清：《童子軍專論》，商務印書館，1930 年版，第 205～208 頁。

〔註54〕《全國師資的培養》，《十年來的中國童子軍總會》，中國童子軍總會編，1944 年版，第 27～30 頁。

看出，總會與教育系統之間政令無法暢通，他們之間存在諸多的矛盾與分歧。〔註55〕這些權利之爭，都會影響到童子軍的發展。

二是童子軍的「課程之累」。中國童子軍主要在學校裏推行，因此，各級教育行政主管機關就成爲童子軍教育的主要推手。爲了將童子軍教育落實到基層，教育部先後出臺一系列行政法規，比如童子軍課程標準、教材審定、列入必修課、童子軍成績考評辦法以及《初中童子軍管理辦法》等等。

這些法規無疑促進學校童子軍的發展。但是，同時也產生政策的負面效應。和其他課程一樣，童子軍成爲一門必修課程，就會和教師、教法、教材、考試等因素掛鉤。學校的童子軍教育就會拘泥於教材去教學，也會和考試考評相聯繫。這種做法是符合教育教學原則的。但是，童子軍教育的最大特點就是實踐性：以小隊爲單位，以遊戲（game）爲主要方式，在做中學。童子軍教育一旦偏向於課程教學，就會有損於童子軍精神的培養。所以，童子軍種種有趣的遊戲，就會在課程標準、教材的限定下，成爲無足輕重的環節，童子軍就不再有趣。囿於會考的壓力和學校經費的限制，童子軍種種野外活動，就會減少。同時，教育部頒佈的《初中童子軍管理辦法》，過於強調管理與約束。〔註56〕這樣既背離了兒童發展的天性，也完全背離「遊戲化」教育的宗旨。1920年貝登堡指出童子軍運動20餘年來的錯誤認識時說，「（童子軍）這並非是具有一定課程和標準考試的一所學校；這並非是給男女孩子們，以大人們般的官軍士卒訓練的一個軍隊」「童子軍訓練一切是出自內在的。」〔註57〕《中國童子軍總章》「訓練原則」第三條：「中國童子軍應採用以兒童爲本位的教育主張，及近代科學教育之方法。根據兒童生活生理及心理之現狀，爲實施訓練之準備，以養成其服務民族、國家及社會所需要之基本能力」。〔註58〕還有學者指出，童子軍訓練除應注意三民主義目標、促進世界和平的原意外，尤其要注意「執行誓詞規律要言行相符」和「野外教育」。〔註59〕所謂「言行相符」就是要注重現實的實踐。所以，中國童子軍總會和童子軍研究人員

〔註55〕 李養義：《中國童子軍教育始末》，《洛陽文史資料》，第5輯，第120～121頁。

〔註56〕 《初級中學童子軍管理辦法》，《教育法令彙編》第三輯，教育部編，商務印書館，1938年版，第36～40頁。

〔註57〕 趙邦燦：《童子軍教育原理》，正中書局，1937年版，第7頁。

〔註58〕 吳耀麟：《童子軍教育概論》，商務印書館，1936年版，第243頁。

〔註59〕 李垂銘：《童子軍教育評價》，《江西教育旬刊》，1934年，第9卷，第3、4期合刊。

對童子軍理念的把握，與教育部具體落實童子軍教育政策之間有較大的政策
落差。史料顯示：在基層學校訓練時，童子軍的理念在諸多因素的影響下，
已經徒具其表了。時人批評說：「有人認爲童子軍的活動是體操、露營等等呆
板的所謂『課程，』這是根本的大錯！要是童子軍的活動僅是這些，那麼和
軍隊丘八實在沒有什麼分別了」。〔註60〕

　　1947 年黃炎培在《對於中國今後教育設施的意見》中，對中國高等教育、
中等教育、行政制度、女子教育、訓導制度等諸多問題發表意見。其中，對
中學教育，他說，「中學畢業要會考，上學又要經過入學考試，這樣的重複考
試殊不合理，所以中等學校的畢業會考必須取消」。〔註61〕不僅僅會考和升學
考試重複，更重要的是會考制度會在學校裏形成會考科目和非會考科目的區
別，師生對該類學科的態度會有很大的不同。從中國的教育實際狀況而言，
像童子軍這樣的非會考科目，比單純重視科技知識傳授的會考科目在應時性
教育方面顯得更爲重要，如抗戰中的軍事基本技能訓練、國民的精神訓練、
國民身體的鍛鍊等等。因此，從這個角度上說，當中國的童子軍在 20 世紀 30
年代成爲中國一門課程的時候，課程教學反倒成爲童子軍教育本身的拖累：
它加重了學生的課業負擔，壓縮了童子軍野外遊戲的空間。教育實踐和教育
政策背離了童子軍的教育理念，這是童子軍在中國實踐上的最大遺憾。

　　第二，沒有探索出一條適合中國具體情況的童子軍訓練方法。這是理論
研究的缺點之二。

　　從廣州革命政府到南京國民政府，儘管國民黨對童子軍教育理念已經作
出相當大的中國化改造，但是訓練方法西化的傾向依然十分明顯。比如：西
洋樂鼓、六開刀、望遠鏡等西式裝備，價格昂貴；西式旗語訓練，極其抽象
等。又如大露營，活動設計的初衷是：西方工業社會背景下，引導都市青少
年走向田野鄉村，品嘗野外生活的樂趣；而 20 世紀 20～40 年代的鄉土中國，
並不存在工業高度發展所造成的「城市病」。因此，對長期在鄉野成長的中國
孩子來說，大露營反倒沒有什麼新鮮感，各地很少舉行這樣的活動，許多學
校一學期才舉行一次。所以，就童子軍的理論研究而言，研究者多半是基於
歐美童子軍的文獻資料，做書齋式的探討，沒有深入群眾、深入基層調研，

〔註60〕　趙邦燦：《現代學生對於童子軍應有的認識》，《現代學生》，1930 年，卷期不
　　　　　詳。
〔註61〕　《黃炎培教育文集》，上海教育出版社，1985 年版，第 309 頁。

沒有研究現實問題，進而針對中國實現的狀況，探索出一套中國化的訓練方法。童子軍的法律法規固然健全，訓練方法的指導也夠細緻，最重要的是如何讓訓練方法去西方化，而實現訓練的本土化。

第4章　中國童子軍與青年訓練

　　在民國時期的國民教育史上，20 世紀 30 年代國民黨及南京國民政府特別關注青年訓練工作。在他們看來，青年是民族和國家的未來。尤其是 20 世紀 30 年代中國民族危機日益加劇的形勢下，青年的價值觀、民族觀、國家觀直接關乎民族、國家的生死存亡。從 20 世紀 30 年代持續到 40 年代，中國國民黨對青年訓練問題的關注，持續逾二十年的時間。在此期間，1938 年南京國民政府教育部正式頒佈《青年訓練大綱》，這是中國國民黨指導青年訓練的綱領性文獻。

　　20 世紀 30 年代，為研究並指導青年訓練問題，民國的學者們對青年教育做了大量的中外比較研究，期望為中國的青年訓練提供借鑒，以應對中國所面臨的緊張局勢。在他們的著述中，童子軍教育與青年訓練緊緊聯繫在一起。本章將圍繞童子軍教育與青年訓練問題，闡述童子軍理念對青年訓練的影響。

4.1　青年訓練的內涵

　　青年訓練顧名思義，就是針對年青人給予特定內容的訓練。一般來講，「青年」是指年齡大約在 30 歲左右的年輕人。〔註1〕但在民國時期學者的青年研究範疇之內，把童子軍教育視作青年訓練的重要形式，其中，包括幼童軍（8～12 歲）以及小學的公民教育。〔註2〕所以，「青年」概念的年齡範圍大大擴

〔註 1〕　「青年」的年齡界定有不同的標準。如中國共青團界定：14～28 歲的人為青年。見「中國共青團」官網「章程」第一條。

〔註 2〕　幼童軍：8～12 歲；童子軍：12～18 歲；羅浮童子軍：18 歲以上。吳耀麟：《童子軍全書》，上海黎明書局，1935 年版，第 26 頁。

展。如國民黨中央委員、青年訓練專家潘公展將高中的軍事訓練、初中的童子軍訓練、小學的公民教育以及社會青年訓練都納入青年訓練的範疇。〔註3〕

教育和訓練是有區別的。訓練是教育的一種，帶有強制性、目的性、更加注重實踐性、應時性的特點。如吳劍眞認爲，和教育相比，訓練有四個特徵：重實踐；重鍛鍊與管理；短時段；強制性。〔註4〕

關於青年訓練的內涵，民國時期的學者的看法基本一致，認爲民族意識訓練、精神訓練、身體訓練、軍事訓練、科學訓練是其最重要的內容。但在表述上略有差異，兼有厚此薄彼的特徵。如陳柏青認爲，「一般國民訓練的目標和範圍，至少應有這樣四個方面訓練，同時並進：民族意識訓練、國民尚武訓練、青年國防訓練、科學基本訓練」。〔註5〕羅伽認爲，青年訓練「有以下五種：意識訓練、精神訓練、體育訓練、科學訓練、國防訓練」。〔註6〕潘公展認爲，青年訓練以體格、精神、知識、技能訓練爲主。〔註7〕儘管表述略有差異，但青年訓練的核心都集中在民族意識、精神、體格、軍事訓練方面。

1938年南京國民政府教育部頒佈《青年訓練大綱》，爲抗戰中的青年訓練提供了國家標準。大綱要求：青年訓練應該集中在在人生觀、民族觀、國家觀、世界觀四個方面。「人生觀」實施要點是「爲主義民族國家而犧牲，……抱定必要時犧牲小我以成大我，犧牲個人以復興民族的決心」。「民族觀」上「認清中華民族爲世界上最優秀的民族之一；認清中華民族對於世界文化有獨特之貢獻，應該發揚光大；認清中華民族有富有創造精神之民族」。「國家觀」的目標是「確立國家高於一切的之信念；認清個人與國家之關係；認清我國之現狀及此後努力之途徑」。「世界觀」上「認清世界各國之現狀、近代國際社會之性質，我國與世界之關係以及我國在國際上之地位，尤其要認清我國須先恢復自由、獨立與平等，始有促進世界大同之意義」。青年訓練的要項是在培養三民主義的信仰，發揚忠孝仁愛信義和平的美德，鍛鍊健全之體格，生活上重秩序守紀律，提倡勞動與節儉，在社會服務方面參加社會團體，參加戰區服務，協助軍隊保護地方，捍衛國家，幫助維持秩序，必要時參加抗戰等等。〔註8〕

〔註3〕 《青年訓練》，商務印書館，1937年版，第54～84頁。
〔註4〕 吳劍眞：《公民訓練》，商務印書館，出版年代不詳，大約1940年代。
〔註5〕 陳柏青：《歐洲各國及日本之青年訓練》，正中書局，1936年版，第278頁。
〔註6〕 羅伽：《戰時青年訓練》，漢口大時代書店，1938年版，第3頁。
〔註7〕 潘公展：《青年訓練》，商務印書館，1937年版，第4～10頁。
〔註8〕 《青年訓練大綱》，《教育法令彙編》第四輯，教育部編，商務印書館，1939年版，第13～17頁。

　　無論是教育專家的學術研究，還是教育部的法規，都要求在抗戰的形勢下，加強青年的民族國家意識、體格鍛鍊、軍事技能、科學技術、國防教育等方面的訓練。其中，民族國家意識、精神訓練在青年訓練中地位尤其重要。民族國家意識就是在抗戰的形勢下有「威武不能屈、貧賤不能移、富貴不能淫」的態度，〔註 9〕就是要「抱定必要時犧牲小我以成大我，犧牲個人以復興民族的決心」，〔註 10〕為了中華民族的自由平等而鬥爭。精神訓練是「在危機萬分的當兒，非用堅毅勇敢百折不撓的精神來奮鬥」，「洗滌過去的頹廢、浪漫、萎靡、散漫的精神」，「建樹一種新的、朝氣的、堅毅的、勇敢的、大無畏的、刻苦的、凝聚的精神」。〔註 11〕就是要發揚民族精神，激發民族意識，培養國家觀念；遵守集團紀律；嚴肅私人生活等等。〔註 12〕

4.2　國民黨加強「青年訓練」的緣由

　　國民黨在 20 世紀 30 年代面臨內憂外患的雙重壓力。在國內，一方面國民黨內部及政府、軍界以及幫派之間貌合神離，明爭暗鬥不斷，以至於蔣介石不停地呼籲國民黨要「精誠團結」；另一方面，中國共產黨領導革命武裝堅決反抗，嚴重威脅著國民黨的統治秩序。在外部國際關係上，日本侵略勢力步步緊逼，國家生存面臨嚴峻挑戰。為應對內外雙重壓力，蔣介石除用軍事、政治等手段逐步排除異己化解危機外，還加強了政治意識形態的宣傳，加強國民的政治認同，以鞏固國民黨的統治秩序。

　　國民黨加強青年訓練有以下幾個主要原因：

　　第一、青年訓練是加強政治認同的重要手段之一。

　　隨著國內新式教育的發展及海外留學人數的增加，掌握現代知識的青年數量急劇增多。而中國社會經濟的發展嚴重滯後以及連年的戰亂，導致這些知識青年在城市裏無法充分就業。〔註 13〕時人批評說：「目前環境的險惡，幾乎使青年朋友們沒有路可走，政治上沒有出路，事業無從談起，家庭生計與個人生

〔註 9〕　羅伽：《戰時青年訓練大綱》，漢口大時代書店，1938 年版，第 5 頁。

〔註 10〕　《青年訓練大綱》，《教育法令彙編》第四輯，教育部編，商務印書館，1939年版，第 15 頁。

〔註 11〕　羅伽：《戰時青年訓練大綱》，漢口大時代書店，1938 年版，第 8～9 頁。

〔註 12〕　潘公展：《青年訓練》，商務印書館，1937 年版，第 6～7 頁。

〔註 13〕　王奇生：《黨員、黨權與黨爭》，上海書店出版社，2003 年版，第 34～35 頁。

活完全沒有保障，時局變動一下，失業同衣食的恐慌，便也因之而起」。〔註14〕
因此，爲「謀飯碗」，許多年輕人紛紛加入政治團體，信仰各種主義。同時，
社會許多病態現象日益嚴重，影響到青年的人生觀、世界觀和價值觀。時人撰
文寫到：「政治官僚化、事業商品化，已經在這時代中各事各物中留下最大的
污點，尤其在中國，這個毒根特別顯著，普遍而深刻！一般所謂的士大夫階層，
個個都想陞官發財，一般青年學生多數都想做官，教育都不過是他們陞官發財
的手段，當然學校衙門化、教育商業化，也就接著漸漸成爲事實」。尤其是國
民黨的政治腐敗，已經十分嚴重，「說到政治，官僚化的色彩是這樣濃厚，只
要是親戚朋友，也可當選，……所謂當今人才，大多數都是貪污腐敗，好像除
開陞官發財、貪贓枉法、自私自利、賄賂公行之外，便無政治一樣」，「沒有黨
的頭銜，沒有派的連繫，便是不合潮流的落伍者，不能立足做一點小事」。〔註
15〕政治上的腐敗已經嚴重影響到青年對國民黨及三民主義的信仰，致使許多
有理想的青年人紛紛加入馬克思主義陣營及其他政黨組織。因此，對國民黨而
言，爭取更多的年輕人信仰三民主義以培植革命的接班人，成爲關係到國民黨
當下革命及未來建設的大事。爲此，國民黨將整頓社會頹敗風氣的期望寄託在
青年人身上，「政治上貪污腐敗、陽奉陰違的風氣的轉變，標新立異、分化割
據的黨爭也要改變，社會上苟且偷安浪漫離散的風氣尤其要轉變，負這轉移風
氣的責任者，無疑的，青年朋友們應該做其核心」。〔註16〕

第二、20世紀30年代世界各國青年訓練的示範。

許多理論工作者專程赴歐、美、日等地考察青年組織及訓練，認爲在世
界各國加緊備戰的局勢下，青年組織對組織社會力量、動員民眾方面意義十
分重大。德國、意大利、日本以及蘇聯等國都組織了各種組織以訓練民眾。
反觀中國，儘管局勢日益緊張，但中國民眾沒有相應的組織，仍處在渙散的
狀態。

第三、青年自身的特點。

個人如果在青年階段樹立正確的理想信念，將會終生不渝。他們認爲，「青
年生理上有了重大的變化，一生健康的基礎建築在這個時期。」「青年時期是

〔註14〕 鄧雪冰：《今日青年應有的認識》，青年與戰爭社發行，1933年版，第13～14
頁。
〔註15〕 鄧雪冰：《今日青年應有的認識》，青年與戰爭社發行，1933年版，第13～14
頁。
〔註16〕 鄧雪冰：《今日青年應有的認識》，青年與戰爭社發行，1933年版，第23頁。

人生一個重要階段，一切生活習慣思想態度，皆以此時為骨幹，就得當心如何訓練身心，健全身心，使他適於生存，適於國家社會的需要」。〔註17〕

第四、中國面臨日本侵略的局勢。

潘公展說：「無可否認地，現在中國的確是在緊張非常的時期，各國極力擴張軍備，以預備第二次世界大戰的降臨。」「誰都知道在敵人強化大陸政策，企圖實現獨霸東亞，稱雄世界的迷夢下，加緊對華侵略」。〔註18〕1931 年「九・一八事變」後，中國的局勢就已經發生這樣的轉變。時值 1938 年，抗戰已經全面爆發，形勢更加危急，因此，加強民眾抗戰宣傳、動員顯得尤為必要和緊迫。

青年訓練對於國家、民族的意義，在中國童子軍總會籌備委員會工作報告中，總會副會長何應欽有一段精彩透徹的論述，現摘錄如下：

> 青年是民族的新生命，是國家將來的主人翁。在整個人類文明
> 上講，確負有繼往開來的責任。我們國家和民族，今日已處在極危
> 險的環境，全國老幼男女，固然都負有復興民族與挽救國家的責任，
> 但事實上青年所負的責任最大，希望亦最多，所以諸位青年應該時
> 時本著童子軍的十二條規律，奮勇向前。舉凡社會上腐敗、懶惰、
> 虛偽、自私自利等惡習，均應一概戒除，負起應負的責任。〔註19〕

童子軍總會的工作人員充分認識到青年對於民族國家的意義，也認識到童子軍教育理念對青年訓練的重大指導意義。在隨後的青年訓練工作中，童子軍訓練的社會示範作用越來越重要。

4.3　國民黨「青年訓練」的一般邏輯

為爭取青年信仰三民主義，國民黨利用學校、政府機關、政黨、愛國組織、崇尚傳統文化、領袖崇拜等種種途徑，加大宣傳力度。針對「青年訓練」，國民黨發動政界、學界、軍界、新聞界等力量，撰寫了一大批宣傳青年訓練的書籍，如：南京中央軍校高級教官石鐸的《歐美各國青年軍事訓練和國家總動員》（商務印書館，1931 年版）、資深編輯、國民黨中央宣傳部部長葉楚傖的《各國青年訓練與新生活》（正中書局，1935 年版）、陳柏青的《歐洲各

〔註17〕 潘公展：《青年訓練》，商務印書館，1937 年版，第 2 頁。
〔註18〕 潘公展：《青年訓練》，商務印書館，1937 年版，第 2～3 頁。
〔註19〕 《中國童子軍總會籌備處工作報告》，見吳耀麟：《童子軍教育概論》，商務印書館，1936 年版，第 10 頁。

國及日本之青年訓練》（正中書局，1936 年初版）、國民黨中央委員潘公展的
《青年訓練》（商務印書館，1937 年版）、廣州中山大學教授蕭冠英的《歐洲
考察記初編》（國立中山大學出版部，1937 年版）、比較教育學專家羅廷光的
《各國青年訓練述要》（商務印書館，1940 年版）、張德培的《各國青年訓練
的理論與實際》（文化與教育旬刊社，1940 年版）、童子軍教育專家吳耀麟撰
寫的《青年訓練之理論與實際》（商務印書館，1944 年初版）等等。這僅僅是
目前筆者所能見到的書目，實際上「青年訓練」的書籍遠遠不止這些。另外，
報刊雜誌還刊登大量的相關文章。

這些著述，大致都遵循著這樣的邏輯：

首先，在赴歐美考察教育的基礎上，分訓練的目標、方式、組織等層次，
分述 20 世紀頭二十年歐美各國的青年訓練；認識到童子軍是各國青年訓練的
得力工具之一。

其次，專門書寫日本的青年訓練，認爲軍事訓練是其訓練的重心，以激
發青年的民族意識。

最後，由歐美、日本青年訓練的經驗，引申出中國青年訓練應有的方式，
主要闡述中國青年訓練的目的、方法及組織等。

這些著述所得出的結論基本上是一致的：三民主義是目前唯一能夠解決
中國出路的信仰；中國民眾應該組織起來，養成守紀律、重組織、尚服務的
習慣，而青年是民眾精神訓練的先鋒，應該做國民的楷模。如國民黨中央委
員潘公展在《青年訓練》中說：

> 青年是國家的基幹，學校青年尤是國家的命脈。青年訓練既是國
> 家推行政策的工具，就首先要注意學校青年的訓練。我國的立國政策
> 是遵從總理遺教、建設三民主義的國家，則青年訓練的目標，無非是
> 爲養成三民主義的戰士，而在此國難嚴重民族危殆的時候，我們深
> 信：當前的青年訓練，尤應效力於復興民族的戰鬥和建設者之培養。

> 學校青年的訓練，應注重於生活的軍隊化和行動的紀律化，使
> 全國青年都能在最高領袖的領導下統一意旨、整齊步伐，做一個三
> 民主義的戰士、復興民族的先鋒。如要實現這樣一個訓練的主旨，
> 則高中以上學校應以軍事訓練爲中心，初級中學應以童子軍訓練爲
> 中心，是毫無疑義的。〔註20〕

〔註20〕 潘公展：《青年訓練》，商務印書館，1937 年，第 53 頁。

按照他的建議：高中的軍訓、初中童子軍訓練、小學的公民訓練，構成學校青年訓練的系統。只所以如此論證，關鍵在於革命黨人的邏輯起點是對中國民眾的「精神想像」，認為中國民眾「一盤散沙」、「個人主義、家族主義發達」、「沒有民族國家的觀念」、「生活散漫」等等，〔註 21〕這樣的國民素質是不可能完成民族復興的歷史任務的。只有進行國民訓練，養成「守紀律、重組織、尚服務」的習慣，才有可能實現中華民族的偉大復興，而青年沾染社會惡習不深，比較容易培養其新精神。

原國民黨中央秘書長葉楚傖所著《各國青年訓練與新生活運動》在上述的系列著述中，他的論述較有典型性。全書分述蘇俄、德意志、捷克、土耳其、英吉利、美利堅、法蘭西、日本八國青年訓練的情況。為全面展示這一邏輯，先將其著述要點摘錄如下：

蘇俄青年訓練：主要以少年先鋒隊為核心組織，「少年先鋒隊忠於勞動階級，信仰列寧遺訓。先鋒隊是青年共產黨及共產黨的弟妹和助手，是一切兒童的模範」。〔註 22〕

德意志青年訓練：「對策有四：第一，破壞馬克思主義；其次，排斥猶太人；復次，仇視法國；最後聯絡英意，獲得外交援助」。德意志「國社黨和希脫拉（即：希特勒）的訓練綱領如下：1、訓練主旨：依託偉大的德意志之傳統，達到身體健康和精神自由的園地；2、品行的陶冶重在意志力、決斷力及其責任心的培養；3、軍事及體格的訓練；4、整潔及秩序的訓練」。「中學生所組織的希脫拉青年團，常利用假日舉行登山、游泳、露營、炊事等，表現他們奮鬥的精神及物質的決心」。

捷克青年訓練：「中心園地，可說是『鷹團』，另外童子軍也是重要的組織之一。它的目的：一是在於鼓勵青年做民族的英雄，做生理、心理、道德三方面健全發展的青年；二是用團員服務與進取的精神，急需不斷為捷克民族謀幸福；三是民族獨立是最後的理想。」「訓練的最終目的在於訓練青年全身一致的發展，與守紀律愛團體的習慣」。

〔註21〕　《青年訓練大綱》中有虛偽、粗暴、怯弱、廢弛、散漫、奢侈、卑劣等次描寫國民劣根性的詞彙。見《教育法令彙編》，第四輯，教育部編，商務印書館，1939 年版，第 210～211 頁。

〔註22〕　葉楚傖：《各國青年訓練與新生活運動》，南京正中書局，1935 年版，第 22～23 頁。

　　土耳其的青年訓練：在凱末爾的領導下，成效顯著，為民族獨立奠定基礎，其主要組織有「軍事、體育、娛樂及童子軍四項」。

　　英吉利青年訓練：主要組織是童子軍，「目的在於振足青年奮鬥的精神，引起他們合群慈善的美德，使一般青年誠實有用、思想純潔，所以使青年學習童子軍的本意，是要使他們用手和眼，自食其力，在社會上成功一個有用的少年」。「童子軍訓練的標準有六項：1、養成古武士的精神；2、養成忍耐力；3、養成愛國心；4、養成守規律的習慣；5、養成隨機應變的才能；6、養成精密的觀察力。」

　　美利堅的青年訓練：「主旨有四：首先繼續維持繁榮的現狀，養成善良的公民習慣；其次崇拜建國英雄；復次使各民族一律美國化，使其愛美國；最後培養政治參與意識。……總之，美國是承平的國家，所以他們的訓練青年的主旨遂亦趨向於和平及保守的一遵。偶而趨於軍國主義，限制言論自由和崇拜祖先等傾向。」「最普遍的組織，當然是童子軍。男童子軍有 80 餘萬，女童子軍也有 20 多萬」。

　　法蘭西青年訓練：善於利用傳統文化「來發展一種服從政府的習慣」，「在法國青年所聽的社會生活故事裏，舉止、道德及愛國心三者，實際上都是一件東西」。其主要組織是學校教育系統、會社及政黨等。童子軍組織是教育系統中重要的組織之一。〔註 23〕

　　日本青年訓練的目的「第一，向青年灌注愛國的思想，養成青年義勇和奉公的精神及負責守法的觀念，最後的目的是為了國家；其次，使青年在人格上抱自信的觀念，愛勤勞，愛正義；復次，喚起貧乏的青年，使他們自己覺悟，自視不致卑屈且奮發有為，努力於優良的公民修養；最後，使社會人士漸漸認識青年訓練的效果，從此重視青年訓練的工作」。「總之，日本青年訓練的信念，在於鍛鍊身體、鼓舞士氣，所謂男性精神的培養，用以造成健全的國民」。除健兒團（注：即童子軍。日本的翻譯名。）外，日本還成立了專門的青年訓練機構——日本青年訓練所，其訓練「引人注意的一點，就是實行軍事教育」。〔註 24〕

〔註 23〕　葉楚傖：《各國青年訓練與新生活運動》，南京正中書局，1935 年版，第 20～70 頁。
〔註 24〕　葉楚傖：《各國青年訓練與新生活運動》，南京正中書局，1935 年版，第 78～80 頁。

　　葉楚傖綜述以上歐美、日本諸國青年訓練之後，總結到：「諸國在努力鍛鍊體格，注重軍訓，提倡軍訓，提倡勤勞，培養精神，發揚民族的道德，發揚傳統的光榮。」〔註25〕

　　以此為借鑒，他認為中國青年肩負著神聖的使命：

> 今日中國青年所負的使命：第一，求國家的統一。中國表面上不是已經統一了嗎？不是只有一個中央政府了嗎？其實還是在支離破碎的局面之下，封建時代的軍閥依舊割據著；社會惡勢力仍然把持著；燒殺的赤匪還是蔓延著；無聊的政客，繼續奔走著。在這樣一個混亂的局面之下，還談得到什麼民族的利益？還談得上什麼國家的幸福？尤其是我們青年，所受的苦難最深，所以，我們必須幫助中央政府，求得中國的統一。

> 其次，求主義的實現。三民主義是救國主義，又是造成世界大同的工具。俄國的共產主義快完成了；意大利的法西斯主義早勝利了；德意志的國社政策，也開花了。為什麼我們勝於它們的三民主義反倒成為一張空頭支票？最大的原因，由於青年們——當然不止青年們，未能做徹底的信仰。

> 復次，求民族的復興。中華民族現在已經到了什麼地步，這是大家都知道的。自九一八之後，中國民族趨向衰落滅亡的命運，獨立的生存感受到空前未有的威脅，大有朝不保夕的危險；

> 最後，求人類的和平。我們必須起來反抗，這是為和平而戰爭，用武力以止天下之干戈。〔註26〕

　　為完成這樣的神聖使命，中國青年訓練應該在國防、精神、人格、體魄、思想、信仰、勤勞、禮義、組織、冒險等十個方面加強訓練，使青年乃至民眾「在團體中，務必守紀律，服從首領，維持秩序，犧牲自己，團體利益高於個人利益，這樣才能擴大個人主義與家族主義，用組織的力量造成偉大的中華民族」。〔註27〕

〔註25〕葉楚傖：《各國青年訓練與新生活運動》，南京正中書局，1935 年版，第 87 頁。

〔註26〕葉楚傖：《各國青年訓練與新生活運動》，南京正中書局，1935 年版，第 1～4 頁。

〔註27〕葉楚傖：《各國青年訓練與新生活運動》，南京正中書局，1935 年版，第 95～96 頁。

　　至此，作者進一步引申：歐美、日本諸國的強大或者崛起，都是由於青年訓練造就了良好的國民。中國要想實現中華民族的復興，必須實施青年訓練。而在當下的中國，實施中央所宣導的新生活運動，就是實現青年訓練的最好形式。

　　與葉楚傖相似，潘公展在《青年訓練》中總結說：「吾們訓練青年的目的，既在培養三民主義的戰士，以達到救國的目的，則除了學校青年的訓練已陶融於軍事訓練、童子軍訓練、公民訓練或其他的訓練外，社會青年必須實行新生活的訓練」。〔註28〕由此，考察歐、美、日青年訓練，最終的結論是青年應該積極參與新生活運動，實現救國的目標。

　　與宣傳新生活運動的主張略有不同，其他的研究者則高度崇尚德、意、日等國嚴密的社會組織形式，認爲對國民進行嚴格的訓練是它們迅速崛起的主要原因。1934 年，陳柏青在浙江省政府的資助下，赴歐考察，在觀察意、德、俄、法、匈、捷、波諸國青年訓練的基礎上，寫成《歐洲各國及日本之青年訓練》一書。他總結道：「考察所得，以爲今後我國實施青年訓練乃至一般國民訓練的目標和範圍，至少應該有這樣四方面訓練同時並進：（一）民族意識訓練；（二）國民尙武訓練；（三）青年國防訓練；（四）科學基本的訓練。其中，尙武訓練宜做到學校體育尙武、童子軍尙武訓練」。〔註29〕

　　與陳柏青的觀點類似，蕭冠英赴歐美考察後總結道：「各國隨著社會環境不同，其訓練方法，固各有異；但訓練有紀律的國民，爲發展國家民族之基礎，則爲他們共通的目的。國民紀律化、服從性是他們共同的要求。」「希望中國在民族危機日益深入之際，加速培養青年，統一民族意識，鍛鍊出健全的國民，欲求圖存於弱肉強食的世界」。〔註30〕

　　由此觀之，在 20 世紀 30 年代，中國政界、知識界許多人極力崇尚德國、意大利、日本高度組織化的社會形式，認爲國民訓練，尤其是青年訓練是這些國家迅速強大的關鍵因素。但是，從他們的論述來看，這個宣傳群體在 30 年代還沒有對法西斯主義的本性產生應有的警覺。

　　無論是推崇新生活，還是崇尚嚴密的社會組織以及嚴格的國民訓練，其共同之處在於：主張應該社會組織化、國民生活紀律化、軍事化。這是 20 世

〔註28〕 潘公展：《青年訓練》，商務印書館，1937 年，第 85～86 頁。
〔註29〕 陳柏青：《歐洲各國及日本之青年訓練》，正中書局，1936 年版，第 278 頁。
〔註30〕 蕭冠英：《歐洲考察記初編》，國立中山大學出版部，1937 年版，第 113 頁。

紀 30 年代中國理論界對青年訓練問題研究的共同歸宿。略顯遺憾的是：這些研究者並未提出在中國現實條件下實施青年訓練相應的對策。在他們看來，只要實施了新生活運動，青年就可以成爲民族復興的基石。而問題的關鍵在於：青年們生計、就業都沒有保障的情況下，他們又通過什麼方式或組織去踐行新生活呢？這是研究者們未曾論及的關鍵問題。

4.4　童子軍教育與青年訓練

4.4.1　童子軍是青年訓練最好的方法

關於青年訓練問題的研究，理論工作者都有一個共同的歸旨：熱切希望中國民眾能夠組織起來，加強訓練以應對日益危機的局勢，實現中華民族的偉大復興。

這些專家在考察歐洲青年訓練時，都注意到童子軍組織，並對這些國家的童子軍組織做了詳盡的分析。如羅廷光分析英國青年訓練時，專門考察英國童子軍的起源、目的和組織。其他國家的童子軍組織，他都做了介紹，如法國的童子軍總會、波蘭的童子軍訓練等。〔註31〕

和上節所列的專家一樣，中國童子軍總會訓育組組長吳耀麟也對歐美、日本等國的青年訓練做了一番詳盡的考察。所不同的是，他不僅比較了世界諸國青年訓練的組織方法、訓練內容、業務實施等諸多方面，而且進一步指出：童子軍是青年訓練最好的組織。

吳耀麟認爲：「童子軍訓練自從 1907 年貝登堡創立以還，轉瞬傳播全球，三十餘年來的飛速猛進，其發展實足驚人。雖則現在貝氏已經逝世，此次歐戰發生後歐洲大陸小國先後淪亡。而各國童子軍訓練亦隨而沒落，但那些正在艱苦奮鬥抵抗納粹政權的國家，其童子軍訓練早已配合國家總動員而愈趨發達。這就是因爲童子軍訓練具備了青年訓練的諸種客觀條件，它的優點更因爲抗戰建國而愈顯明。」〔註32〕

吳耀麟認爲「童子軍訓練是最理想的青年訓練方法」，因爲它具有獨特的十大優點：

〔註31〕 羅廷光：《各國青年訓練述要》，商務印書館，1940 年版，英國童子軍見第 100～104 頁，法國童子軍見第 154～155 頁，波蘭童子軍見第 157～159 頁。
〔註32〕 吳耀麟：《青年訓練之理論與實際》，商務印書館，1944 年版，第 313 頁。

　　第一、童子軍訓練根據兒童青年心理狀態，以此爲實施訓練的準繩，與近代各種合理的教育主張融合相符。

　　第二、童子軍訓練的對象是未成年人，無分年齡，不論性別，不分地域，不分階級，不論信仰，不論職業，不同興趣，人人均有接受訓練的機會。男女分別組織，自成系統。

　　第三、童子軍組織行政，採民主集權式，以童子軍團委組織單位，以小隊制度爲訓練的要訣，發動社會人士與高級童子軍以上人員擔任各級組織行政的幹部。

　　第四、童子軍訓練的精神，可以從童子軍所用的誓詞、規律、銘言、禮節、記號、徽章、旗幟、服裝的類同而充分表現，「一日童子軍，一世童子軍」，「四海之內，皆兄弟也」的口號，具有重大的價值。

　　第五、童子軍訓練的內容，均採用分級訓練，專科訓練及徽章制度，提倡自學輔導人盡其才，而且著重言行一致，手心相應，學習與服務打成一片。

　　第六、童子軍以天地萬物爲教材，山林曠野草原江湖爲活動場所，養成自立自強的能力，艱苦卓絕，負重任遠的習慣，以及藝術化的心靈。

　　第七、童子軍除充實個人自己以外，享受小隊生活、小組生活、團體生活訓練與各種遊戲活動，大小作業，以養成兼備獨立人與社會人的條件。

　　第八、童子軍組訓經費均以自給自足爲原則，依賴參加者的會費及登記費、社會人士的捐助、以及法定生產事業書籍用品售賣所得盈餘，維持並發展業務。

　　第九、各種童子軍根據本國歷史地理環境、社會國家需要，以決定組訓政策，並供給適合國情的教材與活動和富於民族意識的訓練。

　　第十、各國童子軍除了實現本國青年訓練的理想，同時呼籲世界和平，希望以世界兄弟之誼，各國青年得到相互諒解，因而增進國際交誼，消弭戰爭。〔註33〕

〔註33〕吳耀麟：《青年訓練之理論與實際》，商務印書館 1944 年版，第 313～314 頁。

　　從上述總結來看，身為童子軍研究的資深專家，吳耀麟站在教育的角度對童子軍教育理念的優點做了詳盡的點評，認為童子軍訓練從教育規律、組織形式、訓練方式、品行塑造等多方面都是青年訓練的理想方案。他總結的這些優點都是針對目前中國青年訓練的缺點而言的，基本上比較準確地把握了貝登堡童子軍訓練的精髓。在他看來，童子軍訓練的十大優點都是青年訓練可資借鑒地方。

　　吳耀麟對童子軍訓練的優點所做的總結，目的是讓三青團訓練青年時借鑒童子軍訓練的理念和經驗。他認為，從 1938 年三青團成立到 1944 年，三青團主持的青年訓練工作存在諸多的問題，以致於沒有發揮應有的效果。總結起來，主要有：理論正確但實際訓練不夠；訓練方法有待完善；研究人才及研究水準有限；社會青年組織不夠；學校與社會的青年訓練缺少聯繫；宣傳不夠等等。〔註 34〕

　　吳耀麟認為青年訓練刻不容緩，應加緊青年訓練以圖自存。中國的抗戰已經歷時六年，英、美等國已經廢除了不平等條約，並且和中國締結新條約，形成抗擊法西斯侵略勢力的戰線，建國的理想指日可待。「凡屬國民必須做到自立自強，而應當接受必要的訓練，以建設國家。」「訓練國民，要先訓練青年，要訓練青年，必先訓練兒童，要先訓練兒童，就必須從現在做起，實在不容再緩」。〔註 35〕

　　在青年訓練的銜接上，童子軍成為青年訓練中承上啟下的重要環節。國民黨中央訓練團教育長陳誠草擬了《統一全國青年之組訓方案草案》。1943 年三青團第一次全國代表大會通過該草案。議案建議中國的青年訓練借鑒童子軍訓練方法，加強精神訓練和軍事訓練；在年齡的銜接上，「七歲至十歲（初小）為幼童軍，十一歲至十五歲（高小初中）為童子軍，十五至十七歲（高中大學）一律編為少年團，學生軍結業後，擬仿傚英國現行辦法，使志願加入預備軍官團，由軍管區司令部集訓之。」「童子軍、少年團，經考核合格，始得加入青年團，每年舉行定期入團儀式」。〔註 36〕由此，在三青團主持的青年訓練序列中，童子軍訓練是最為基礎的訓練，意義重大。

〔註 34〕 吳耀麟：《青年訓練之理論與實際》，商務印書館 1944 年版，第 330 頁。
〔註 35〕 吳耀麟：《青年訓練之理論與實際》，商務印書館 1944 年版，第 333 頁。
〔註 36〕 吳耀麟：《青年訓練之理論與實際》，商務印書館 1944 年版，第 337 頁。

4.4.2　童子軍教育理念與《青年訓練大綱》

　　吳耀麟對童子軍教育理念的分析，目的在於闡釋童子軍理念對青年訓練的示範作用，同時也想讓童子軍組織在三青團的指導下得到進一步的發展。從青年訓練的組織形式上看，童子軍、少年團、青年團已經編爲序列，童子軍發揮最爲基礎性的作用。從教育理念上講，童子軍訓練的精神和方法都對青年訓練具有指導意義。爲了進一步闡釋童子軍教育對於青年訓練的意義，筆者擬將國民政府教育部頒佈的《青年訓練大綱》做一文本分析。

　　1938 年教育部頒佈了《青年訓練大綱》，它在青年的人生觀、民族觀、國家觀、世界觀四個方面制定了明晰的訓練目標。筆者認爲，在這份法規中，充分滲透了童子軍教育理念。表現在以下幾個方面：

　　第一，童子軍十二條規律成爲全國青年「訓練守則」。

　　1934 年中國童子軍總會頒佈的「中國童子軍總章」，確立中國童子軍的十二條規律，依次是：誠實、忠孝、助人、仁愛、禮節、公平、服從、快樂、勤儉、勇敢、清潔、公德。〔註37〕1935 年 9 月 17 日，蔣介石在峨嵋軍訓團做《心理建設要義》訓詞，將十二條原則稍作修改，制定「中國童子軍守則」十二條。〔註38〕十二條如下：

　　　　一、忠勇爲愛國之本；　　二、孝順爲齊家之本；

　　　　三、仁愛爲接物之本；　　四、信義爲立業之本；

　　　　五、和平爲處世之本；　　六、禮節爲治事之本；

　　　　七、服從爲負責之本；　　八、勤儉爲服務之本；

　　　　九、清潔爲強身之本；　　十、助人爲快樂之本；

　　　　十一、學問爲濟世之本；十二、有恆爲成功之本。〔註39〕

　　1938 年，教育部頒佈的《青年訓練大綱》，將童子軍規律十二條一字未改地直接作爲青年訓練的守則。《青年訓練大綱》「德行」實施要點：

〔註37〕　《中國童子軍總章》，劉澄清：《中國童子軍教育》，商務印書館 1938 年版，第 289～292 頁。

〔註38〕　戴季陶：《中國童子軍的精神》，《會長副會長及各屆理事長監事長對童子軍教育之言論》，中國童子軍總會編印，1945 年版，第 62～64 頁。

〔註39〕　戴季陶：《中國童子軍的精神》，《會長副會長及各屆理事長監事長對童子軍教育之言論》，中國童子軍總會編印，1945 年版，第 64 頁。

「依照下列十二條守則體會力行：一、忠勇爲愛國之本；二、孝順爲齊家之本；三、仁愛爲接物之本；四、信義爲立業之本；五、和平爲處世之本；六、禮節爲治事之本；七、服從爲負責之本；八、勤儉爲服務之本；九、清潔爲強身之本；十、助人爲快樂之本；十一、學問爲濟世之本；十二、有恆爲成功之本。」這十二條直接引自童子軍守則。〔註40〕

1941 年中學課程標準修訂時，將「青年訓練守則」又一次列爲公民教育的內容之一。〔註41〕從「中國童子軍十二條規律──青年訓練大綱──公民教育」過程中可以清楚地看出：童子軍教育理念對廣大青少年教育的價值。

第二，童子軍軍事技能訓練被青年訓練所採納。

童子軍軍事技能訓練中的特色項目有露營、偵探、旗語、製圖、架橋、救護、看護、駕駛等等，這些內容在青年訓練的「體格訓練」中悉數被採納。如「體格」之三，學習軍事技能，內容包括射擊、駕駛、騎御、露營、救護、偵查六項。〔註42〕其中以露營爲代表的駕駛、救護、偵查四項均與童子軍課程內容相同。

第三，青年訓練的「服務實施辦法」源於童子軍教育。

1933 年，中國國民黨童子軍司令部鑒於抗戰形勢日益緊迫，頒佈《中國童子軍戰時服務訓練大綱》。1937 年 10 月，抗戰形勢更加危急，國民政府教育部在此基礎上頒佈《中國童子軍戰時後方服務訓練辦法大綱》，倡導廣大童子軍利用已掌握的軍事技能積極投身到抗戰後方服務中去，光大童子軍精神。〔註43〕

從文本上看，教育部頒佈的《青年訓練大綱》中的「服務」實施辦法，與童子軍的戰時服務基本相同。如：「大綱」實施要點要求：在政府的指導下協助民眾組織，宣導生產能力的提高，參加各種宣傳隊或訓練班，及協助義務教育、平民教育及社會教育，以提高民眾政治常識及生產能力之水準；參加各種慈善組織，救濟災民，參加戰區服務，難民安撫、傷兵救護、及防空、

〔註40〕《教育法令彙編》第四輯，教育部編，商務印書館，1939 年版，第 13～17 頁。

〔註41〕《修訂初級高級中學課程標準》，正中書局，1942 年版，第 45 頁。

〔註42〕《青年訓練大綱》，《教育法令彙編》第四輯，教育部編，商務印書館，1939 年版，第 13～17 頁。

〔註43〕《中國童子軍戰時後方服務訓練辦法大綱》，《教育法令彙編》第三輯，教育部編，商務印書館，1938 年版，第 43～44 頁。

防毒、消防等工作。〔註44〕在對照《中國童子軍戰時後方服務訓練辦法大綱》，更清楚的看出童子軍的戰時教育價值。「戰時服務大綱」規定：童子軍應該在以下方面開展戰時服務，偵查、交通、宣傳、工程、募集、救護、消防七個方面。通過對照，青年在戰時的訓練服務與原有的童子軍戰時服務高度一致，其中的承繼關係已經十分明瞭。

〔註44〕 《青年訓練大綱》，《教育法令彙編》第三輯，教育部編，商務印書館，1938年版，第 210～211 頁。

第 5 章　中國童子軍與學校教育

在歐美，童子軍教育作爲學校教育的補充方式，被社會各界推崇。由於西方工業國家社會組織比較發達，在其支持下，童子軍運動聲勢浩大如火如荼。但是，與西方不同的是，由於中國是一個農業鄉土社會，因此，童子軍運動主要依靠政府來推動，並成爲學校教育的內容之一，成爲課程體系中的組成部分。這是童子軍運動在中西方不同社會環境下的最大差別。

學校教育是相對於社會教育而言，指以學校爲單位對受教育者進行全方位教育的活動。按照教育內容可將其劃分爲：德、智、體、美等諸多方面。本章將重點討論童子軍教育與學校教育的內容、學校的訓育以及學校的行政管理體制之間的關係。

5.1　童子軍課程標準

考察童子軍教育與學校教育的關係，首先要分析童子軍教育的具體內容。童子軍教育集中體現在三級課程中。國民政府教育部於 20 世紀 30 年代聘請童子軍教育專家制訂了中國童子軍三級課程標準。本節將集中探討三級課程的內容及其相關問題。

5.1.1　內容分析

1934 年，中國童子軍教育的課程標準在教育部的主持下正式確立。課程標准將童子軍訓練分爲三級，另外還有專科童子軍的設置。課程內容涵蓋政治訓練、生活技能訓練、品行訓練、健康教育等諸多方面，是集德、智、體、

美、群五育爲一體的教育形式。〔註1〕1941 年教育部主持修訂中學課程標準時，將包括公民教育在內的中學課程爲適應抗戰要求作出相應的調整，內容涉及到個人、家庭、學校、社會、國家政治制度、經濟、倫理等諸多方面。但在此次調整中，童子軍的課程標準沒有太大的改變，只是將原有的每周 1 課時增加到 2 課時。現存資料中的童子軍課程標準多半還是 1934 年頒佈的，故本節討論的童子軍課程標準仍以 1934 年教育部頒佈的版本爲討論對象。

三級課程標準的內容大致如下：

第一、初級課程標準（幼童軍初級課程稱爲「前期課程」）

男童軍：1、總理事略　2、黨旗國旗　3、童子軍史略　4、誓詞規律　5、結繩　6、禮節　7、操法　8、記號　9、徽章　10、衛生。

女童軍：1、總理事略　2、黨旗國旗　3、女童子軍史　4、誓詞規律　5、結繩　6、禮節　7、操法　8、記號　9、徽章　10、衛生。

幼童軍：1、總理故事　2、黨旗國旗　3、誓詞規律　4、徽章　5、禮節　6、結繩　7、唱遊　8、衛生　9、記號　10、報時　11、郊敘。〔註2〕

從內容來看，三類十餘項比較適應適齡兒童的心理與生理，總的來講都相對簡單。比如：「總理事略」考核 5 項：知道總理生於何時何地；知道總理革命思想的產生；知道總理的偉大人格；知道總理致力於國民革命的目的；能背默和講解總理遺囑。比如「禮節」：能正確舉行下列五種童子軍禮節：徒手禮、握手禮、執棍禮、注目禮、喪禮。「徽章」：知道童子軍徽章的意義；熟悉各種徽章：初級、中級、高級、專科、年星、職員、隊員、感謝章、榮譽章；明瞭徽章的佩戴法等等。〔註3〕

童子軍教育專家、總會訓育組組長吳耀麟認爲：課程標準的制定一要體現循序漸進、由易到難的原則，二要注意興趣的培養；而且課標的十項內容可以自由排序，因地制宜。「無論如何，訓練童子軍對於初級課程不可不用全副精神，用盡許多合理的方法去教授，才談到將來的收穫的。童子軍的初級訓練，實在是童子軍訓練的基礎，負責訓練童子軍的人是必須十分留意的」，因此，初級課程標準極爲重要。〔註4〕初級課程內容相對於中、高級課程，雖

〔註1〕　劉澄清：《中國童子軍教育》，商務印書館，1938 年版，觀點出自余景陶所做的序言。

〔註2〕　劉澄清：《中國童子軍教育》，商務印書館，1938 年版，附錄部分。

〔註3〕　劉澄清：《中國童子軍教育》，商務印書館，1938 年版，第 317～319 頁。

〔註4〕　吳耀麟：《童子軍全書》，上海黎明書局，1935 年版，第 147～148 頁。

簡單但略顯枯燥。因此，教學方法至關重要，「不可不用全副精神」。否則，一旦學生失去了興趣，中、高級課程的教學實效將會受到影響。

第二、中級課程標準（幼童軍不設）

男童軍：1、三民主義要略；2、服務；3、方位；4、軍步；5、旗語；6、偵查；7、生火；8、救護；9、炊事；10、禮儀；11、縫補；12、洗滌；13、露營；14、儲蓄。

女童軍：將男童軍第 4 項「軍步」置換成「健身運動」，內容是健身操、跳繩、擲球、踢毽子、盪秋韆、健身舞。〔註 5〕

針對青少年成長的需要，中級課程偏重實用性，涉及到政治訓練、生活技能訓練、健康訓練等。如「方位」要求：能知道羅盤上的十六個方位；能借時針、建築物、星星、風向、植物推知方位；〔註 6〕「露營」要求：知道架營的注意點；能挖掘水溝；能布置和整理營地；有露營三次以上的經驗等。〔註 7〕同時注重因性施教。對女童軍如「縫補」要求：知道各種縫補法；能用絨線編製實用品一件等。〔註 8〕相對於初級課程，中級課程難度相應有所增加。

第三、高級課程標準（幼童軍稱為「後期課程」）

男童軍：1、中國革命史略；2、服務；3、訊號；4、自然；5、救護；6、烹飪；7、測量；8、製圖；9、游泳；10、露營；11、旅行；12、工程；13、訓練初級；14、童子軍組織法；15、儲蓄；16、軍事常識。

女童軍：1、中國革命史略；2、自然；3、看護；4、家政；5、訊號；6、音樂；7、測量；8、製圖；9、縫補；10、露營；11、保姆；12、訓練初級；13、女童子軍組織法；14、儲蓄。

幼童軍：1、革命史略；2、傳訊；3、旗語；4、服務；5、操法；6、方位；7、急救；8、運動；9、儲蓄。〔註 9〕

男女高級課標相比較，可以看出高級課程的顯著特徵：一是課程重在野外訓練，鍛鍊軍事素質，注重專業性；二是鍛鍊高級童子軍領導才能，為中國童子軍的發展培養後備人才，如「訓練初級」。該條目要求：能訓練兒童三

〔註 5〕　劉澄清：《中國童子軍教育》，商務印書館，1938 年版，第 331～333 頁。
〔註 6〕　劉澄清：《中國童子軍教育》，商務印書館，1938 年版，第 321 頁。
〔註 7〕　劉澄清：《中國童子軍教育》，商務印書館，1938 年版，第 324 頁。
〔註 8〕　劉澄清：《中國童子軍教育》，商務印書館，1938 年版，第 340 頁。
〔註 9〕　劉澄清：《中國童子軍教育》，商務印書館，1938 年版，第 325～330 頁。

人而有一人初級及格者。〔註10〕三是因性施教，男童子軍重在野外軍事訓練，女童軍重在訓練室內護理，如救護、保姆、家政、縫補等。

童子軍訓練到了高級階段充分體現了童子軍訓練的價值，其功能更加明顯。男童子軍野外軍事訓練能在戰時提供力所能及的服務，如測量、救護、訊號等，女童軍不僅可以在戰時提供救護等工作，還可以將女孩子培養成新時代德藝俱全的女性。〔註11〕

高級童子軍課程有一定難度，但其價值很高，「他可以獨立地去做許多事，他可以受任何人的信託，替別人做那些細微的職務。他接受過長期的訓練，使他產生了自信自立自尊自重自勵自決的精神，並養成服務公眾大公無私的習慣，而他本人得到德智體美群五育並進的光榮。」〔註12〕

從上述三級課程標準的設計來看，「黨」與「國」的政治要求置於無可爭議的優先地位，尤其是「宣誓」儀式，要求宣誓者「站在黨旗國旗，總理遺像及會長肖像前，脫帽立正」。總理事略、三民主義、黨旗國旗、中國童子軍史、中國革命史略分別是每級課程的核心。從授課的章節安排看，教練員在每學年開課時，首先要給童子軍講述國民黨及中國革命相關知識，以激發童子軍的責任感與使命感。也就是說，每級童子軍課程都得以三民主義思想來統領，這就是中國童子軍與西方童子軍的最大不同點。如上述課標中，「三民主義要略」的要求是：知道中國民族怎樣自求解放；知道四個直接民權和五個治權的解釋；能略述民生主義實施的兩大方法。〔註13〕可以看出，對青少年民族國家、中國民主建設以及三民主義的教育十分必要。通過童子軍教育的管道，將國民黨的憲政理念傳遞給青少年。再結合軍事技能、生活技能的傳授，使學生很容易知曉它們與「三民主義要略」的關係。再如，高級課標中的「革命史略」，要求：知道國民革命的意義；知道鴉片戰爭至北伐完成中間幾個革命運動；知道國恥小史。〔註14〕對於學生激發民族主義情感，爭取民族獨立，實現國家富強和民族復興，同樣十分必要。

〔註10〕 劉澄清：《中國童子軍教育》，商務印書館，1938 年版，第 330 頁。
〔註11〕 中國女童軍的訓練目標是：陶鑄愛國之心；培養高尚的道德；發揚合群慈善的美德；剔除不良的習慣；養成處理家事的能力；訓練健全的身體；振作革命的精神；完成獨立有為的人。見劉澄清：《中國童子軍教育》，商務印書館，1938 年版，第 233 頁。
〔註12〕 劉澄清：《中國童子軍教育》，商務印書館，1938 年版，附錄頁。
〔註13〕 劉澄清：《中國童子軍教育》，商務印書館，1938 年版，第 320～321 頁。
〔註14〕 劉澄清：《中國童子軍教育》，商務印書館，1938 年版，第 325 頁。

第四、專門課程標準

　　爲應對高級童子軍進一步發展的需要，童子軍課程還專門設置「專科童子軍」，旨在培養童子軍的職業意識，爲進入社會謀求職業做先期的準備。專科課程有：

　　男童軍：公民、文書、木工、消防、氣象、畜牧、養蠶、繪畫、新聞、紡織、應用化學、慈善等 83 種課程；〔註 15〕

　　女童軍：除 46 項與男童軍相同外，有 14 項根據女童軍生理特點稍作增減，還設有養魚、圖書管理、速記、刺繡、保姆、駕駛、編織、製茶、家政、糕點等 20 種女童軍專屬課程。〔註 16〕

　　另外，幼童軍也設立了專門課標，有手工、急救、家庭服務等 15 種。這是爲小學升初中接受童子軍正規教育所作的前期鋪墊。〔註 17〕

　　從專科內容設置來看，範圍很廣，每一個門類的知識技能都相當專業，很像大學預科課程，因此，若非專心治學，否則很難取得這樣的徽章。取得專科徽章就意味著童子軍已經成爲某領域準專業才，可以爲社會服務。但並不是要求每一個學員都要全部掌握這些內容。總章規定「凡高級童子軍會的專科徽章五種，內有衛生、救護兩種者，可佩青色圍帶；獲得十種，內有衛生、救護、公共衛生、公民烹飪六種者，得佩青白二色圍帶」等，通過激勵機製鼓勵高級學員獲得更多的專業知識技能。

5.1.2　童子軍課程地位的上升

　　中華民國北洋政府時期，童子軍教育被視作學校正規教育的必要的補充，由民間自發組織開展訓練，沒有進入中小學課程體系。南京國民政府時期，教育部先後四次調整與修訂中小學課程標準。在此過程中，童子軍課程的地位呈現上升態勢，彰顯其日益重要的地位。

　　第一次課程標準改革，童子軍屬於課外活動。

　　1928 年 5 月大學院展開全國教育會議，決議由大學院組織中小學課程標準起草委員會，編訂課程標準。10 月，大學院改組爲教育部。教育部繼續組織專家編定課程標準。1929 年 8 月，教育部公佈初級中學「暫行課程標準」。

〔註 15〕劉澄清：《中國童子軍教育》，商務印書館，1938 年版，第 353～354 頁。
〔註 16〕劉澄清：《中國童子軍教育》，商務印書館，1938 年版，第 398～399 頁。
〔註 17〕劉澄清：《中國童子軍教育》，商務印書館，1938 年版，第 421 頁。

10 月，高中課程標準頒佈。「暫行課程標準」中規定初中的課程有：黨義、國文、外語、歷史、地理、算學、自然、衛生、圖畫、音樂、體育、工藝。〔註18〕童子軍訓練屬於學校課外活動。

　　第二次課程標準改革，童子軍進入課程體系。

　　1931 年國民黨中央確立三民主義爲教育的最高原則。〔註19〕1932 年 8～10 月，暫行課程標準根據三民主義原則重新修訂，教育部陸續公佈正式課程標準。初、高中課程標準除公民課外，其餘課標均已修訂完畢。初中課程有：公民、體育、童子軍、國文、外語、歷史、地理、算學、自然、衛生、圖畫、音樂、體育、工藝、衛生。〔註 20〕這是南京國民政府教育部頒佈的第一個正式課程標準，童子軍課程進入了初中課程體系。

　　1932 年的課程修訂最明顯的特徵有兩個：一是將「黨義」改爲「公民」。理由是「三民主義不應僅限於黨義科內教學，各科教學均應注意及之，尤其國文、史地等科，應滲透三民主義。除於各科課程標準注意外，因改黨義科爲公民科，內容除黨義外，並增加道德、政治、法律、經濟等教材，以完成公民訓練」。〔註21〕二是增加了「童子軍」課程。課程標準規定：童子軍教育每周課內 1 小時，課外兩小時。

　　第三次課程標準修訂過程中，童子軍列入初中必修課。

　　1932 年，國民黨醞釀成立中國童子軍總會，先期成立總會籌備委員會。1933 年，中國童子軍總會籌備處召集總會設計委員會，重新修訂黨童子軍課程，由總會重新頒佈，由教育部主持落實。〔註22〕童子軍課程標準修訂之後，1934 年 8 月公民課程標準始獲中央黨部審查通過，由教育部公佈。同時，教育部規定，自 1935 年起，童子軍課程列入初中必修課。〔註23〕

　　正式課程標準頒佈後，各地回饋意見頗多，最突出的問題是教學時數過多及高中算學課程過於繁重。爲此，教育部聘請專家，修訂正式課程標準。

〔註18〕　《修訂初高級中學課程標準》，正中書局，1942 年版，第 1～3 頁。
〔註19〕　《中華民國訓政時期約法國民教育章》第一條「三民主義爲中華民國教育之根本原則」。見《中學教育法令彙編》，商務印書館，1935 年版，第 1 頁。
〔註20〕　《修訂初高級中學課程標準》，正中書局，1942 年版，第 6 頁。
〔註21〕　《修訂初高級中學課程標準》，正中書局，1942 年版，第 17 頁。
〔註22〕　胡立人：《童子軍課程及標準之研究》，《江西教育》，第 25 期。
〔註23〕　《十年來的中國童子軍總會》，中國童子軍總會編並出版發行，1944 年版，第 33 頁。

但是，修訂課程標準頒佈後，實施不到一年，抗戰事起，中學教育更須適應抗戰建國的需要，各科教學時數及各科課程標準均有重新修訂的必要。

第四次課程標準改革，童子軍正課時數增加。

1939 年 4 月至 1941 年 12 月，修訂後的課程標準全部完成。初中課程有：公民、體育、童子軍、國文、算學、自然科學、歷史、地理、勞作、圖畫、選修課。〔註 24〕此次童子軍課程標準的變動不大。但是，童子軍課程卻由原來的課內 1 小時，增爲每周正課 2 小時。〔註25〕另外，在此之前的 1937 年，教育部頒佈《中國童子軍戰時後方服務訓練大綱》，這是中學抗戰應急教育的顯著標誌。

此次修訂的主要變化有兩個：一是增加本國史地的教學。原有的中國史與世界史的比例均有明顯的調整，增加中國史的教學比重。中國史教學更加重視中華各民族的融合與歷代邊疆的開拓以及各地資源的貯藏與開發，以培養學生復興民族愛護國土的觀念；重點講述抗戰建國有關重要人物之傳記，以啓發學生抗戰建國責任感。二是調整正科時數，以減輕學生課業負擔。如公民課由每周 2 課時減爲 1 課時，體育由每周 3 課時減爲每周 2 課時，英語改爲初中選修課等。〔註 26〕這些變動是爲了減輕學生課業負擔的同時，增加課外運動、生產勞動訓練及戰時後方服務訓練等內容，以迎合抗戰的需要。很顯然，在抗戰的形勢下，童子軍教育中的軍事技能訓練愈加顯得重要，因此加大了教學的比重。

從上述的課程標準的歷次修訂中，我們清楚的看出：童子軍課程在初中課程中發生了「由無到有、由少到多」的遞增變化，其課程地位也由邊緣想核心課程靠攏。

5.2　童子軍課程對學校教育內容的補充

民國以來，學校教育將德、智、體、美確定爲教育目標。在學校教育中智育內容十分豐富，大體上可將其分爲科學知識和技能傳授兩大部分。鑒於智育內容體系龐大，本文將以生活技能和健康教育爲中心，探討童子軍教育與學校智育之間的關係。

〔註 24〕　《修訂初高級中學課程標準》，正中書局，1942 年版，第 5～6 頁。
〔註 25〕　《修訂初高級中學課程標準》，正中書局，1942 年版，第 7～8 頁。
〔註 26〕　《修訂初高級中學課程標準》，正中書局，1942 年版，第 7～8 頁。

5.2.1　童子軍與生活技能教育

從學校的技能訓練的角度看，童子軍課程是對學校技能訓練的補充。主要體現在以下三個方面：

第一、注重生活技能教育的實用性，並重視積極實踐。

在南京國民政府教育部先後頒佈的四個課程標準中（分別是 1929、1932、1936、1941 年修訂），科學知識的傳授佔據了全部課程的絕大部分。以 1941年課程標準為例，初中課程主要有公民、體育、童子軍、國文、算學、自然科學、歷史、地理、勞作、圖畫以及選修課，其中的選修課包括英語等其他內容。學校技能訓練主要集中在勞作、圖畫、體育、童子軍四科。

按照課程標準的規定，「勞作」科的培養目標是：使學生瞭解勞作與人生之關係，培養勞作的興趣、使學生獲得生活上之必需之勞作技能、使學生習得從事職業之基礎訓練等。課程設計的主要內容是第一學年的木工，第二學年金工、第三學年分組，如金木工組、藤竹工組、土木組等等。女生則重視保健、護病、育兒、園藝、家庭管理等方面的技能訓練。〔註 27〕圖畫重在啟發學生審美本能、練習對人物自然等觀察與描寫能力。〔註 28〕體育課偏重於運動技能，如體操（包括走步及各式體操）、韻律活動（包括各種舞蹈）、遊戲運動（包括各種非正式遊戲）、技巧運動（包括墊上運動、器械運動及疊羅漢）、球類運動（包括各種通行球戲）、競技運動（包括田徑賽、競走、越野跑及各種障礙跑、接力跑等之個人與團體競技）、自衛活動（包括拳術、角力、摔跤）、水上及冰上運動（游泳、划船、滑冰等）、其他運動（包括爬山、騎射、自由車、露營、踢毽子等）。〔註 29〕衛生課主要內容是傳染病的預防、健康檢查、衛生習慣的培養等。〔註 30〕

童子軍的技能訓練與上述技能有很大的不同。在初級課程中，生活技能訓練有：「結繩」部分教會學生十幾種結繩的辦法，在現實生活中應用極為廣泛。如「瓶口結」，繩繫油瓶不會鬆脫；「漁人結」繩索不會鬆動，越拉越緊等。中級課程中「禮儀」、「救護」、「洗滌」等。比如：「禮儀」：知道下列十種普通禮儀：拜訪親友、接待賓客、宴會、集會等。如「炊事」：能煮個人所

〔註27〕　《修訂初高級中學課程標準》，正中書局，1942 年版，第 116～123 頁。
〔註28〕　《修訂初高級中學課程標準》，正中書局，1942 年版，第 127 頁。
〔註29〕　《修訂初高級中學課程標準》，正中書局，1942 年版，第 50～52 頁。
〔註30〕　《修訂初高級中學課程標準》，正中書局，1942 年版，第 83～85 頁。

需的飯食。再如：「洗滌」：能洗曬制服；能洗顏色的東西；知道洗淨墨油漆鏽的方法。「方位」：看太陽的升降因時刻推定其方位；用表及日影推知方向；觀看風的方向從季節上推知方位；觀察植物的狀態推知方向；觀察建築物從人類的習慣上推知方位等。高級課程中的「烹飪」、「測量」、「露營」以及女孩的「保姆」等特色課程，都是上述四種學校技能課程所不能傳授的。比如「家政」要求：知道衣服、被褥的整理和普通區間的包紮；能實施室內外的整潔，養成按時操作的習慣；能做每月家庭經濟的預算；能烹調葷素菜五種和自製點心一種。再如「音樂」要求：能應用五線譜或工尺譜；能獨唱或合唱歌曲二闋；能奏中西樂器一種。「保姆」要求：知道初生嬰兒的料理法；知道嬰兒的衣著、營養、居室、睡眠和清潔衛生；知道嬰兒疾病預防和治療常識；知道小兒智慧發育時的訓導事項等等。

從童子軍的技能訓練與其他四門課程的技能訓練對比來看，童子軍訓練更加注重生活實用性、實踐性。

第二、注重職業準備教育。

如「公民」課程中規定：要求學生明瞭社會職業，有根據自己性情與興趣選擇職業的能力。〔註 31〕在實際教學中，因為它沒有具體的職業介紹的內容，因此如此空洞當然很難起到應有的效果。但在專科童子軍課程設計中，有具體的詳細的職業設計的內容。男童軍如木工、消防、氣象、畜牧等 83 種課程，女童軍養魚、圖書管理、速記、刺繡、保姆、編織、製茶、家政、糕點等 20 種女童軍專屬課程。吳耀麟認為，童子軍的專修課程具有以下功效：訓練專門的技能，養成多才多藝的童子軍；鍛鍊身心，發揮個人的創造力；養成正當嗜好，產生未來的職業興趣；訓練特種知識技能，增進服務的能力等。〔註 32〕如「消防」要求：知道本地區救火會的組織和報告火警法；知道身臨著火房屋的出入法；知道火焰蔓延的防止法；能使用和保護各種救火器具；能臨時製備繩索繩梯和救生綱等；知道火中救生法；能與火警時幫助員警維持秩序，並為消防隊傳遞水桶等。〔註 33〕

通過這些具體的技能訓練，童子軍知道該種技能與職業是否適合自己的興趣。提前參與實踐和體會是職業準備的好方法。

〔註 31〕 龔啓昌：《公民教育學》，正中書局，1947 年版，第 242 頁。
〔註 32〕 吳耀麟：《童子軍全書》，上海黎明書局，1935 年版，第 214 頁。
〔註 33〕 吳耀麟：《童子軍全書》，上海黎明書局，1935 年版，第 227 頁。

第三、注重軍事技能訓練更是對學校生活技能的補充。

從 1931 年「九・一八事變」起，中華民族危機日益加深。童子軍課程從課程標準的制定到正式列入初中必修課，其教育價值與重要性日益顯現。其中一個重要原因就是童子軍訓練中軍事技能的傳授對於緊張形勢具有很強的應對性。在教育部看來，童子軍教育就是軍事教育，於是，童子軍訓練和高中軍事訓練一起構成中學完整的軍事訓練體系。如 1938 年教育部頒佈的《中學訓育大綱》中「體格訓練」第九條規定：「初中各年級實施童子軍訓練，高中各年級實施軍事訓練，其實踐支配於下午。」〔註 34〕

不僅南京國民政府看重這一點，汪偽政權也高度關注童子軍軍事訓練。〔註 35〕中國共產黨創建的根據地內也曾提倡並組建過童子軍，將其視作反法西斯重要組織之一。不過，值得注意的是：中共根據地童子軍組織與國民黨統治區的童子軍組織在性質上有根本的區別。〔註 36〕

〔註 34〕 《教育法令彙編》第四輯，商務印書館，1939 年版，第 71～74 頁。

〔註 35〕 1942 年 12 月，汪偽政權爲推進青年團及童子軍訓練，大力辦理童子軍組織，成立「中國青少年團」，宗旨是「在使全國青少年有嚴密的組織，受嚴格的訓練，發展做事能力，培育服務精神，養成良好習慣，使其人格高尚、思想純正、常識豐富、體魄健全，成爲智仁勇兼備之中國青少年，俾能共同負荷興復中華，保衛東亞之劃時代責任，以建設三民主義之中國與共興共榮之東亞，而臻世界於大同」。很明顯，這是模仿國民黨童子軍宗旨後稍加改動的結果，並將其嫁接於賣國的「東亞共榮」。1943 年 5 月，又先後頒佈《中國青少年團教育綱要》、《中國青少年團聯合露營實施辦法》、《勞動服務辦法》、《課程競賽辦法》等法規。其訓練的主要內容是軍事技能，如：軍步、旗語、製圖、結繩、測量、傳訊、追蹤等。汪偽政權的青少年團由國民黨童子軍組織改頭換面而來。在淪陷區，原有的童子軍組織基本上被汪偽政權接管，並加以改造。參見：曹必宏等著：《日本侵華教育全史》，人民教育出版社，2005 年版，第 218～220 頁。

〔註 36〕 如晉察冀邊區北嶽區在聶榮臻的領導下，建立了邊區的童子軍。「1942 年 5 月 4 日召開的晉察冀邊區北嶽區青年抗日救國聯合會第四次代表大會上，決定取消現有的少先隊和兒童團，合組童子軍。」「司令員聶榮臻在《寫給邊區童子軍》一文中指出：我們改組過去邊區的少年兒童組織爲童子軍，一方面是要克服過去組織分散的缺點；另一方面也是要適應全世界的童子軍組織，使邊區的少年兒童更有力量去反抗日本強盜，成爲國家反法西斯戰線的一環」。北嶽區成立了童子軍最高領導機構童子軍理事會，邊區的主要領導人聶榮臻、蕭克、劉瀾濤、程世才、朱良才等都是童子軍理事，副司令員蕭克擔任副理事長。1942 年 7 月 19 日，北嶽區召開第一次童子軍理事會，通過「童子軍章程」，「章程」規定童子軍的性質是廣大少年兒童的廣泛的統一戰線組織。這表明邊區的童子軍與抗戰前國民黨的黨化童子軍有原則的區別。參見：陳寶霖：《新中國建立前童子軍的發展及活動》，《少年兒童研究》，2010 年第 6 期。

　　童子軍的課程標準規定的核心內容是結繩、禮節、操法、記號、徽章、服務、訊號、自然、救護、烹飪、測量、製圖、游泳、露營、旅行、工程以及軍事常識等。這些訓練內容是童子軍課程的特色，具有不可替代性。與其他課程一起，構成完整的初中教育體系。如前所述，尤其是在抗戰期間，它是初中智育的重要補充。童子軍軍事技能的訓練極具應時性、實用性。憑藉基本的軍事常識及救護常識，童子軍不僅能夠保全生命、或參加戰時服務，或規避戰爭風險，而且還能啓蒙普通民眾。這種事例在抗戰中屢見不鮮，童子軍教育的價值更是顯露無遺。1933 年中國童子軍司令部頒佈《中國童子軍戰時服務大綱》及《中國童子軍戰時服務團組織規程》等法規，對童子軍參與抗戰後方服務做出詳細規定，要求童子軍服務於交通、保安、宣傳、慰勞、工程、軍需、募集、偵查、救護、消防等方面。〔註37〕

　　服務大綱「總則」第一條規定：「中國童子軍於戰事發生時或發生前，爲求整個民族之最後勝利起見，組織中國童子軍戰時服務團，應戰時之需要，從事後方服務」。戰時服務團員以自願參加爲原則，但須具備以下條件：「甲、須最少具備童子軍高級專科技能一種。乙、年齡在十五歲以上。丙、除已登記的童子軍之外，其餘合上述條件而自願參加者亦可」。戰時服務團的編制，依據各團員的技能組織以下各隊：交通隊、保安隊、宣傳隊、慰勞隊、工程隊、軍需隊、募集隊、偵察隊、救護隊、消防隊。訓練時要求「各團適應戰時服務之需要，須盡力就團員已有之技能，實施進一步之訓練」。

　　童子軍司令部對戰時服務團的工作範圍也做了詳細的規定：

　　　　甲、交通：擔任戰時後方傳訊、旗語、郵政、電報、無線電、運輸、
　　　　　　舟車管理，及有關交通等工作。

　　　　乙、保安：擔任戰時後方交通、警政、收容難民、戶口調查、公共
　　　　　　衛生、防空、嚮導等工作。

　　　　丙、宣傳：擔任戰時後方攝影、繪畫、戲劇、放映電影、印發報章、
　　　　　　講演、無線電廣播等工作。

　　　　丁、慰勞：擔任以精神或物質，慰勞抗敵將士等工作。

　　　　戊、工程：擔任戰時後方測量、斥堠工程等工作。

〔註37〕　《中國童子軍戰時服務大綱》，《中國童子軍戰時服務團組織規程》，載於《安
　　　　徽教育行政旬刊》，1937 年第 12 期。

己、軍需：擔任戰時後方縫補、皮工、製造軍用品等工作。

庚、募集：擔任戰時後方募集捐款、物品等工作。

辛、偵查：擔任戰時後方郵電檢查、秘密偵查等工作。

壬、救護：擔任戰時後方搬運傷人、醫院看護、防毒救護等工作。

癸、消防：擔任戰時後方救火工作。〔註38〕

這份大綱，為抗戰時期童子軍戰時服務提供了行動指南。如果說，在此之前童子軍的服務屬於行動上的自覺，那麼，「戰時服務大綱」的頒佈，就為童子軍的社會服務賦予了某種「義務」。而且從大綱的文字表述上看，國民黨對戰時童子軍的服務有著諸多的「規定」，帶有「控制」的意味。如：「總則」第一條規定：「中國童子軍戰時之一切行動，須本整個性統一性進行之，即一切力量均須集中於中央政府」。各戰時服務團均須在「中國童子軍各省市理事會或籌備處」的直接領導之下。「各地戰時服務團，除在戰地者外，非經總會許可，不得擅離所在地」。「各地戰時服務團之工作，須按月逐級呈報總會備查」。〔註39〕

1933 年，中國童子軍司令部頒佈的「戰時服務大綱」中涉及的內容，都被吸納到 1934 年頒佈的童子軍課程標準中。1937 年教育部在此基礎上，頒佈《中國童子軍戰時後方服務訓練辦法大綱》，成為抗戰時期童子軍戰時服務的主要法規。〔註 40〕因此，童子軍教育的軍事技能訓練是學校課程教育中不可替代的內容，從而完善了學校的教育內容。

5.2.2 童子軍與健康教育

從現代衛生學的傳播角度看，童子軍訓練最早在中國學校傳播了現代衛生知識。

在民國課程改革的歷程中，向學生傳授現代衛生知識是民國中小學教育的一大任務和特點。在晚清課程設置中，尚沒有衛生課程。〔註 41〕首次進入

〔註38〕《中國童子軍戰時服務大綱》，《教育法令彙編》第三輯，教育部編，商務印書館，1938 年版，第 43～44 頁。

〔註39〕《中國童子軍戰時服務大綱》，《教育法令彙編》第三輯，教育部編。商務印書館，1938 年版，第 43 頁。

〔註40〕《中國童子軍戰時後方服務訓練辦法大綱》，《教育法令彙編》（第三輯），教育部編，1938 年版，第 43～47 頁。

〔註41〕如「壬寅學制」（1902 年）規定的中學課程是修身、讀經、算學、詞章、中外史學、中外輿地、外國文、圖畫、博物、物理、化學、體操 12 中。「癸卯學

中學課程體系，是 1922 年南京國民政府頒佈的「新學制」，其中在體育課裏分設「衛生」和「體育」兩大教學板塊。〔註 42〕在課程建設的推動下，學術界開始關注學校健康衛生，出現專門的研究文章。〔註 43〕直到 1932 年的課程調整，「衛生」才作爲一門獨立的課程列入中學正式課程體系。〔註 44〕

1912 年當童子軍教育開始在中國興起的時候，其野外應急救護知識已經在學校童子軍中傳授。〔註 45〕如果以「救護」、「看護」爲標誌的童子軍應急衛生教育看作學校健康教育內容的話，從時間上看，童子軍訓練則是民國時期最早提倡健康教育的形式。不僅如此，從教學內容來看，童子軍教育對學校健康教育最大的貢獻在於重視應急教育，重視衛生教育的實用性。

學校裏的「生理衛生」課是給學生傳授健康知識的主要渠道，以普及知識爲主，重點內容體現在健康檢查、健康保健、流行病的預防等方面。以 1941 年的課程標準爲例，「生理與衛生」課程的目標是：使學生獲得生理及衛生之科學知識；使學生明瞭人體結構、生理之作用、保健防病之方法；使學生養成衛生習慣，以增進興趣及信心，以期由個人之努力，促進家庭、學校、社會之衛生；使學生養成良好衛生態度，具有改進個人及社會生活之志願，以期造成更健康之次代國民；使學生知看護與急救之簡易方法。〔註 46〕從教學內容上看，生理衛生課重在健康知識的普及。比如，第二學年的課程教學內容是：人體概論、骨骼、肌肉、迴圈、呼吸、消化、排泄、神經、感覺、生

制」（1904 年）中規定的課程有修身、讀經講經、中國文學、外國語、歷史、地理、數學、博物、理化、法制理財、圖畫、體操 12 種。陳元暉主編：《中國近代教育史料彙編‧學制演變》，上海教育出版社，第 274 頁《欽定中學堂章程》、第 327 頁《奏中學堂章程》。

〔註 42〕 王倫信：《清末民國時期中學教育研究》，華東師範大學出版社，2002 年版，第 100 頁。

〔註 43〕 如：楊彬如的《小學校的健康教育》，載於《教育雜誌》1926 年第 17 卷 2～3 號；鄒盛文的《小學校裏應注意的衛生問題》，《新教育》1926 年 10 卷 5 期；趙欲仁的《小學生疾病問題》，《教育雜誌》，1926 年 17 卷 12 號。

〔註 44〕 1932 年南京政府教育部頒佈的初中課程有：公民、體育、衛生、國文、英語、算學、植物、動物、化學、物理、歷史、地理、勞作、圖畫、音樂。《修訂初高級中學課程標準》，正中書局，1942 年版，第 6 頁。

〔註 45〕 應急救護知識體現在貝登堡的《童軍警探》一書中。該書在 1919 年已經出至第 9 版。該書是創辦、訓練童子軍的必讀書目。見 Scouting For Boys. Sir Robert Baden-Powell, C.Arther Pearson Ltd.1919.ninth edition. 其中，應急急救知識見該書第 258～270 頁。

〔註 46〕 《修訂初級高級中學課程標準》，商務印書館，1942 年版，第 83 頁。

殖、內分泌、營養以及蚊蠅鼠的撲滅等。第三學年的教學任務是：病原概論、微生物、急慢性傳染病及其預防、種族衛生、公共衛生、交通衛生、婦孺衛生、軍事衛生等；〔註47〕上述衛生課程，從初中第二學年才開始開設，每周一課時。初一年級不設生理衛生課。初三年級臨近畢業會考，開設生理衛生課，同時會考科目中，生理衛生課未列入會考範圍，可想而知，實際的生理衛生課會有什麼實際的效果。〔註48〕

與學校「衛生」課程不同的是：童子軍教育類比野戰環境、以遊戲的方式實施應急教育。以童子軍課程標準中的「衛生」與「救護」為例。童子軍初級課程中的「衛生」專案恰好彌補初中一年級的「生理衛生」課的缺失。

初級課程的「衛生」部分重在培養日常生活習慣。「衛生」項規定：明瞭以下個人衛生：修剪指甲、漱刷牙齒、時常沐浴、用鼻呼吸、勤換內衣、不用公共毛巾、不吃雜食、按時起眠、種痘；注意以下公共衛生：涕吐、打噴嚏、咳嗽、便溺、提倡分食。〔註49〕女童軍標準兼顧到女孩的特殊生理，安排時常洗髮、打防疫針、月經衛生等課程。如「救護」：知道血液的迴圈；能實施止血法三種；能實施消毒法三種；能應用三角巾；能搬運傷人。「救護」一項對女孩子要求更高，除男童軍前三項外，特意加入：知道骨折之種類及夾板使用法；知道中毒救護之常識；能實施昏暈、中暑、溺水、冰陷、觸電、失火、凍僵、異物入目等救護法。〔註50〕在這些應急教育中，童子軍課程均施以科學的具體的方法。在童子軍傳播已經百年後的今天看來，其內容的實用性依然讓人歎服。

為將應急的衛生知識普及化，中國童子軍總會彙集商務印書館和童子軍研究人員，編寫一套「童子軍小叢書」。其中，有「看護」專冊，由童子軍專家薛元龍撰寫，全書五十多頁，內容少而精。書中對看護知識的講解生動形象，簡便實用。比如「病人」的看護。看護者必須知道：病室的布置、清潔、氣溫的調節；病人飲食的調節、衣褥更換法；能夠測體溫、脈搏及呼吸；能觀察病人氣色、做病狀記載；服藥、敷藥、看護時應具有的常識及態度；最

〔註47〕《修訂初級高級中學課程標準》，商務印書館，1942年版，第83～85頁。

〔註48〕《修訂中學學生畢業會考規程》中規定的初中會考科目有：公民、國文、算學、理化、生物、史地、外國語。見《中學教育法令彙編》，教育部編，商務印書館，1935年版，第157～158頁。

〔註49〕劉澄清：《中國童子軍教育》，商務印書館，1938年版，第320頁。

〔註50〕劉澄清：《中國童子軍教育》，商務印書館，1938年版，第336頁。

後要求看護者實習一星期，並經過醫師證明合格後方可取得看護徽章。全書圍繞病室、病床、病人、飲食、排泄、檢測、病態、消毒法、藥物等方面內容編排，具有極強的實用性，語言通俗易懂，適合初中生閱讀。再比如：身體的看護：頭髮要日日梳理，間用肥皂水洗滌；面和手每日清洗，最好用冷水洗；口腔和舌「舌苔明顯之際，除了含漱，還要用刮舌輕輕刮去後膩，牙齒每天至少洗刷二次，每隔 2～3 小時，須洗滌口內一次」；全身皮膚護理：全身沐浴不可過久，7～10 分鐘為宜，浴後布帛裹身，移入暖病床，不宜淋浴病人，可在床上擦拭全身。〔註51〕

　　通過對比，童子軍技能訓練在初中課程中的重要地位已經十分清楚，這就是童子軍宣導者大力推廣童子軍教育的緣由。民國時期的教育總的來講日益趨新，教育理念逐步與世界先進國家接軌，但是，一個很難逃脫的現實是：中國教育過於依賴考試選拔制度，過於注重基礎知識的考察，在命題形式上過於強調知識的記憶與再現。這是兩千多年的舊式應試思想對中國現代教育影響的延續。童子軍教育的內容對於過於上述教學與考試弊端來說，確實是一個讓人欣喜的好教育。

5.3　童子軍教育對學校訓育制度的影響

　　關於民國時期的學校訓育研究，目前的學術界成果很少。如田海洋在《民國訓育研究的幾個問題》一文中說，「民國時期，尤其是中後期，以訓育方式表現的德育制度、德育思想（理論）、德育課程方面的情況究竟如何，目前系統的研究幾乎仍是空白」。〔註52〕在中國知網搜索相關內容，研究成果的確較少。有少數有關中學研究的論著中，捎帶提到訓育問題。〔註53〕本節將以童子軍的視角探討學校的訓育問題。

5.3.1　「訓育」概念的內涵

　　關於訓育的概念，民國的學者給出了不同的詮釋。第一種是訓育就是德

〔註51〕　《看護》，薛元龍編著，正中書局，1936 年初版，1946 年再版。
〔註52〕　載於《河北廣播電視大學》2009 年第 4 期。
〔註53〕　如：王倫信《清末民初時期中學教育研究》，鄭航《中國近代德育課程史》，陳桂生《中國德育問題》，馮克誠《現代中國的道德演變與德育理論》等。另外，還有一些教育家研究的文章，涉及到訓育問題。

育。如余家菊在《訓育論》中認爲，「教育的德育爲目標，故訓育一名德育」。
〔註 54〕又如李相勖在《訓育論》中說，「訓育以培養高尚的品格爲目標，故
一名德育」。〔註 55〕陶愚川闡釋「訓育」時則直接引用南京國民政府教育部
頒佈的《訓育大綱》中的目標：「陶冶健全之品格，使之合乎集體生存之需
要；而健全之品格之陶冶，在於培養實踐道德之能力」。〔註 56〕其意也將「訓
育」等同於「德育」。第二種認爲，訓育就是教育，不僅僅是德育。如楊同
芳認爲，「訓育的直接目的，在於生活的鍛鍊，亦即是說使被教育者因得著
某種訓練的原因，而能營各種生活，且使所營各種生活能與社會理想相適
應。故引文的 discipline 一字，含有 education, training, trill 三義。因此，從
廣義上說，訓育就是教育」。〔註 57〕又如李廷翰著《訓育論》中，直接將教
育部確立的小學教育目標視作訓育目標，「小學校教育留意兒童身心之發
育，培養國民道德之基礎，並授意生活所必需之知識技能爲宗旨」。這一概
念涉及體育、德育及智育，不僅僅局限於德育。〔註 58〕再如，陳智乾著《中
小學訓育行政》中，認爲「訓育是一種重要的教育方法，它不僅施以他律的
訓練，而且要養成自律行爲；訓育包括校內外的全部生活而言，以指導學生
養成良好的生活習慣爲主要任務」。〔註 59〕這裡的「訓育」則側重於強調培
養學生良好的生活習慣。

　　儘管上述「訓育」含義的外延略有不同，但綜合歸納不同的見解，可將
其概念概括爲：「訓育」是以德育爲中心的學校教育活動。

　　正如教育者所說，德育在學校無所不在，卻沒有一個統一的標準。〔註 60〕
但是通過綜合上述訓育的論著，概括它們的共同之處，還是可以看出民國時
期訓育的主要內容：培養學生良好的生活習慣；培養學生對家庭、社會、民
族、國家的責任；職業技能的培訓等方面。從教育的本質看，訓育是學校教
育的靈魂。

〔註 54〕 余家菊：《訓育論》，上海中華書局印行，1931 年版，第 1 頁。
〔註 55〕 李相勖：《訓育論》，商務印書館，1935 年版，第 1 頁。
〔註 56〕 陶愚川：《訓育論》，大東書局，1947 年版，第 1 頁。
〔註 57〕 楊同芳：《中學訓育》，世界書局，1941 年版，序言第 2 頁。
〔註 58〕 李廷翰：《訓育論》，上海商務印書館，1916 年版，第 2 頁。
〔註 59〕 陳智乾：《中小學訓育行政》，培英印務公司，1933 年版，第 2～3 頁。
〔註 60〕 楊同芳：《中學訓育》，世界書局，1941 年版，第 3 頁。

5.3.2 20 世紀 30～40 年代學校訓育的強化

1932 年，南京國民政府行政院就對既往學校的訓育工作做出這樣的評估：「十餘年來，教育紀律愈見淩替，學校風潮日有所聞。學生對於校長則自由選舉，如會議之推舉主席。對於教授則任意罷黜，如宿舍之雇傭庖丁。甚至散發傳單以謾罵，聚群眾以毆辱，每有要求動輒罷課以相挾持，乃至年終且常以罷考以資結束。」〔註61〕

鑒於上述不良的評估結果，南京國民政府教育部要求強化對學生的管理，1932 年後頒佈《中學法》、《中學規程》，並實行會考制度。〔註 62〕1934 年重訂中學課程標準，加大公民、童子軍諸科的比重。〔註 63〕1936 年，制定《高中以上學校學生軍訓管理辦法》。〔註 64〕1937 年，借著推行童子軍教育的機會，教育部制定了《初級中學童子軍管理辦法》，力圖以軍事化的管理手段糾正上述學校教育中訓育不夠、管理不善的弊端。1938 年 10 月，行政院核定《教育部訓育委員會規程》，成立訓育委員會，加強訓育領導。〔註65〕1945 年 10 月 16 日，國民政府公佈《教育部訓育委員會組織條例》。其中的第二條第四款專門規定：要求加強高中軍訓和初中童子軍訓練。〔註 66〕

這一系列加強訓育的法律法規出臺，與 20 世紀 30～40 年代的學生運動有直接的關係。1931 年 9 月 18 日，南京學生為抗議政府「不抵抗政策」舉行遊行示威活動，遭到南京國民政府的鎮壓。1935 年北平發生了「一·二九運動」，同樣遭到政府的鎮壓。一系列學生運動慘案發生後，國民政府教育部不斷地下達指令，要求加強學生管理。

5.3.3 從童子軍管理看學校訓育

5.3.3.1 《初級中學童子軍管理辦法》

從訓育的本質及訓育的核心內容看，童子軍就是一種非常好的訓育形

〔註61〕 李相勖：《訓育論》，商務印書館，1936 年版，第 281 頁。

〔註62〕 《中學法》、《修訂中學規程》，分別見《中學教育法令彙編》，教育部編，商務印書館，1935 年版，第 27～29、29～53 頁。

〔註63〕 《修訂初高級中學課程標準》，正中書局，1942 年版，第 6 頁。

〔註64〕 《教育法令彙編》（第三輯），教育部編，商務印書館，1938 年版，第 27～28 頁。

〔註65〕 《教育法令彙編》（第四輯），教育部編，商務印書館，1939 年版，第 1～2 頁。

〔註66〕 《教育法令彙編》（第五輯），教育部編，商務印書館，1940 年版，第 6 頁。

式，因爲它是以品性訓練爲核心，以遊戲的教學方式陶冶情操，以誠實、忠孝、助人、仁愛、禮節、公平、服從、快樂、勤儉、勇敢、清潔、公德十二條規律爲品德培養目標，以服務社會爲根本宗旨。

如前所述，由於中國面臨日益緊迫的外部環境，學生愛國熱情難以剋制。因此，教育部以穩定社會秩序爲由，要求加強校園管理。1937 年南京國民政府教育部頒佈《初級中學童子軍管理辦法》就是這一政策的產物。本節討論的核心將圍繞這份行政法規，試圖從訓育的角度進行解讀，探討「辦法」對20 世紀 30 年代中學訓育的影響問題。

在此之前，教育部已經將初中的童子軍以及高中的軍事訓練視作中學訓育的方式之一。1931 年教育部頒佈的《三民主義教育實施原則》，將「中等學校訓育目標」確定爲：「由日常生活實際知識之教導，以引起兒童好學的興趣，並由童子軍之訓練，以養成勇於從事、潔己奉公的精神」；「確定青年三民主義之信仰，並切實陶冶其忠孝仁愛信義和平之國民道德」。在訓育實施綱要的「課程」中規定「注重童子軍（初中）、軍事訓練（高中）及看護實習（女生）」。〔註67〕

1937 年頒佈的這份《初中童子軍管理辦法》，是 1934 年頒佈童子軍課程標準、1935 年童子軍列入初中必修課之後的又一份重要的童子軍法規，其目的在於通過童子軍的軍事管理模式加強中學生日常行爲的規範，進而消弭學生運動引起的社會動亂。「辦法」分總則、組織、服裝、請假、外出、食堂規則、寢室規則、教師規則、操場規則、野外規則、值日勤務、風紀守衛、診斷規則、附則等十四部分，涵蓋了學校生活的方方面面。〔註68〕

總的來看，「辦法」圍繞童子軍十二條規律，作爲學校訓育的最基本的內容，重在培養初中生良好的學習、生活習慣。比如，培養學生「禮儀」，第六條「學生對校長以下師長及職員行禮時，概行童子軍敬禮」。第二十三條「學生外出，須整齊服裝，端正儀容，行進時靠左旁路走，不許食物吸煙，坐車遇擁擠時，對年老及婦孺應讓位」。吃飯時也要講禮儀，「不得講話敲碗爭鬧」，「食時須閉口細咽，勿作聲，勿太快」等，師生禮儀，「如遇教師垂詢時，學生應即起立作答，學生如有質疑時，須俟教師或教練員講畢後，始得起立詢問」。再如「衛生」，

〔註67〕 《第一次中國教育年鑒》甲編，教育部編，開明書局，1934 年版，第 18 頁。
〔註68〕 《初級中學童子軍管理辦法》，《教育法令彙編》第三輯，教育部編，商務印書館，1938 年版，第 36～40 頁。

第四十八條「不得隨地吐痰」；第三十四條「寢室須整齊清潔簡單樸素」；三十六條「寢室內外，不得隨地吐痰及拋棄零星物品，尤不得任意污損牆壁，敲釘掛物與在窗上曬衣物等，浴室廁所尤須保持清潔」等等。〔註69〕

關於「忠孝」的教育，教育形式之一就是在每天的升、降旗儀式，以此訓育對國家的忠誠。對此「辦法」要求極為嚴格，如第三條「每日早晚全體學生須舉行國旗升降典禮，有校長主席，其儀式照規定辦理」；第四條「通學外宿學生，早晚須參加升降旗典禮」。對學生的「誠實」教育，體現之一是「請假」的程序，如第二十條規定「凡學生請假者，無論特假事假病假，務須依據確實事由，按照請假手續辦理，並先將事由繕具報告，請值日生轉呈團長核准」。〔註70〕此外，對仁愛、公德、服從等諸多德行的教育，在「辦法」中都有詳細的具體規定。

對於學生的違規行為，「辦法」規定予以懲戒。如第五十四條「上操場時如有不守紀律或不聽從命令者，除由教練員懲罰外，並呈團長處分」。〔註71〕

從培養學生的行為習慣的角度看，「辦法」能夠體現童子軍教育「品行訓練」的日的。但是，在教育方法上有悖於童子軍教育崇尚遊戲、尊重學生興趣的本意。同時，「辦法」規定過於繁瑣，也有悖於學生的成長規律，所以，該辦法很難在初中長時間貫徹執行。國民政府教育部規定，從 1935 年起，童子軍列入初中必修課，意味著初中的每一個學生必須是童子軍。為完成課程任務，全國基本上都是以整校為單位，集體加入童子軍團。團長由校長兼任，副團長由教練員擔任。「辦法」認可了這種做法，同時還規定，「童子軍團之中隊組織，須按照年級編為若干中隊。由該年級主任教師擔任教練員，協助訓導該年級所編之中隊」。〔註72〕可以想見，年級主任教師兼任教練員，任沒

〔註69〕　《初級中學童子軍管理辦法》，《教育法令彙編》第三輯，教育部編，商務印書館，1938 年版，第 38～39 頁。

〔註70〕　《初級中學童子軍管理辦法》，《教育法令彙編》第三輯，教育部編，商務印書館，1938 年版，第 36～38 頁。

〔註71〕　《初中童子軍管理辦法》的內容，與教育部 1936 年 12 月頒佈的《高中以上學校學生軍訓管理辦法》在章節安排上完全一致。後者是由教育部會同軍事委員會訓練總監部共同制定的。很明顯，這兩部法規構成了中學完整的軍事管理體系。《高中以上學校學生軍訓管理辦法》《初級中學童子軍管理辦法》，分別見：《教育法令彙編》第三輯，教育部編，商務印書館，1938 年版，第 27～35、36～40 頁。

〔註72〕　《初級中學童子軍管理辦法》，《教育法令彙編》第三輯，教育部編，商務印書館，1938 年版，第 36～40 頁。

有經過童子軍正規培訓的條件下，怎麼可能正確貫徹童子軍教育理念？因爲按照「中國童子軍總章」的規定：童子軍教練員必須經過專門訓練，合格之後其資格須經過中國童子軍總會的審定才能上任。但在這份法規中，教練員的選定就沒有遵守「總章」的規定。因此，童子軍的訓練只能是「徒有其表」。另外，某些規定極其繁瑣，如在食堂「團長以下長官到食堂時，由值日生發『立正』口令，全體起立，俟長官答禮後，由值日生再發『坐下』口令，各生俟聞『開動』口令時，方可就食」。〔註73〕「辦法」中還有類似的規定，不再列舉。

若單從「辦法」文本來看，童子軍訓育管理辦法在學校很難長期執行。這份法規，將一個活潑潑的童子軍訓練變成「管理辦法」，極大地歪曲了童子軍教育理念。從 1931 年將童子軍確立爲中小學訓育方式到 1937 年「辦法」的出臺，我們清晰地看出童子軍對於學校訓育的意義，同時也可以看出童子軍教育理念在訓育中的變遷。

1947 年，黃炎培在《我國圖強所必須之訓育方針》中，對中西方學生的表現做了對比，他說中國學生在課堂上「屢問無答」，西方學生「爭先答問」；中國學生遊息時「呆立枯坐」，西方學生則「喧呼跳蕩」。他認爲西方學生活潑的原因是訓育制度利於激發學生的興趣、積極性以及求知心。因此，黃炎培主張，今後中國的訓育應當以培養學生的個性，養成愛活動爲目的。中國學生的呆滯與這樣的訓育制度有關。〔註74〕

5.3.3.2 學校訓育的效果

爲加強訓育管理，國民政府教育部及各級教育主管部門先後實行過「級任制」和「導師制」的訓育模式。〔註75〕但是，到 20 世紀 40 年代，學校的訓育工作依然弊端重重。四十年代，時值教育部修訂第四版課程標準。藉此機會，許多教育專家紛紛發表對過去幾十年學校訓育工作的看法。他們基本上認定過去的訓育基本上是失敗的。如陶愚川認爲，「現在的時代是一個普遍的感到生之不安的時代，人心浮動、相互傾軋明爭暗鬥存在於社會的每一角

〔註73〕《初級中學童子軍管理辦法》，《教育法令彙編》第三輯，教育部編，商務印書館，1938 年版，第 36～40 頁。

〔註74〕王倫信：《清末民國時期中學教育研究》，華東師範大學出版社，2002 年版，第 147 頁。

〔註75〕王倫信：《清末民國時期中學教育研究》，華東師範大學出版社，2002 年版，第 175～176 頁。

落，眞是一個嚴重的時代悲劇。每一個負有訓育責任的人都有責任」。〔註76〕

　　楊同芳認爲，訓育失敗的主要原因是因爲一般人對於訓育沒有正確的認識。他說：「我國學校向來採取干涉的方式，用嚴格的方法，去糾正學生的不良行爲，既沒有客觀的訓育標準，又忽視人類的天性的發展」。由於「一般人把訓育的意義解釋的太狹窄，他們受了傳統思想的影響，以爲訓育就是管理，含有統治者對付被統治者的意思。一味用懲罰的手段維持學校的秩序」。「對於訓育的眞正含義，全憑一己之偏見，使今日一般學校的訓育窳敗不堪，毫無實際的效果。只有消極的『訓』，沒有積極的『育』。」只注重教學的改進，還不能達到中學教育的目標。〔註77〕同時，他以「三民主義實施綱要」十二條規定爲評判標準，〔註78〕指出正確的訓育，「進步的訓育精神就是打破德智體三育的分野」，不僅僅局限於德育上。〔註79〕「訓育是生活的全部，它不僅是消極的抑制與管理，必須啓迪學生的道德理想，謀健全人格的培養。因此，訓育的過程，應由外部的、他律的，而到內部的、自律的。」〔註80〕

　　若以楊同芳的觀點爲標準評判童子軍教育，也存在上述同樣的問題。比如，「辦法」中的各種日常規矩，幾乎全是「外部的、他律的」，而不是「內部的、自律的」，全是「消極的抑制和管理」，更是「忽視人類天性的發展」。因此，從教育部的主觀願望看，目的是想讓學生養成守紀律、懂規矩的習慣，但在客觀效果上背道而馳。

　　1945 年，邵鶴亭在總結學校訓育工作時，高度評價童子軍教育對於訓育的意義。他認爲，童子軍教育就是一種科學的學校訓導手段，「在英國學校訓導中，最普遍通行的就是道德規律，則爲童子軍規律及誓詞。」〔註81〕但在

〔註76〕陶愚川：《訓育論》，大東書局，1947 年版，序言頁。
〔註77〕楊同芳：《中學訓育》，世界書局，1941 年版，第 2～3 頁。
〔註78〕三民主義實施綱要規定：（一）訓育之實施，應根據團體化、紀律化、科學化、平民化、社會化的原則，使無處不含有三民主義的精神；（二）由國民道德之提倡，民族意識之灌輸，以養成青年愛護國家，發揚民族的精神；（三）愛好職業；（四）強健的體格；（五）研究學問的興趣；（六）與社會家庭相聯絡；（七）教職員負訓育之責任。（八）指導學生自治，培養運用四權的能力；（九）協力互助的精神、服務社會之情意；（十）革除學生依賴家庭的心理；（十一）陶冶學生優美之情操；（十二）性的衛生的注意。見於楊同芳：《中學訓育》，世界書局，1941 年版，第 12 頁。
〔註79〕楊同芳：《中學訓育》，世界書局，1941 年版，第 5 頁。
〔註80〕楊同芳：《中學訓育》，世界書局，1941 年版，序言第 2 頁。
〔註81〕邵鶴亭：《訓導原理》，正中書局，1945 年版，第 64 頁。

中國，理念與實踐的距離漸行漸遠。吳耀麟總結童子軍教育的問題時說，「目前中國童子軍在組織行政上固欠健全，而實際訓練上，因未能發揮童子軍訓練的真正精神，群策群力，所以訓練結果，距離理想尚遠」。〔註82〕學校童子軍教育在實踐層面存在種種問題，教育部力圖用童子軍軍事化的管理方式提高學校的訓育水準，從實際效果來看並沒有達到預期的目標。

5.4　童子軍組織與學校行政管理體制

「學校行政是維持學校秩序、改良學校工作、發展學校事業及促進學校成績的一切設施」。〔註83〕學校行政管理的範圍涵蓋教育的全過程。童子軍組織以小隊為基本建制，軍團有其獨特的管理體系。當學校全體學生整體加入童子軍團之後，學校的管理體制發生了很大的變化。本節將主要討論童子軍團的管理模式對學校管理體制的影響。

就行政管理體系來說，民國時期的中等學校管理大體上經歷兩個階段：

一是北洋政府時期的委員會管理制。以 1922～1924 年直隸省立第三中學校為例。該校的前身是光緒 27 年（1901 年）河間府知府倡導創辦的瀛洲書院。1917 年改成直隸省立第三中學校。〔註84〕1922～1924 年學校的管理體制是委員會制，其「行政組織」中說，「本校行政組織，三年來歷經變更，其變遷之跡，確有三種趨勢：由簡單而趨於複雜，由混合而趨於分工，由獨裁而趨於合議」。「校務公開不主獨裁，一切行政，用委員制，確有合議的精神」。〔註85〕

二是南京國民政府的校長負責制。南京國民政府時期的中等學校管理體制基本上是校長負責制。1932 年國民政府頒佈的《中學法》規定：「中學設校長一人，綜理校務，省立中學由教育廳提出合理人員，經省政府委員會議通過後任用之」；〔註86〕隨後頒佈的《修正中學規程》中，又規定：「中學設教

〔註82〕　吳耀麟：《青年訓練之理論與實際》，商務印書館，1944 年版，第 328～329 頁。
〔註83〕　杜佐周：《教育與行政原理》，商務印書館，1930 年版，第 95 頁。
〔註84〕　《三年來之直隸省立第三中學校：1922～1924》，校內編印，「本校概況」第 1 頁，見 CADAL 電子書。
〔註85〕　《三年來之直隸省立第三中學校：1922～1924》，校內編印，「本校概況」第 2 ～3 頁，見 CADAL 電子書。
〔註86〕　《中學法》，《中學教育法令彙編》，商務印書館，1935 年版，第 28 頁。

導主任一人，協助校長處理教務、訓育事項。六年級以上之中學，經主管教育行政機關之核准，得設教務、訓育主任各一人；事務主任一人，掌管教務、訓育以外的事務」。另外學校設有訓育指導委員會、經費稽核委員會。經常舉行四種會議：校務會議、教務會議、訓育會議、事務會議。〔註87〕

　　童子軍的管理與學校行政管理體制的變化息息相關。大致說來，也可以分為兩個階段：

　　第一、北洋政府時期的童子軍由童子軍（訓練）委員會負責。由於校內童子軍只占全體學生一部分比例，因此，童子軍（訓練）委員會只負責加入童子軍組織的學生，其餘學生由學校委員會管理。以天津私立南開中學為例。1924 年，南開學校的童子軍訓練已經編入初中一年級課程內。1926 年，「因使童子軍訓練臻於完備起見，復延長一年。現在初中二年級，皆習童子軍訓練，每周二小時，分室內室外教練兩種，並於星期六日分組赴各處露營，或遠足」。〔註88〕南開學校的童子軍管理是：成立童子軍訓練委員會，下轄童子軍團，設團長一人，之下設隊長；團內設教練員會議和童子軍事務所，分別負責訓練和日常事務的管理。〔註89〕再如北京師範大學附屬中學 1926 年「童子軍規程」規定：「初級二年級以下男生，均編入童子軍，二年級以上，聽其自願。童子軍教授編入正課，每周 1 小時，其練習於課外行之」。設童子軍司令部，由 5 支隊組成，正副軍長、正副支隊長、正副小隊長各 1 人。〔註90〕

　　第二、南京國民政府時期則是校長與童子軍團長雙重管理體制。1937 年，南京國民政府教育部頒佈的《初級中學童子軍管理辦法》規定：「初級中學及同等學校童子軍團之組織，以學校為單位，依照中國童子軍團組織規程組織之」；「童子軍應組織團部，校長為團長，主持童子軍訓練及管理一切事宜。」「訓導人員、童子軍教練員為副團長，襄助團長負責辦理童子軍管理事宜」。也就是說，中學的童子軍訓練不再是學生個人自主自願的行為，而是學校課程。實際上，當教育部規定 1935 年童子軍訓練列入初中必修課之後，全國各地學校基本上都以整校為單位，集體加入童子軍。如河南省洛陽市省立洛陽中學「全校編為一個童子軍團。男生六個班編成六個中隊，女生三個班編為

〔註87〕　《中學法》，《中學教育法令彙編》，商務印書館，1935 年版，第 48〜51 頁。
〔註88〕　《天津私立南開中學一覽》，1929 年版，天成印字館，第 221 頁。
〔註89〕　《天津私立南開中學一覽》，1929 年版，天成印字館，第 222 頁。
〔註90〕　《北京師範大學附屬中學童子軍章程》（1926 年制定），《北京師大附中》，人民教育出版社，2000 年版，第 102〜103 頁。

三個中隊」。﹝註91﹞河南省南陽地區「學校初中一年級及小學高年級學生一律參加童子軍。一個學校編爲一個至幾個大隊，稱童子軍團」。﹝註92﹞河南省駐馬店市上蔡縣規定「每一個學校建一個團，團長由該學校童子軍教官擔任。下屬中隊和小隊，中隊一般以學習班爲單位，每中隊編屬3～4個小隊，每小隊10～11人不等，中小隊長均有選出的學生擔任」。﹝註93﹞四川省各縣各「學校成立童子軍團，校長兼任團長。童子軍團下設中隊，中隊下設小隊。每小隊7～9人，兩三個小隊爲一中隊。小隊、中隊各設正副隊長一人」。﹝註94﹞四川省丹棱縣縣立初級中學童子軍團，「校長鄭希玄任團長，教導主任李光源任副團長，童子軍教練員聶瑞琪任副團長」。﹝註95﹞廣東省瓊海縣「民國25年，省立十三中學建立童子軍司令部，校長兼任司令部主任，配教官一名負責軍訓。凡年滿12歲的學生都必須參加」。﹝註96﹞

　　這些史實表明初級中學的管理體制發生了較大變化：即在原有的校長領導下的教務、訓育、事務三處基礎上，又出現以校長爲團長的童子軍團管理體系。按照《中國童子軍組織章程》規定，童子軍團須設團長、副團長、隊長等職務。結合國民政府教育部頒佈的《初級中學童子軍管理辦法》的規定，校長爲團長、訓育人員爲副團長，小隊長由學生擔任。同時，爲不增加財政負擔，「辦法」規定，本組織所有職員，均以義務爲原則，不另支薪俸。﹝註97﹞童子軍訓練實行男女分別訓練，「辦法「規定，「在男女同校之學校，女生應另行編制，附設女子童子軍團，由中國童子軍總會另頒附設團團旗印信」。﹝註98﹞這樣，學校的行政管理體制除校長領導下的教務、訓育、事務三處之外，又增加童子軍團長領導下的副團長、隊長管理管理體系。

﹝註91﹞《西工文史資料》第14輯，政協洛陽文史資料編纂委員會編，2009年版，第155頁。

﹝註92﹞《南陽地區志》上冊，南陽地區地方史志編纂委員會編，河南人民出版社，1994年版，第102頁。

﹝註93﹞張靖瀾：《關於上蔡縣童子軍情況的回憶》，《上蔡文史資料》第3輯，第100頁。

﹝註94﹞何大興：《峨眉童子軍簡況》，《峨眉文史》，第4輯，第22頁。

﹝註95﹞熊光裕：《中國童子軍在丹中的組建及訓練》，《丹棱文史》第4輯，第35頁。

﹝註96﹞《瓊海縣志》，廣東科技出版社，1995年版，第443頁。

﹝註97﹞《初級中學童子軍管理辦法》第十七條，《教育法律彙編》第三輯，教育部編，商務印書館，1938年版，第36～40頁。

﹝註98﹞《初級中學童子軍管理辦法》第九條，《教育法律彙編》第三輯，教育部編，商務印書館，1938年版，第36～40頁。

　　與前節分析的童子軍日常行爲的管理結合起來，童子軍的管理模式與學校既有的管理模式相融合，以童子軍訓練爲契機，形成了學校軍事化管理的新模式。這種模式成爲學校訓育的主要形式，滲透到學生管理的方方面面。童子軍組織準軍事化的管理模式對學生的行爲習慣的培養起到積極作用，但同時，《初中童子軍管理辦法》的規定過於繁瑣與刻板，又會對學生的個性發展帶來負面影響，甚至壓抑學生自主發展的潛能。

　　南京國民政府教育部之所以採取校長兼任童子軍團長的雙重管理模式，其目的在於動用學校行政人員的力量加大推行學校童子軍力度。但是，這種制度設計在基層學校並沒有達到預期的實效。比如，在中學升學會考和中學就業的雙重壓力下，學校的工作重心多半圍繞教學進行。而童子軍課程並未列入會考的範圍，因此，教學和訓練實效就會受到影響。再如，校長任團長，按照中國童子軍總會的規定，團長必須接受嚴格的童子軍訓練後，方可上崗。〔註 99〕但實際上，校長很少有童子軍培訓的經歷，多半派遣體育教師參加童子軍培訓，校長只是掛名而已。〔註 100〕學校裏的童子軍教練員多由體育教師兼任，基本未受童子軍訓練的年級主任擔任教練員，這些做法都是基層學校爲應付制度要求而做出的現實選擇。〔註 101〕這種制度安排以及相關配套措施不健全，給基層學校落實童子軍教育造成很大的困難。

〔註 99〕 《中國童子軍團部組織規程》第七條規定：童子軍團設正團長一人，副團長一人或兩人，由團務委員會聘請中國童子軍服務員充任之。《中國童子軍服務員登記規程》第四條規定：服務員登記，經中國童子軍總會審查合格，頒發證書證章後，方得稱爲中國童子軍服務員。所以，團長首先是經過童子軍訓練的服務員。兩篇法令分別見：劉澄清：《中國童子軍教育》，商務印書館，1938 年版，第 314、294 頁。

〔註 100〕 體育教師參加童子軍培訓，並在實際工作中兼任體育教師、童子軍教練員，這種情況十分普及。相關內容見第七章「師資培訓」部分。

〔註 101〕 《初級中學童子軍管理辦法》第十條規定：「童子軍團的中隊組織，須按照年級編爲若干中隊，由該年級主任教師擔任教練員，協助訓導該年級所編之中隊」。該規定極不符合中國童子軍組織規程。《教育法律彙編》第三輯，教育部編，商務印書館，1938 年版，第 36～40 頁。

第6章　中國童子軍與公民教育

　　中國傳統教育素來重視道德修養，將「修身」視作齊家治國平天下的起點和基礎。這種傳統在中國延續兩千餘年。1906 年清政府宣佈廢除科舉考試制度，學習近鄰日本，確立新學制，實施學校教育。在中小學課程中，專設「修身」科，與國文、算術等科相提並論，作爲國民精神訓練的基礎。「修身」的主要內容有；家族總論、子女、父母、夫婦、兄弟姊妹、族戚及主僕、交友、從師、良心論、理想論、本務論（論義務）、德論等。也有國家制度及法律的內容，如國家總論、法律、租役、兵役、教育、國際及人類等。〔註1〕民國成立後，改革舊學制，但是「修身」一科在教育內容上沒有大的變化。1919年全國教育會聯合會提出編訂公民教材案。1921 年「中華教育改進社」成立，將中國的教育宗旨確立爲「養成健全人格，發揮共和精神」。〔註2〕晚清學部確立的「修身」一科的教育內容因過於強調「小我」（自身修養）忽略「大我」（社會責任、國家意識、公民權利和義務等），遭到教育界的批評。因此，適應共和精神的「公民教育」呼之欲出。1922 年全國教育聯合會擬定的《中小學課程標準》開始把「公民科」列入中小學課程。〔註3〕

　　童子軍教育的原創宗旨是 citizen training。〔註4〕這一宗旨其實就是公民

〔註1〕　清　蔡振主編的《中學修身教科書》（光緒34年）商務印書館，1908 年版。
〔註2〕　張粒民：《小學公民教育及教學法》，上海商務印書館，1925 年版，第 1～2頁。
〔註3〕　《欽定中學堂章程》，《中國近代教育史料彙編・學制演變》，陳元暉主編，上海教育出版社，2007 年版，第 274 頁。
〔註4〕　貝登堡著《童軍警探》（Scouting for Boys）一書的副標題是「公民訓練袖珍書」。原文是：A Handbook For Instructure In Good Citizenship. *Scouting For Boys*, Sir Robert Baden-Powell, C.Arther Pearson Ltd, 1919, ninth edition.

教育。民國時期公民教育專家龔啓昌認為：「citizen 一字之原意，國文譯作公民，自甚適切。『公民』一詞望文生義，可知為公共團體之一份子，有應盡之義務，有應享之權利，此論確當」。〔註5〕citizen training 譯為「公民訓練」當無錯誤。童子軍教育自民國初年興起之後，各級中小學紛紛模仿。興辦童子軍的初衷，除了與舊式軍操有相似度之外，更主要的還是童子軍本身所具有的「公民教育」功能。陶行知說：「陶冶青年之人格，激勵少年之服務社會，莫善於用教練童子軍的方法」。〔註6〕史料記載：1915 年上海舉辦的遠東運動會，約 400 名童子軍在賽事期間，積極從事維持秩序等公共服務，贏得教育界人士的一致好評，倡議發展童子軍。11 月，成立「中華全國童子軍協會」。〔註7〕這是中國童子軍首次大規模首次亮相，也是童子軍服務社會公民精神的體現。從時間上看，民國之初的學校裏最早推行「公民訓練」（citizen training）的當屬童子軍教育了。

　　1919 年之後教育界大力宣導公民教育，培育共和精神，原本就以品性訓練為核心的童子軍教育與公民教育之間有什麼關係呢？本章將從童子軍教育理念的角度探討這兩者之間的關聯。

6.1　公民教育的內涵

6.1.1　國民與公民

　　探討「公民教育」，必須先討論「公民」的概念。晚清至民國初期，使用「公民」一詞不多，更多的使用「國民」一詞。〔註8〕而「國民」一詞是思想界為啓蒙思想，剔除「奴性」而被大力提倡的，它與民國初年盛行的「國民性改造」思潮緊緊聯繫在一起。比如梁啓超在《新民說》說：「凡一國之能立於世界，必有其國民獨具之特質，上自道德法律，下至風俗習慣、文學美術，皆有一種獨立之精神，祖父傳之，子孫繼之，然後群乃成，國乃成」。〔註9〕

〔註5〕　龔啓昌：《公民教育學》，正中書局，1947 年版，第 1 頁。
〔註6〕　陶行知：《中華童子軍之經歷與前途之希望》，《申報》1920 年 8 月 3 日。
〔註7〕　《上海之童子軍》，《申報》，1916 年 3 月 4 日。
〔註8〕　郭雙林、龍國存：《「國民」與「奴隸」──對清末社會變遷中的一組中堅概念的歷史考察》，《中國文化研究》2002 年春之卷。
〔註9〕　《梁啓超選集》，李華興主編，上海人民出版社，1983 年版，第 211 頁。

　　「公民」一詞的使用在民國初期已經出現，如 1913 年上海群益書社翻譯並出版了《美國公民學》。〔註 10〕民國對「公民」概念作出明晰界定的時間較晚，有學者認爲是在 1939 年 9 月 19 日南京國民政府公佈「縣各級組織綱要」中做出的。如公民學專家龔啓昌認爲：中國眞正對「公民」一詞做出法律上的界定時間很晚，「在我國法令中，（公民）始終與人民國民等詞含混不分，直到民國 28 年 9 月 19 日國民政府公佈縣各級組織綱要時，規定公民界說如下：中華民國人民無論男女在縣區居住六個月以上或由住所達一年以上，滿 20 歲者，爲縣公民，有依法行使選舉、罷免、創制、復決之權。有下列情形之一者，不得有公民資格：（一）剝奪公權者（二）虧欠公款者（三）曾因贓私處罰有案者（四）禁治產者（五）吸食鴉片或其代替品者。此爲公民一詞正式見於我國法令之規定」。「公民之所最重要者爲能行使四種政權。公民資格之除住處與年齡而外，尚有五種限制者，係由於我國三民主義之民權主義主張『革命民權』之故」。〔註 11〕又如袁爲公在 1942 年出版的《公民教育概論》中，界定「公民」概念時也採用民國 28 年 9 月 19 日國民政府公佈的縣各級組織綱要中規定爲準。「在縣區內居住未達一定時間，或未滿 20 歲者（不得爲公民）——如民國二十八年九月十九日國民政府公佈之縣各級組織綱要中規定：中華民國人民無論男女在縣區居住六個月以上或由住所達一年以上，滿 20 歲者，爲縣公民，有依法行使選舉、罷免、創制、復決之權。」〔註 12〕在此之前，「公民」概念並無法律上的一致性。如有人認爲，「身心健康之人民在群眾生活上能享受所有制權利及負擔各種義務者，皆謂之公民」。〔註 13〕這種界定凸顯了公民概念的核心意義，也沒有明顯的階級屬性。

　　「國民」則指出生在中國的自然人。如「民國 35 年 12 月 25 日國民大會通過之中華民國憲法第三條逐規定國民一詞之界說如下：凡有中華民國國籍者，爲中華民國國民」。〔註 14〕與「國民」概念相比，「公民」一詞自賦予法律意義之後，就具有明顯的政治屬性。

〔註 10〕　《美國公民學》，群益書社，1913 年版。
〔註 11〕　龔啓昌：《公民教育學》，正中書局，1947 年版，第 2 頁。
〔註 12〕　袁爲公：《公民教育概論》，文通書局，1942 年版，第 2 頁。
〔註 13〕　薛篤弼：《公民訓練綱要》，北京永明印書局，1935 年版，第 1 頁。
〔註 14〕　龔啓昌：《公民教育學》，正中書局，1947 年版，第 2 頁。

6.1.2 公民教育的內涵

1922 年，中國教育聯合會新學制課程標準起草委員會編訂《新課程標準綱要》，這是民國時期中小學教育課程標準化的起點。「綱要」中確立的小學課程有國語、算術、衛生、公民、歷史、地理、社會、自然園藝、工用藝術、形象藝術、音樂、體育。其中，公民課、衛生課等首次進入學校教育課程序列。「綱要」規定的初中課程有公民、歷史、地理、國語、外國語、算學、自然、圖畫、手工、音樂、體育。公民課程替代晚清的修身課並首次進入學校課程體系。

民國時期，關於公民教育的內涵，並沒有一致的標準。現將民國出版的幾種主要的公民教育資料列舉如下，以期從中歸納出共同的內容，釐清公民教育的內涵。

第一種認為公民教育以培養群己意識、養成現代生活習慣為主要目標。由楊賢江起草的小學「公民」課程，規定了教育的主要目的，「使學生瞭解自己和社會（家庭、學校、社團、地方、國家、國防）的關係，諮議改良社會的常識和思想，養成適於現代生活的習慣」。[註15]

與第一種觀點相承接，第二種觀點認為公民教育要注重法律、經濟、世界與道德的灌輸。較為典型的是由周鯁生起草的初中「公民」課程標準，其中規定的公民教育的目標是「研究人類社會的生活；瞭解憲政的精神；培養法律的常識；略知經濟學原理；略知國際的關係；養成公民的道德」。[註16]

另外，還有一些其他的界定。如薛篤弼著的《公民訓練綱要》中，把公民訓練的內容大致劃分為公民品德、公民權利、公民義務、家庭、學校、社會、國家九大內容。[註17] 再如，相菊潭著《公民教育實施法》中將公民教育的目標確定為國家觀念、民族觀念、社會觀念、合作精神、良好習慣、遠大眼光六個方面。[註18] 又如趙宗預著《小學校的公民教育》將公民教育的內容確定為公民智識（包括公民個人、市縣鄉、國家、世界等智識）、公民訓練（包括衛生習慣、養性、學生自治等）兩大類。[註19]

〔註15〕《新學制課程標準綱要》，商務印書館，1925 年版，第 12～15 頁。
〔註16〕《新學制課程標準綱要》，商務印書館，1925 年版，第 41～45 頁。
〔註17〕薛篤弼：《公民訓練綱要》，北京永明印書局，1935 年版。
〔註18〕相菊潭：《公民教育實施法》，正中書局，1942 年版。
〔註19〕趙宗預：《小學校的公民教育》，新時代教育社發行，1928 年版。

　　綜合上述課程標準及研究者的著述，可歸納出：公民教育的內容主要是學會處理個人和社會的關係，涵蓋政治、經濟、法律、道德及現代生活習慣等方面，其內容「研究公民應具之知識，以備造成完全之公民也」。〔註20〕「公民教育是以發展群性為目的的教育」，和原有的「修身」課程相比而言，公民教育的著眼點在於「公」。〔註21〕「認識自己在群眾生活中的位置和自己與群眾的關係，發展責任心，實現三民主義的真精神，以鞏固社會國家」。〔註22〕

　　對於公民教育的意義，教育界看法基本一致，但對教育的內容則略有差異，有厚此薄彼特點。有的特別關注公民政治意識的培養。如1922年北洋政府教育部規定的「公民」課程內容有：社會生活及組織（包括家庭、學校、同業組合、地方自治團體等）；憲政原則（包括國家性質、政治組織、代議制、政府組織、人民對國家的義務、法律、治安）等；中華民國的組織（包括民國的起源、民國政府的組織、國憲與省憲等）；經濟問題（包括生產、交易、財政等）；社會問題（包括教育、職業、衛生、勞動問題禁煙問題等）；國際關係（包括對外關係、國防、不平等的國際關係以及國際組織等）。〔註23〕從範圍來看，課程涵蓋政治、經濟、社會、衛生、法制等常識，但從課程比例來看，課程明顯偏向於政治常識的普及。也有人特別關注公民基本生活技能的訓練。如，龔啓昌認為，「『公民學』一詞乃係譯自英語之 civics 一字，英語此字不僅含有養成市民必要知識之意義，且廣義的有國民，或更廣義的有養成參與社會公共生活一份子必需知識的公民科之意。」〔註24〕他強調的內容則傾向於社會公共生活必須的知識，因此，「公民教育是培養個人有效地參與社會生活的一種手段」。〔註25〕

　　綜上所述，可將公民教育的核心內容進一步確定為四個方面：道德教育、法制教育、政治認同以及培育公民的責任與義務意識，涵蓋個人與家庭、社會、國家及世界等諸多關係。

〔註20〕　薛篤弼：《公民訓練綱要》，北京永明印書局，1935 年版，第 2 頁。
〔註21〕　龔啓昌：《公民教育學》，正中書局，1947 年版，序言頁。
〔註22〕　趙宗預：《小學校的公民教育》，新時代教育社發行，1928 年版，第 23 頁。
〔註23〕　《新學制課程標準綱要》，商務印書館，1925 年版，第 41～45 頁。
〔註24〕　龔啓昌：《公民教育學》，正中書局，1947 年版，第 1 頁。
〔註25〕　龔啓昌：《公民教育學》，正中書局，1947 年版，第 7～8 頁。

　　民國時期教育界大力提倡公民教育，其重要原因在於改造國民，以塑造適應共和時代的新型國民。他們認為國民的消極方面不適宜現代國家與社會的建設。這些消極方面有：關注自我、沒有國家觀念、沒有合作精神、沒有善良習慣、沒有遠大眼光（太急功近利）、沒有評判能力（盲從）等。〔註26〕通過公民教育可以改造國民精神。一個合格的公民具有的標準應當包括，有責任心、有政治興趣、有評判能力、有設計能力（不盲從）、有合作精神、有良好習慣等。〔註27〕

6.2　童子軍教育與學校公民教育

　　家庭、學校、社會是實施教育的三種重要場所。若按公民教育的實施場域劃分，可將其分為家庭公民教育、學校公民教育、社會公民教育。〔註28〕史料顯示：這三者中，家庭公民教育與童子軍教育的關係不是很明顯，故本章不予以討論，而在學校、社會兩大領域，童子軍教育與兩者之間有著極大的關聯。

6.2.1　學校公民教育課程標準的評價

　　1919 年五四運動後，在「民主」、「科學」啓蒙思想與杜威實用主義哲學的影響下，中國教育革新運動蓬勃開展。以此為界，童子軍教育與公民教育的關係也可分為兩部分。從 1912 年中國開始辦理童子軍，到 1922 年壬戌學制頒佈，童子軍教育在學校主要以課外活動的方式進行。學校的修身課與童子軍訓練課程相比，其局限性十分明顯，比如過於注重自身的修養，很少關注個人與社會、國家的關係。而童子軍訓練最有價值的部分，恰好是童子軍特別突出的「社會服務」精神。因此，從個人與社會關係的角度看，這時候的童子軍訓練課程反倒是學校真正的公民教育。1922 年，北洋政府頒佈壬戌學制，將「修身」課改為「公民」課，以培養適應共和政體的新國民為歸旨。隨後的南京國民政府教育部先後進行三次課程改革，分別調整了教科門類、時數以及教學的內容。其中，最突出的變化之一就是調整課時比例和公民教

〔註26〕 趙宗預：《小學校的公民訓練》，新時代教育社發行，1928 年版，第 13 頁。
〔註27〕 趙宗預：《小學校的公民訓練》，新時代教育社發行，1928 年版，第 20 頁。
〔註28〕 龔啓昌：《公民教育學》，正中書局，1947 年版，第 201 頁。

育的內容。公民課的內容變化最大，增加了三民主義教育的分量。〔註 29〕從
1932 年開始，童子軍的課程標準也進入課程體系。在學校裏，除了公民課之
外，童子軍、歷史地理等課程都承擔了公民教育的任務。

　　1935 年童子軍被列入初中必修課，小學高年級的幼童課是選學內容，高
中設有軍事訓練課程。與前三個「公民」課程標準相比，1941 年南京國民政
府教育部公佈的課程標準相對比較完善。爲對比童子軍與公民教育的諸多方
面，筆者將圍繞 1941 年版初中「公民」課程標準作爲討論對象。

　　課程標準規定，初級中學公民教育目標有三個：一是要使學生在實際生
活中，體悟「群己關係」，瞭解中國固有道德的意義，以養成「修己善群的善
良品性」；二是要使學生明瞭三民主義及國家主義的要旨，增加學生的信仰；
三是使學生認識中國政治組織結構及其運行，研究地方自治的基本知識，陶
鑄其健全的公民品格，而培植其服務地方自治的能力。〔註30〕

　　關於群己關係，對個人要明瞭公民的責任，保持身體健康和品行的修養；
在家庭裏要尊老愛幼，明瞭和諧美滿的家庭對於國家社會的意義；在學校裏
要力行禮義廉恥，學會與人合作，懂禮貌，培養團體生活的習慣；在社會上
深信並篤行社會公德，遵守社會秩序，維持公共衛生，維護社會安全等，體
認保甲制度及地方自治的意義，明瞭社會職業，有根據自己性情與興趣選擇
職業的能力。對於國家，要明瞭體悟三民主義的完美，瞭解國家政治制度，
關注國家時事，瞭解中國與世界的關係等；對於國民經濟，要培養儲蓄的習
慣，知道國民經濟建設的意義，培養自覺納稅的意識；倫理方面瞭解人生的
意義、人與自然的關係，培養服務地方的精神與能力。〔註31〕

　　從課程標準的內容上看，公民教育涉及到公民個人的修養，對家庭、社
會、國家的義務以及中國現行政治體制的知識。無論對個人，還是對國家、
社會，公民教育的課程標準適應各個方面的需求，具有內容的廣泛性和鮮明
的時代性。但是，它也有明顯的局限性：學法、知法並守法是一個公民最基
本的素質之一，但課程標準沒有涉及法律知識的內容，對於完整的公民教育
而言是一大遺憾。而民國初期 1922 教育聯合會所制定的課程標準中，對公民
教育就有法律教育的內容，如公民教育與綱要第二大部分「憲政原則第 8 條

〔註29〕　《修訂初級高級中學課程標準》，正中書局，1941 年版，第 2～9 頁。
〔註30〕　龔啓昌：《公民教育學》，正中書局，1947 年版，第 242 頁。
〔註31〕　龔啓昌：《公民教育學》，正中書局，1947 年版，第 242～245 頁。

法律，包含法律的性質及分類等項。」〔註32〕從培養守法公民的角度看，1941年的公民教育新標準則存在這方面明顯的缺陷。

6.2.2　童子軍教育對公民教育內容的補充

童子軍課程和公民教育課程儘管在教學內容上有交叉重疊的地方，比如：三民主義、總理史略、中國革命史、生活技能方面的訓練等等。這些內容再加上歷史、地理的內容，在整個初中課程體系中，三民主義等國家政治的內容已經相當的飽和。但是，既有的公民教育的內容存在忽視基本的法律常識的遺憾。童子軍教育的法律部分恰好彌補這一缺憾。

童子軍課程標準的專科教學內容中，特設「公民」教育一項，突出了法律基本知識的普及。如知道司法機關的系統和訴訟順序；知道民權初步的大意；知道五權憲法的大意；知道地方自治法等。〔註33〕這八項要求，都是按照孫中山建國方略及國民黨建國大綱的設計，實施童子軍的「公民」教育。從初中課程標準的整體框架上看，童子軍課程是對初中生法律知識的唯一補充。從童子軍的課程標準上看，單列「公民」教育，意味著童子軍研究者力圖彌補現有公民教育的不足。

另外，在公民教育的教材大綱中，要求第一學年在學校生活中加入「青年守則」的內容。〔註34〕而「青年守則」正是由「童子軍規律」演變而來。第四章已經討論過。

尤其值得注意的是：在20世紀30年代，中國童子軍規律十二條使用範圍有逐漸擴大的趨勢。1933年中國童子軍總會制定了童子軍十二條規律。1935年11月18日，國民黨第五次全國代表大會通過蔣介石手定的「中國國民黨黨員守則十二條」，與童子軍十二條規律一脈相承，「中國童子軍守則」十二條又一次演化為中國國民黨「黨員守則」。

「中國國民黨黨員守則」是：一、忠勇為愛國之本；二、孝順為齊家之本；三、仁愛為接物之本；四、信義為立業之本；五、和平為處世之本；六、

〔註32〕《新學制課程標準綱要》，商務印書館，1925年版，第41～45頁。
〔註33〕童子軍專科「公民」的內容有八條：知道中華民國的略史；知道中華民國各級政府的組織；知道中國國民黨的組織；知道司法機關的系統和訴訟順序；知道民權初步的大意；知道五權憲法的大意；知道地方自治法；能操純熟的國語。見吳耀麟：《童子軍全書》，上海黎明書局，1935年版，第147～148頁。
〔註34〕《修訂初級高級中學課程標準》，正中書局，1942年版，第45頁。

禮節爲治事之本；七、服從爲負責之本；八、勤儉爲服務之本；九、清潔爲強身之本；十、助人爲快樂之本；十一、學問爲濟世之本；十二、有恆爲成功之本。

總會人員認爲：這十二條守則雖定名爲「黨員守則」，其實原來是「童子軍守則」，「而且是本會長在陣地作戰時，親自訂定的」。1936 年 10 月 10 日，蔣介石在中國童子軍第二次中國童子軍第二次全國大檢閱訓詞中說，要恢復民族固有道德和固有精神，必須遵照「黨員十二則」來身體力行。〔註 35〕

1938 年南京政府教育部頒佈《青年訓練大綱》，將童子軍規律十二條確立爲「青年守則」，並規定每周周會時集體宣讀。〔註 36〕更有教育者認爲，無論是中國國民黨「黨員守則」，還是「青年守則」，「無論哪一界哪一種教育，都應以這十二條守則爲基礎」。〔註 37〕

從上述的演化過程看，童子軍規律對國民黨及廣大青年的訓練的具有十分重要的意義。它不僅是童子軍隊員的人生守則，更是學校、社會、政治團體訓練的指導性原則。因此，童子軍規律演化的青年守則，是對學校實施公民教育的一大補充。

6.2.3　童子軍訓練對公民教育方法論的意義

根據民國學者的觀察與研究，民國時期學校實施公民教育的手段，主要有以下幾種：〔註 38〕

學校儀式。儀式可提高人們的情緒，是公民教育一種重要的方法。常見的儀式有升旗、孫中山紀念周等。前一種重在訓練學生的愛國觀念，後一種重在訓練學生以孫中山爲標誌的國民信仰。南京國民政府教育部規定學校裏

〔註 35〕 蔣介石：《鞏固統一與復興民族》，《會長副會長理事長副理事長對童子軍教育之言論》，中國童子軍總會編，1945 年出版，第 14～15 頁。

〔註 36〕 《青年訓練大綱》「德行」實施要點：依照下列十二條守則體會力行：一、忠勇爲愛國之本；二、孝順爲齊家之本；三、仁愛爲接物之本；四、信義爲立業之本；五、和平爲處世之本；六、禮節爲治事之本；七、服從爲負責之本；八、勤儉爲服務之本；九、清潔爲強身之本；十、助人爲快樂之本；十一、學問爲濟世之本；十二、有恆爲成功之本。見《教育法令彙編》第四輯，教育部編，商務印書館，1939 年版，第 13～17 頁。

〔註 37〕 劉俊彥：《童軍教育》，臺北：臺灣水牛圖書出版公司，1984 年版，第 81 頁。此書儘管出版於 1984 年，但作者在序言中說，書稿寫於 1940 年代。引用此句，可以證明當時十二條規律對公民教育的指導意義。

〔註 38〕 龔啓昌：《公民教育學》，正中書局，1947 年版，第 204 頁。

的升降旗儀式每天早晚必須舉行，﹝註39﹞所以，過於頻繁的儀式就會減低教育的實際效果。如龔啓昌認爲儀式「日趨形式化，而失卻原本的意義與作用。」﹝註40﹞另外，紀念日活動是紀念民族國家及偉人的重要儀式之一。主要有 1 月 1 日開國日、3 月 29 日革命先烈紀念日、10 月 10 日國慶日、11 月 12 日孫中山誕辰日等等。﹝註41﹞關於師生之間、學生彼此之間的禮節，教育部曾有統一的規定。比如：「途遇師長時，應行行進間敬禮，遇見同學或他校著規定服裝之童子軍，亦宜相互敬禮，由先見者行之」。﹝註42﹞這種禮節也是學校中的一種儀式。除了追求道德上的價値外，對於增進團體意識也有重要的意義。

班級、學生自治會等組織。這些組織都是鍛鍊學生團體意識以及自治能力的組織。有學者認爲學生自治對培養民主精神具有重要的價値。如「爲了實施民主的教育起見，學校必須推行學生自治的制度，凡學生有能力自己管理事項，最好讓他們去管理」。﹝註43﹞

社交活動：班級聯誼活動、社會服務活動等等。

文化生活：演說、辯論、音樂會、運動會、戲劇表演、展覽、出版刊物等等。

另外，學校組織的社會服務及義務勞動和參觀旅遊等都是公民教育的有效形式，也是學生最喜愛的教育形式之一。但是，囿於教學任務的繁重，這種活動並不能經常舉行。如 1941 年中學課程修訂，其主要原因在於學生課業負擔過重。﹝註44﹞

民國學者認爲：在學校中，有關公民教育的訓練，以童子軍的歷史最爲悠久，推行也最爲普遍，國家並且加以有計劃的提倡和領導。﹝註45﹞這種觀

﹝註39﹞　《初中童子軍管理辦法》中的第三條規定：「每日早晚全體學生須舉行國旗升降典禮，由校長主席，其儀式照規定辦理」。見《教育法令彙編》第三輯，教育部編，商務印書館，1938 年版，第 36～40 頁。

﹝註40﹞　龔啓昌：《公民教育學》，正中書局，1947 年版，第 204 頁。

﹝註41﹞　國民黨及教育部規定的國家紀念日資料，參見《修訂革命紀念日簡明表》。以上日期均爲西曆。見《中學教育法令彙編》，商務印書館，1935 年版，第 250～253 頁。

﹝註42﹞　見《初中童子軍管理辦法》第二十四條，《教育法令彙編》第三輯，教育部編，商務印書館，1938 年版，第 36～40 頁。

﹝註43﹞　龔啓昌：《公民教育學》，正中書局，1947 年版，第 204～207 頁。

﹝註44﹞　《修訂初級高級中學課程標準》，教育部頒佈，商務印書館，1941 年出版，第 11～12 頁。

﹝註45﹞　龔啓昌：《公民教育學》，正中書局，1947 年版，第 207 頁。

點是符合史實的。若從時間來說，童子軍是民國時期最早實踐公民教育的形式，〔註46〕20 世紀 30 年代，中國童子軍總會及教育部相繼出臺一系列法規，如《中國童子軍總章》、《初級中學童子軍課程標準》、《初級中學童子軍管理辦法》等。這些法規對推進學校公民教育發揮了重要作用。

　　另外，民國的學者還認為：不僅僅在內容上，童子軍教育在教育形式上對公民教育也有很好的貢獻。主要表現在以下四個方面：〔註47〕

　　第一、注重德行的實踐。中國童子軍的訓練以「忠孝仁愛信義和平」為最高原則，以培育「智仁勇兼備之青年」為最後目標，〔註48〕這與中等學校的訓育目標完全一致。〔註49〕童子軍訓練的最大價值在於一個「行」字。以行動訓練德行，這是最合於訓練原則的。當一個人具有了服務意識的時候，必須要在實踐中才能得到體現，並在社會的積極評價中獲得滿足與愉快。久而久之，這種服務意識通過實踐就會形成習慣。童子軍教育就是設計種種「遊戲」，在「人生以服務為目的」的誓詞中，培養童子軍「隨時隨地扶助他人」的精神，〔註50〕這是仁愛理想的表現。又如培養童子軍「忠勇」的德行，可以在本團本隊裏體現忠誠，也可以在隨時救護他人、見義勇為的行動中，獲得實踐的機會。在實際行動中訓練德行，這是童子軍訓練對於國民教育最有價值的一點，這與公民課程教條的說教更適合青少年心理特徵，更加具有教育的科學性與實效性。〔註51〕

〔註46〕　1922 年中華教育聯合會制定中學課程修標準時，才首次將公民教育列入課程體系。見《欽定中學堂章程》，《中國近代教育史料彙編·學制演變》，陳元暉主編，上海教育出版社，2007 年版，第 274 頁。

〔註47〕　龔啟昌：《公民教育學》，正中書局，1947 年版，第 215～216 頁。

〔註48〕　《中國童子軍總章》，見劉澄清：《中國童子軍教育》，商務印書館，1938 年版，第 289～292 頁。

〔註49〕　《修訂中學規程》第三十六條規定：中學訓育應遵照中華民國教育宗旨及其實施方針所規定，陶鑄青年「忠孝仁愛信義和平」之公民道德，並養成勇敢之精神規律之習慣。見《中學教育法令彙編》，商務印書館，1935 年版，第 35 頁。

〔註50〕　童子軍誓詞第三條：第一、勵行忠孝仁愛信義和平之教訓，為中華民國忠誠之國民；第二、隨時隨地扶助他人，服務公眾；第三、力求自己智識道德體格之健全。見《中國童子軍總章》，劉澄清：《中國童子軍教育》，商務印書館，1938 年版，第 289～292 頁。

〔註51〕　公民教育的內容決定了教育的基本形式，多半採用書本學習方式。如初中公民課內容：公民之意義、國民之共同信仰、新生活規律、社會財富與國民經濟、宗教精神等。《修訂初中高中課程標準》，商務印書館，1942 年版，第 45～48 頁。

　　第二、童子軍教育培養學生有組織的生活意識。按照童子軍教育的理念，童子軍的活動雖然多在野外，或課外，相對比較自由，但其組織則非常嚴密。小隊、中隊各設隊長，隊員各司其職，在完成共同的任務中培養責任意識、合作意識。凡有兩個小隊的必須依法組織童子軍團。〔註52〕所以，我們認爲童子軍是兒童有規律有組織的生活訓練的起點。童子軍有童子軍團及級階制度，所以它是初級中學最有影響力的組織。〔註53〕

　　第三、童子軍給學生初步的軍事訓練。童子軍的操法與清末民初盛行的軍事操很相似，童子軍一切野外活動，實際都是初步軍事練習。但童子軍並不以嚴肅的軍事行動統管一切行動，而是模擬野外軍事場景以遊戲方式訓練。根據兒童喜好遊戲的本性，訓練他們具有軍事意義的活動，如旗語、偵查、測量、斥候、訊號等，〔註54〕這又是童子軍對於公民教育的特殊貢獻。

　　第四、童子軍有各種激發學生積極向上的方法。在童子軍整個訓練中，所採用的象徵事物，如民族英雄、動物等，爲數最多。按照童子軍教育的規定，小隊是童子軍團的最重要組織。每一小隊都有自己的隊旗、象徵。如虎、獅、鷹、岳飛、鄭成功等。〔註55〕童子軍除有統一的徽章、旗幟及制服、禮節、歌曲之外，各團各有團色、團歌以及特別的歡呼，隊有隊旗隊色等等。此外童子軍還有頒給獎章等等辦法，主要是童子軍教育中的徽章制度。童子軍有宣誓及檢閱等儀式，凡此種種都是利用象徵事物以激發進取精神的事例。按照徽章制度，凡是童子軍經過實踐考核，合格後均配以相應的級階徽章。童子軍徽章有七類，近百種之多，每一種徽章都是對童子軍進步的標識，這是民國教育中實施激勵教育最爲明顯的教育形式。〔註56〕龔啓昌對此給予高度評價，他說：「童子軍訓練的內容既極豐富，方法眾多而又有變化。這些方法在公民教育的實施上幾乎使被普遍應用著」。〔註57〕

〔註52〕　按照《中國童子軍團部組織規程》第二條規定：凡有童子軍二小隊以上並有缺失經濟來源者，得依本規程組織中國童子軍團。見劉澄清：《中國童子軍教育》，商務印書館，1938年版，第292頁。

〔註53〕　童子軍的級階制度是指在童子軍團中自下而上的級階依次是：隊員、小隊長、中隊長、教練員、團長。見《中國童子軍團部組織規程》，劉澄清：《中國童子軍教育》，商務印書館，1938年版，第292～295頁。

〔註54〕　劉澄清：《中國童子軍教育》，商務印書館，1938年版，附錄部分「課程標準」。

〔註55〕　吳耀麟：《童子軍教育概論》，商務印書館，1936年，第40～41頁。

〔註56〕　朱稷編著：《童子軍徽章》，商務印書館，1920年版，第51～53頁。

〔註57〕　龔啓昌：《公民教育學》，正中書局，1947年版，第215～216頁。

　　與公民課比較起來，童子軍訓練方法更受學生的歡迎，它迎合學生好動的習性，也迎合他們愛遊戲的天性。在初中課程體系中，除了體育課之外，其他課程基本上在教室內完成，以灌輸說教和學習課本的方式進行。所以，童子軍是公民教育中最有效的訓練方法。

6.3　童子軍教育與社會公民教育

　　在 20 世紀 30 年代，公民教育得到大力推廣，在學校，除了原有的公民課之外，童子軍教育起到不可替代的作用。而在社會領域，童子軍在推行公民教育方面起到先導的作用。本節將圍繞童子軍與社會公民教育問題展開探討。

6.3.1　「社會公民教育」的內涵

　　社會公民教育的概念，民國的學者們看法比較一致，都認爲是在學校之外實施的公民教育。「它以陶鑄健全公民爲目的的學制系統以外的教育。」〔註58〕其教育對象主要是社會成人，教育的內容「以矯正缺點，灌輸新知爲主」。〔註59〕再如，「社會公民教育就是在學校之外，以灌輸公民知識、訓練公民技術、陶冶公民品格、培養公民情緒的一種教育」。〔註60〕

　　從概念上，社會公民教育屬於公民教育的範疇，它具備公民教育的一般特徵，涵蓋生活技能訓練、政治意識、法律常識、經濟常識、權利與義務、個人與家庭、社會、國家的關係等內容。有學者認爲：和學校公民教育相比，社會公民教育因爲受眾對象主要是社會成人，結合中國具體的國民特徵，它的教育內容具有特殊性。主要體現在：智識訓練、軍事訓練、精神訓練和生產訓練等方面。公民教育中的知識訓練應集中於中國民眾的識字教育，軍事訓練應普及防空、戰備等常識，精神訓練應重在民族道德的弘揚和責任意識的培養，生產訓練應注重傳授生產技能和生產智識。〔註61〕

〔註58〕　龔啓昌：《公民教育學》，正中書局，1947 年版，第 263 頁。

〔註59〕　龔啓昌：《公民教育學》，正中書局，1947 年版，第 264 頁。

〔註60〕　袁公爲：《公民教育概論》，文通書局，1942 年版，第 198 頁。

〔註61〕　吳劍眞在《公民訓練》中認爲：結合中國的實際狀況，公民教育應凸顯其應時性，集中在精神、智識、軍事、生計四大方面。商務印書館，出版年代不詳，大約在 1940 年代。

6.3.2 童子軍與社會公民教育

6.3.2.1 童子軍是社會公民教育的先行者

童子軍教育就其本質而言是集智識訓練、軍事訓練、精神訓練和生產訓練為一體的公民教育形式。在中國童子軍教育課程標準中，這四種教育在課程中均有較好的體現。智識訓練主要是生活技能的傳授，如方位、洗滌、看護等；軍事技能是其最顯著的特徵，如防空、訊號、偵查、架橋、救護等；精神訓練重在培育童子軍的服務精神，尤其是戰時服務；生產訓練則主要體現在專科課程中，如金工、木工、泥工、畜牧、翻譯、簿記、汽車修理等等。〔註62〕

這是從童子軍教育價值的角度所做的分析。在實際的社會公民教育實踐中，童子軍不是社會公民教育的主要施教者。按照學者的研究，社會教育的施教者多半是社會團體、宗教、政黨等。〔註63〕但從童子軍在中國的發展歷程看，童子軍自成立之後，一直注重服務精神的培養，指導參加社會實踐。童子軍的社會服務通過媒體的宣傳，成為社會公民教育的渠道之一。這就是童子軍的公民意識、服務精神與社會公民教育之間的主要關聯。

自 1912 年中國首支童子軍創辦以來，各地組織的童子軍紛紛投身入服務社會中去。江蘇、上海等地的童子軍在江蘇省教育會的幫助下，獲得突飛猛進的發展，並在社會上贏得良好的聲譽。據史料記載，童子軍利用各種機會服務社會、奉獻社會，勇於承擔社會責任。如：北京清華學校童子軍在 1913 年成立了「社會服務團」、「通俗講演團」等。1914 年，鑒於清華周邊農村村民貧困，無力送孩子入學，清華成立成府貧民學校。此外還辦有「星期六學校」、「星期日學校」、「童子軍夜學校」等。〔註64〕童子軍經常參與維持大會或公共場所的秩序。1915 年第二屆遠東運動會在上海舉行，童子軍的熱心服務贏得教育界人士一致讚譽。會後，教育界人士決定大力發展童子軍教育。1919 年五四愛國運動中，天津童子軍參加了五四運動，維持公共秩序並伸張正義。〔註65〕上海童子軍積極參與五四運動並維持秩序，並運用所學的衛生

〔註62〕 劉澄清：《中國童子軍教育》，商務印書館，1938 年版，第 353～354 頁。

〔註63〕 龔啟昌：《公民教育學》，正中書局，1947 年版，第 272～309 頁。

〔註64〕 《童子軍夜學校》，載《清華週刊》1917 年第 121 期。

〔註65〕 1919 年 8 月 30 日，天津童子軍在員警廳前包圍日本總領事馬車。引起日本領事館抗議：「本夜童子軍特任員警廳前戒嚴之責，是以不准通行。且童子軍數名，均將其攜帶之木棍叉交包圍，以至壓制拘束本領事行動之自由」等等。這一事實體現童子軍的社會正義感與責任感。見《直隸省長公署關於查辦天

急救知識救治傷患。〔註66〕1929 年，孫中山靈柩運送南京奉安，途徑海淀時，清華童子軍一大隊「每人俱穿上黃軍服、胸章、肩章、隊色，佩戴整齊，頭上繫藍白兩色領巾，頭戴大沿帽，手持軍棍，陣容整肅。當靈車開過時，全體童子軍在一聲口令下，均以左手舉軍棍，右手三指合攏，放在軍棍前行禮。頓時，鼓樂大作」。〔註67〕

童子軍還積極參入城市公共衛生的宣傳。如：江蘇童子軍爲使民眾重視公共衛生，1919 年 3 月在省童子軍聯合會的主持下，倡議各縣童子軍聯合會宣導清掃街道。〔註 68〕在自然災害等突發事件中，童子軍也表現出強烈的社會責任感，他們積極募捐賑災。如 1921 年北方旱災，受災民眾達兩千五百多萬。上海童子軍聯合會組織募捐。經過數天的努力，募得善款 4400 多元。〔註69〕又如：中國首支文華童子軍隊員回憶說，他們曾在武漢江邊搭設簡易活動木板房，爲往來候船的旅客和船夫避風遮雨。1931 年武漢大水災，文華童子軍在暑假裏犧牲休息時間，發放稀飯，爲難民服務。〔註70〕

這一系列的社會服務，其本質就是在踐行公民教育。而在 1922 年之前，學校裏還沒有公民教育課程，更沒有社會公民教育。1922 年的中學課程中才開始設置公民課程。從這個角度上講，童子軍不僅是最早實踐了公民教育，而且以其服務社會的行爲和勇於擔當的社會責任感教育著社會民眾。因此他們是社會公民教育的實踐者。

國民黨確立全國統治之後，遂將童子軍組織「三民主義化」。儘管童子軍組織失去了原有的社會獨立性，但在服務社會精神絲毫未曾減弱。如 1928 年4 月，上海童子軍參入全市衛生運動。〔註71〕1931 年 6 月，又參加預防霍亂大遊行，讓市民注重衛生。〔註72〕1929 年「雙十節」，南京市舉行提燈遊園活

津童子軍組織日領事竊探學生運動情形諮》，1919 年 9 月 5 日，北洋政府內務部檔案，載於《五四愛國運動檔案資料》，中國社會科學出版社，1980 年版，第 405 頁。
〔註66〕陶行知：《中華童子軍之經歷與前途之希望》，《申報》，1920 年 8 月 17 日。
〔註67〕王光遠：《孫中山奉安紀實》，《北京檔案史料》，1991 年第 3 期，第 37～42 頁。
〔註68〕《童子軍試辦清潔街道》，《申報》1919 年 3 月 16 日。
〔註69〕于喜敏：《上海童子軍研究》，上海師範大學碩士論文，2006 年。
〔註70〕宋百廉：《中國童子軍點滴》，《文史資料存稿選編》第 24 輯「教育」，中國文史出版社，2002 年版，第 647 頁。
〔註71〕《市童子軍參入全市衛生運動》，《申報》1928 年 4 月 27 日。
〔註72〕《童子軍遊行影片三日後開映》，《申報》1931 年 6 月 11 日。

動，童子軍維持秩序至爲得力，得到南京市黨部的嘉獎。〔註73〕1931 年震驚全國的江南大水災，受害省份達 16 省之多。江蘇、上海的童子軍積極行動起來，爲災民募捐賑災，安撫災民，收容災民，消防護衛，組織救生隊赴重災區施救等。募集所得善款共計 6327.6 元，交與水災急賑會。〔註74〕又如：1932年上海「一·二八」事變發生後，童子軍積極投身戰時服務，上海市理事會特意組織戰地服務團，參加後方工作，有四個童子軍在戰區服務被俘失蹤。（他們分別是：上海市商會童子軍羅雲祥、應文達、鮑正武、毛徵祥）。但其他童子軍仍然不顧危險不辭辛苦，在後方擔任募捐、運輸、看護的工作。甚至在前線擔任救護、傳訊工作，對於難民及傷兵的幫助很大。爲使童子軍在戰時更好地服務，1933 年，中國童子軍司令部制定《中國童子軍戰地服務團組織章程》和《中國童子軍戰時服務大綱》。〔註75〕12 月，上海童子軍爲支持抗戰積極募捐，購得飛機一架，命名爲「滬童軍號」，這一壯舉轟動全國。〔註76〕童子軍的公民意識得到廣泛傳播，其社會影響力也更加明顯。

　　童子軍的戰時服務更能體現中國抗戰形勢下的公民教育的內涵。據現有的史料看，中國童子軍戰時服務首次出現是在上海「一·二八」淞滬抗戰。上海童子軍理事會在「九·一八」事變後，就成立了上海市童子軍戰地服務委員會。1932 年淞滬在抗戰爆發後，許多災民無家可歸，躲進慕爾堂避難。慕爾堂的童子軍當夜四處張羅到金榮小學借毯子。1 月 30 日，上海理事會教練班會同慕爾堂 270 團童子軍，招領 600 餘人自願投軍，成立戰地服務團，由汪剛任總指揮。戰地服務團在淞滬抗戰中擔負救護、傳訊、輸送慰問品等工作。如：2 月 1 日，童子軍在寶山路救出難民百餘人，在閘北前線救出難民達千人。爲安置這些難

〔註73〕　《京市黨部昨開執委會議》，《中央日報》1929 年 10 月 12 日。
〔註74〕　《市童軍募捐昨舉行開筒記》，《申報》1931 年 9 月 14 日。
〔註75〕　《西南黨務月刊》，1933 年 5 月，第 16 期。
〔註76〕　《本市童子軍參加滬童軍號飛機命名典禮》，《申報》1933 年 9 月 8 日。

民，戰時服務團還成立 13 個收容所。在抗戰中，童子軍組織 12 個善於駕駛的童子軍組成前線傳訊隊，後來又有 25 人參加傳訊隊。他們的英勇行為受到蔣光鼐、蔡廷鍇的贊揚。〔註 77〕

　　根據既有研究：上海童子軍成立戰時服務團後，旋即向全國 50 萬童子軍發出號召：團結起來一致抗戰。據統計，上海童子軍戰時服務團應戰時之需，招募十六歲以上且有高級或專科訓練的童子軍有 2300 多人。〔註 78〕他們在各醫院或收容所擔任警衛、救護或擔架工作。在上海「八‧一三」抗戰中，童子軍湧現出許多感人的事蹟。最受世人傳頌的就是女童子軍楊慧敏為抗戰將士送旗的傳奇故事。上海抗戰進入最為艱難的時刻，陸軍第 88 師 524 團將士堅守四行倉庫，與入侵之敵殊死戰鬥。1937 年 10 月 28 日，

女童軍楊慧敏

童子軍服務團第 41 號女童軍楊慧敏冒著生命危險泅渡蘇州河，為堅守陣地的將士送去國旗，鼓舞了士氣，表現了童子軍的勇敢精神。楊慧敏成為中國最為著名的童子軍。〔註 79〕「八‧一三」中，東亞體育專科學校「暑期童子軍教練員訓練班」班主任趙慰祖，號召學員組成「童子軍戰地服務團」，參加救護傷兵、運送彈藥等工作。後趙慰祖被上海租界巡捕逮捕。經童子軍總會營救，趙慰祖獲釋。他繼續領導童子軍戰時服務團工作，「並由胡漢民的女兒胡木蘭捐贈大卡車一輛作為交通工具，往來於各戰場進行傷兵救護工作」。「童子軍戰時服務團還在重慶創辦滬童中學，收容失學難童，趙自任校長」。〔註 80〕

〔註 77〕　于喜敏：《上海童子軍研究》，上海師範大學碩士論文，2006 年。
〔註 78〕　于喜敏：《上海童子軍研究》，上海師範大學碩士論文，2006 年。
〔註 79〕　關於楊惠敏泅水蘇州河送國旗的事蹟，最近有學者對送國旗的經過做了詳盡的考證。但楊惠敏所體現的童子軍精神是公認的事實。考證文章見：孫玉芹《楊惠敏向「四行倉庫」獻旗事件考》，《蘭臺世界》2010 年 10 月刊。
〔註 80〕　陳夢漁：《關於童子軍戰時服務團》，《嘉定文史》第 11 輯，第 111 頁。

童子軍在戰時的募捐活動也為抗戰的勝利貢獻了力量。據研究，民國之初，水旱災害頻繁，為解救災民，上海童子軍在 1921～1937 年先後組織五次募捐。〔註81〕款數多寡不一，但都體現了童子軍的「奉獻」與「責任」意識。在諸多的募捐活動中，捐購「童子軍飛機」規模最大，起到抗戰宣傳的作用。

《中國童子軍捐購飛機救國運動辦法》中說：「九一八以後，暴日重重地壓迫我們，侵佔我們大好河山東三省」，「到了現在，天天調兵遣將、厲兵秣馬，要來搶奪熱河」。「我們戰鬥的精神，戰術的巧妙都有過人的地方，但最感困苦最受影響的，莫過於空軍的幼稚。所以日來航空救國的呼聲甚囂塵上，捐購飛機的運動，遍達全國。我們童子軍素以忠誠救國為宗旨，影響民眾，是我們固有的天職。飛機救國，我們應處宣導的地位，在民眾前面做一個很好的榜樣」。辦法規定：以半年為限，童子軍每人每日至少捐銅元二枚，服務員每人至少月捐洋一元，團部至少月捐洋二元。總數暫定十萬元。〔註82〕倡議發出後，全國童子軍積極行動。上海童子軍 1932 年 12 月 3、4 日集體募捐一次，1933 年 5 月 12、13、14 日又募捐一次，總計募得款項 23,000 多元，購得飛機一架。9 月 9 日，上海市舉行「滬童軍號」飛機命名儀式。〔註83〕

抗戰中的童子軍服務不勝枚舉。他們組織戰時服務團，擔任救護、宣傳、慰勞、募捐、運輸、通信和維持治安等工作，湧現了一大批可歌可泣的先進事蹟。尤其是抗戰後期，蔣介石發動青年學生從軍運動。據統計，約有十萬青年學生走向戰場，其中，許多都是童子軍。我們已經無從統計到底有多少童子軍參加戰鬥。但是，他們的英勇事蹟將永遠雋刻在中華民族的歷史豐碑上。他們的行為本身就闡釋了公民教育的內涵，對社會民眾而言，童子軍是社會公民教育的先行者和實踐者。

6.3.2.2　童子軍是推行新生活運動的主力軍之一〔註84〕

1934 年 2 月，蔣介石親自在南昌發動了新生活運動。做為一項旨在改變社會面貌的政治運動，新生活運動歷經 15 年的發展，在社會上發揮了一定的積極作用。〔註85〕

〔註81〕　于喜敏：《上海童子軍研究》，上海師範大學，碩士論文，2006 年。
〔註82〕　《中國童子軍捐購飛機救國運動》，《江西教育旬刊》，1933 年第 5 卷第 5 期。
〔註83〕　《本市童子軍參加滬童軍號飛機命名典禮》，載於《申報》1933 年 9 月 8 日。
〔註84〕　關於童子軍運動與新生活運動之間的關係，筆者曾在《理論界》（2011 年第 3 期）上發表過文章。詳見附件六。
〔註85〕　研究成果舉例：白純：《簡論抗戰之前的新生活運動》；喬兆紅：《從國民精神

　　新生活運動最顯著的特徵有兩個，一是要求「生活軍事化」；其二是提倡「禮義廉恥」的道德倫理。這在教育的核心內容和形式上與童子軍教育極為相似。從時間上看，童子軍教育較早在國民黨中央受到重視。1932 年，國民黨中央整合訓練部、教育部等核心力量組成「中國童子軍總會籌備委員會」，力圖加大童子軍教育的推行力度，由蔣介石擔任中國童子軍會長。1934 年，蔣介石發動了聲勢浩大的新生活運動。從 1932 年到 1934 年，國民黨中央先後以運動的形式加大了公民教育的力度，童子軍教育是新生活運動的先導，並成為推動新生活運動主力之一。

　　在實施新生活運動中，蔣介石規定：「先以規矩與清潔兩項為第一期運動之中心工作」。〔註 86〕《新生活須知》中將其細化，如注意飲食衛生、不酗酒；整理公共場所和交通秩序；不隨地吐痰大小便；不准打人罵人；帽子要戴好、鞋跟要拔上、紐扣要扣正、勤剪指甲勤洗澡等等。要求民眾像軍人一樣整潔，養成良好的衛生習慣，以根除「懶散」、「髒污」等頹廢面貌。

　　童子軍「尚組織」「重紀律」的特徵，以及社會服務精神早已廣為人知。如前文所述，自童子軍組織成立時起，上海童子軍多次參加衛生運動。1934 年 4 月，南京市童子軍理事會加入首都新生活運動促進會，成為團體會員。同時組織兩隊新生活運動童子軍，並組織新生活運動表率隊，隊員以童子軍各團團長、副隊長及教練充當，他們經常參與宣傳城市公共衛生的活動。〔註 87〕

　　新生活運動另一個特別的要求是國民生活「軍事化、生產化、藝術化」。蔣介石對「三化」的要求是：「所謂軍事化者，……只期其重組織，尚團結，嚴紀律，知振奮，保嚴肅，一洗從前散亂、浪漫、推諉、因循、苟安之習性已耳」。「所謂生活生產化者，……只期我同胞人人一洗從前豪奢、浪費、怠惰、遊蕩、貪瀆之習性已耳」。「所謂藝術化者，……只期其持躬接物待人處

　　　　總動員看戰時新生活運動的積極性》；溫波：《論新生活運動的發起》；孫語聖：《新生活運動在審視：從衛生防疫的角度》；閻玉田：《「新生活運動」的發動與結局初探》等。這些近年來發表的新生活運動研究的論文，不再簡單地否定新生活運動的社會作用，認為新生活運動對啟迪民眾、促進農村文明進步方面有一定的積極作用。

〔註 86〕　蔣介石：《新生活運動週年紀念告全國同胞書》，《先總統蔣公先生全集》第 2 冊，張其昀主編：（臺灣）「國防研究院」、中華大典編印會，1968 年版，第 2114 頁。

〔註 87〕　《京市童軍推行新生活運動》，《中央日報》，1934 年 4 月 17 日。

事，能肅儀循禮、整齊清潔、活潑謙和、迅速確實，一洗從前之粗暴、鄙污、狹隘、昏愚、浮偽之習性也耳」。〔註88〕「三化」中，蔣介石最看重的是「軍事化」。蔣介石坦言：「我現在所提倡的新生活是什麼？簡單地講，就是使全體國民的生活能夠徹底軍事化」。軍事化的目標在於使國民「重組織、尚團結、嚴紀律、知振奮、保嚴肅」。〔註89〕這是軍人出身的蔣介石最鍾情的標準，它可以以最小的成本獲得最大的社會動員效果。

　　從新生活運動的兩個中心看，無論是規矩、衛生，還是「軍事化」，童子軍早已踐行新生活。上海市童子軍理事會認為：「新生活運動之一切，在童子軍訓練與活動中，均以表現無遺，凡受童子軍訓練陶冶之兒童，實際久已度新生活」。〔註90〕上海理事會的觀點說出了童子軍教育與新生活運動之間的關聯。也就是說，推行新生活運動就是將童子軍教育推廣到社會中去。國民黨中央立法委員王漱芳撰文認為：「童子軍所服膺之智仁勇，實相通與新生活『禮義廉恥』之根本精神，所恪守之一切信條，亦即新生活必須之規律。質言之，童子軍之一切要求，皆為新生活之基本要求也。」〔註91〕鑒於此，童子軍不僅成為新生活運動的參考，而且成為推行新生活運動的最佳選擇。「力行社」成員劉詠堯發表廣播講話，也認為童子軍「應該一致認識自身的責任，認定推行新生活運動為自身的主要工作，同時要把這種運動的意義，向一般民眾宣傳，使全國國民都能做到一個新生活的國民，……尤其是一般負責推行童子軍事業的人，更應該切實以身作則」。〔註92〕新生活運動總幹事黃仁霖回憶其主持工作時說：「有些人指控蔣先生在干預民眾的個人自由，因為他大部分靠員警的力量來實施這項新的運動。當我接事之後，我大都依靠童子軍和學生們來推行這個運動」。〔註93〕

　　新生活運動對中國的公民教育意義重大，以尚整潔、守紀律、軍事化為核心的新生活規律不僅是學校公民教育的內容之一，〔註94〕而且成為聲勢浩

〔註88〕　蔣介石：《新生活運動週年紀念告全國同胞書》，《先總統蔣公先生全集》，第 2 冊，（臺灣）「國防研究院」、中華大典編印會，1968 年版，第 2114～2115 頁。
〔註89〕　蔣介石：《新生活運動之要義》，張其昀主編：《先總統蔣公先生全集》，第 1 冊，（臺灣）「國防研究院」、中華大典編印會 1968 年版，第 736 頁。
〔註90〕　于喜敏：《上海童子軍研究》，未刊碩士論文，2006 年。
〔註91〕　朱淑芳：《童子軍與新生活運動》，《新運導報》1937 年第 7 期。
〔註92〕　劉詠堯：《新生活運動與童子軍》，《廣播周刊》1936 年第 108 期。
〔註93〕　黃仁霖：《蔣介石特勤總管回憶錄》，團結出版社，2009 年版，第 68 頁。
〔註94〕　初中公民教育第一學年規定的教學內容有新生活規律、三民主義等。見《修訂初高級中學課程標準》，「教育部」編，商務印書館，1942 年版，第 45 頁。

大的社會公民教育的內容。童子軍教育不僅彌補學校公民教育的不足，而且
童子軍組織也是社會公民教育的實踐者和推行者。從這個意義上說，童子軍
與民國的社會公民教育的關係相當的密切。

6.4　童子軍對公民教育的意義

綜合上面的論述，童子軍對公民教育的意義，體現在以下兩個方面：

1、從民國教育發展史來看，童子軍教育開創公民教育的先河。

當 1912 年嚴家麟首倡童子軍教育的時候，民國的新教育剛剛起步。公民
教育還沒有進入課程規劃中，晚清的「修身課」繼續被沿用。1919 年之後，
眞正的公民教育才開始。由「修身」到「公民」課程的轉變，說明公民教育
目標由「私」到「公」的轉向，更加符合民主共和的時代潮流。從訓練的內
容上看，以「公民訓練」（citizen training）爲核心的童子軍教育本身就在實踐
公民教育。〔註95〕1912 年童子軍的首創也可視作民國公民教育的起點。從 1915
年上海運動會的服務，到抗戰時期的戰時服務，童子軍都在詮釋著公民教育
的內涵。童子軍強烈的責任及服務意識，是同時代公民教育的先鋒。1930 年
代，童子軍課程由課外訓練到初中必修課的演變，說明童子軍教育的教育價
值被廣泛認可，也說明童子軍教育對公民教育的意義。因此，從長時段來看，
童子軍教育的確開創中國公民教育的先河。

2、童子軍教育是新生活運動的先行者和推動者。

童子軍教育和新生活運動正是國民黨發起的公民教育的典型。童子軍是
國民黨在國民革命中最早利用的社會組織之一，它是國民黨將「四維八德」
傳統倫理道德與童子軍原有理念相結合的成功範例；童子軍教育理念改造的
成功案例，成爲蔣介石 1934 年發動新生活運動的先導；童子軍在平時服務與
戰時服務所表現的抗戰精神爲新生活運動提供了現實的樣板。

1930 年代，國民黨在學校大力推行童子軍運動，進而在社會大興新生活
運動，媒體評論說：「中國童子軍運動與新生活運動，都在國民的人格、體質
及精神上的訓練特別重視。全國學校推行童子軍教育，正所以矯正以往學校

〔註95〕*Scouting For Boys-A Handbook for Instruction in Good Citizenship*, Robert
Baden-Powell, C. Arthur Pearson Ltd, 1919. 其副標題就表明了童子軍訓練的目
的是公民訓練。

教育所忽視的地方，並補救社會自私怠惰的病態」。〔註96〕以童子軍教育糾正社會問題，這是時人童子軍與新生活運動關係的認識。1934 年 5 月，江西南昌教育局規定，「凡省會學校均須組織新生活巡查團」，「各校新生活巡查團團長，由校長兼任，指導員由童子軍教練員及各教員兼任，團員有各校童子軍及優良學生組織之」。〔註97〕指導員及團員以童子軍教練員和童子軍爲主，不僅僅是利用其既有的組織，更重要的是童子軍是新生活的模範。否則，童子軍有何資格去巡查別人的「新生活」呢？蔣介石親自兼任中國童子軍總會和新生活運動促進總會會長，更說明了兩者之間的密切關係。

新生活運動是國民黨在 20 世紀 30 年代發動了一次規模最大的公民教育運動。童子軍教育不僅是民國時期公民教育的先導，而且在推行新生活時，童子軍是一支社會公民教育的主力軍。童子軍本身就是良好公民的表率，通過新生活運動，將童子軍的服務精神及社會擔當意識傳播到社會中去。因此，童子軍教育及童子軍無論在教育理念上還是教育實踐上，都對民國的公民教育有著特殊的意義。

〔註96〕 《中國童子軍教育的重要》，《公教學校》，1936 年第 2 卷第 2 期。
〔註97〕 《江西省會學校新生活巡查團校外巡查辦法》，《江西教育旬刊》，1934 年第 9
卷第 9 期。

第7章 中國童子軍教育的總體評估 與現實困境分析（1912～1949）

在南京國民政府黨、政、軍、學各界的大力推行下，童子軍教育在組織上獲得相當程度上的發展。本章利用中國童子軍總會頒佈的統計資料，對童子軍教育的總體發展狀況做一評估，並製作童子軍發展曲線圖。根據曲線圖，深入分析資料變化背後的原因。

一方面，童子軍教育在一定程度上獲得明顯的發展，但在另一方面，根據各地出版的文史資料及相關資料分析來看，童子軍教育在現實的推行中面臨許多現實困境。這些因素在品質和數量上制約了中國童子軍教育的發展。

本章將探討以上兩個問題。

7.1 中國童子軍教育發展狀況的評估

中國童子軍歷經近四十年的發展，從武漢一隅漸次傳播到全國各地，在地域的廣度和軍團數量上已經發生了巨大變化。北洋政府時期由於沒有準確的童子軍統計資料，因此童子軍數量很難做出準確判斷。南京國民政府時期，中國童子軍司令部及總會實施全國童子軍備案登記制度，登記資料為我們評估中國童子軍的發展提供了便利。

現根據中國童子軍總會 1944 年所做的童子軍數量統計表，做如下列表：

中國童子軍發展數量統計表（7－1）〔註1〕

民國 \ 類型	童子軍（人）			服務員（人）		童子軍團（團）		
	男	女	幼	男	女	男	女	幼
17 年	925	／	／	／	／	17	2	／
18 年	5225	／	／	672	43	74	2	／
19 年	17061	／	／	1231	151	199	10	／
20 年	26026	／	／	1106	186	290	16	／
21 年	10951	／	／	871	70	172	7	／
22 年	19297	／	／	866	92	154	6	／
23 年	25712	／	／	660	171	275	17	／
24 年	73355	10484	843	1974	139	516	57	4
25 年	102985	35017	3596	2093	340	810	87	14
26 年	88212	19731	5750	1924	218	600	62	26
27 年	89599	14401	3827	774	289	289	54	2
28 年	90987	9071	1824	1132	184	302	41	9
29 年	113385	19449	2781	1259	174	339	24	／
30 年	8818	2357	251	1265	141	332	37	3
31 年	1705	□	□	1225	67	282	17	24
32 年	55487	12453	2276	1401	186	310	34	14
33 年	29641	15693	1561	1093	115	280	28	9
合 計	959276	126646	25689	19508	2454	5142	501	86
共 計	1151611			21962		5729		

　　爲更直觀地看出童子軍在 1930～40 年代的發展大致變化，根據上表，製成曲線圖如下：

〔註1〕 資料來源：《十年來的中國童子軍總會》，中國童子軍總會編印，1944 年出版。中國童子軍總會重返南京後，它的作用發揮的有限，加上戰爭局勢的迅速變化，沒有準確的記錄。

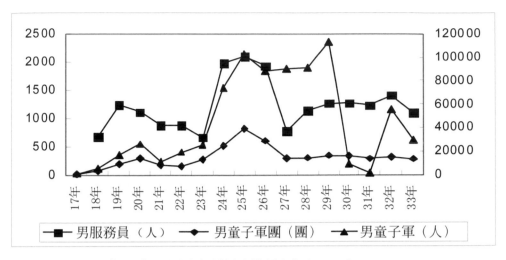

中國童子軍發展數量曲線圖（7－2）〔註2〕

注：1、總會報告出版於1944年，此後的中國童子軍數量沒有統計資料。

　　2、女童軍和幼童軍的發展趨勢大體和男童軍一致，故此表不再顯示。

　　現對上表的曲線變化，簡要分析如下：

　　第一，1929～1930年，童軍的人數明顯增加。男童軍人數有5,225人升至17,061人，童子軍團由74個升至199個。國民黨開始主掌童子軍的發展，呈現增長態勢。此次增長的推動力有兩個：一是加強領導。1929年6月，國民黨中央將「黨童子軍司令部」改爲「中國童子軍司令部」，加強了童子軍組織的行政領導。二是第一次大檢閱的示範作用。1930年4月18日，全國童子軍舉行第一次大檢閱、大露營，對童子軍的發展起到督促與示範的作用。

　　第二，1931～1933年，童軍人數明顯減少。男童軍人數由26,026人減至10,951人，童子軍團數由290減至172個。主要原因有：（1）這一時期戰亂頻仍，教育受到影響，造成全國各地童子軍發展萎縮。（2）童子軍領導機構的調整，地方缺乏有效的童子軍指導機構。（3）童子軍訓練列爲課外活動，各地學校還不太重視童子軍訓練。（4）童子軍教練員師資力量缺乏，也是一個重要因素。以河南上蔡縣、浙江安吉縣、貴州鎮遠縣、安徽貴池縣、江蘇沛縣等縣市的童子軍發展爲例。河南上蔡縣童子軍早在1925年就已經出現，但是沒有具體的組織和領導，平時不組織訓練。直到1940

〔註2〕以上曲線圖的數字均來自於中國童子軍總會統計。（見表7－1）

年，上蔡縣才成立童子軍理事會，童子軍訓練才開始正規化。〔註3〕再如浙江安吉縣，1933 年全縣還組織了童子軍大檢閱，但此後便無下文。〔註4〕貴州鎮遠縣 1929 年開始組織教師學習童子軍知識，一般由體育教師兼任童子軍教練員，但由於學生經濟條件所限，童子軍難以發展，直到 1944 年才在總會登記備案。〔註5〕1930 年安徽省教育廳規定縣立中小學組建童子軍，貴池縣直到 1944 年才成立縣理事會。〔註6〕江蘇沛縣 1931 年成立童子軍理事會，1932 年全縣增至 7 各團，但隨後又銷聲匿跡。1938 年春，日軍佔領該地後，童子軍組織徹底摧毀。〔註7〕這些地方的童子軍發展都說明：儘管國民黨及教育部、廳已經下令要求成立童子軍團，但實際上，各地都在延誤，甚至原有的童子軍訓練也漸漸擱置。

　　第三，1933～1936 年，童軍人數大幅上升。男童軍由 19,297 人升至72,355 人，童子軍團數由 154 團升至 516 團。這是童子軍發展增長最明顯的時期，其推動力來自教育部的法令：要求全國各級初級中學，自 1935 年起，將童子軍列入初中必修課，具有劃時代的意義。〔註8〕從上述圖表上看，1934 年男童軍人數約 2.5 萬，1935 年升至 7.2 萬，童子軍團數由 275 團增至 516 團。教育政策的調整帶來巨大的增幅。1934 年教育部頒佈童子軍課程標準，爲各校推行童子軍教育提供了便利。據現有的各地文史資料顯示，全國各地大力推行童子軍、成立童子軍組織多半在 1935 年前後。如福建尤溪縣 1936 年，初中成立童子軍團，全體學生一律參加童子軍，校長兼任團長；〔註9〕廣東瓊海縣 1936 年，初中設童子軍課程；〔註10〕四川彭水縣 1938 年縣立學校在總會登記，編爲 3627 和 3628 團；〔註11〕四川省丹棱縣 1935

〔註3〕　《上蔡縣文史資料》，第 3 輯，政協上蔡文史資料委員會編， 1994 年版，第99～101 頁。

〔註4〕　《安吉縣志》，浙江人民出版社，1994 年版，第 724 頁。

〔註5〕　《鎮遠文史資料》，第 3 輯，政協鎮遠文史資料委員會編，第 108～111 頁。

〔註6〕　《貴池縣志》，黃山書社，1994 年版，第 212 頁。

〔註7〕　《沛縣文史資料》，第 4 輯，政協沛縣文史資料委員會編，第 67～70 頁。

〔註8〕　《童子軍列爲初中必修科之經過》，《十年來的中國童子軍總會》，中國童子軍總會編，1944 年版，第 33 頁。

〔註9〕　《尤溪縣志》，福建地圖出版社，1989 年版，第 470 頁。

〔註10〕　《瓊海縣志》，廣東科技出版社，1995 年版，第 443 頁。

〔註11〕　《彭水文史資料》，第 7 輯，政協彭水文史資料委員會編，1993 年版，第 196～197 頁。

年四川全省各中小學全面推行童子軍訓練，相繼成立童子軍團。〔註 12〕江蘇鹽城 1935 年學校開始開設軍事訓練課程；〔註 13〕江西省峽江縣縣立第一中心小學 1938 年才建立童子軍。〔註 14〕河南信陽、新野、新鄉、臨汝、深縣等地，均在 1935 年前後成立童子軍團。〔註 15〕甘肅勉縣 1936 年才成立童子軍組織。〔註 16〕陝西千陽縣在 1937 年後，高中實施軍訓、小學四年級至初中實施童子軍訓練。〔註 17〕

　　第四，1936～1937 年，受抗戰全面爆發的影響，童子軍人數略有下降。

　　第五，1937～1940 年，童子軍人數上升。這可能是教育部頒發了《童子軍戰時後方服務訓練大綱》推動的結果，也與童子軍戰時軍事技能的訓練得到實際運用有關，也與各地萌發抗戰的自覺性也有關係。

　　第六，1940～1942 年，童子軍總人數急劇下降，男童軍由 113,385 人降至 1,705 人，女童軍人數由 19,449 人減至 1941 年的 2,357 人。但是童子軍總團數沒有明顯減少，由 339 團減至 282 團。主要原因是日本長驅直入，佔領大片領土造成的。總會自搬至重慶後，各地理事會及教育廳局等行政機關遭到破壞。

　　另外，1941 年前後教育政策的調整對童子軍發展也造成影響。1939 年 9 月，國民政府公佈《縣各級組織綱要》，實施「管教養衛」一體的新縣制。新縣制規定：十戶一甲，十甲一保，十保為一鄉鎮，十五到二十戶鄉鎮為一區，隸屬縣政府。〔註 18〕在此新縣制規劃下，教育部出臺《國民教育實施綱要》，要求新縣制下的鄉鎮設立六年制的國民學校，保下設立四年制國民學校。所設立的各學校均須設「小學部」和「民教部」，分別實施兒童的義務教育和普通民眾的掃盲教育。1941 年，教育部指定四川、貴州、雲南、兩廣、福建、

〔註 12〕　《萬安文史資料》，第 8 輯，政協鎮遠萬安資料委員會編，1992 年版，第 73 ～74 頁。

〔註 13〕　《鹽城縣志》（中），江蘇科學技術出版社，1998 年版，第 341 頁。

〔註 14〕　《峽江縣志》，中共中央黨校出版社，1995 年版，第 548 頁。

〔註 15〕　分別見《信陽文史資料》，第 6 輯，第 161～165 頁；《新野文史資料》，第 6 輯，第 91～92 頁；《新鄉市北郊文史資料》，第 3 輯，第 15 頁；《臨汝文史資料》，第 3 輯，第 42～45 頁；《深縣文史資料》，第 3 輯，第 165～172 頁。各地政協文史資料委員會編，內部資料。

〔註 16〕　《勉縣志》，地震出版社，1989 年版，第 390 頁。

〔註 17〕　《千陽文史資料》，第 5 輯，政協千陽文史資料委員會編，第 52～57 頁。

〔註 18〕　《縣各級組織綱要》，行政院縣政計劃委員會主編，正中書局，1941 年版。

浙江、兩湖、江西、河南、陝西、甘肅、重慶等 14 個省開始實行國民教育方案。〔註 19〕

　　這是一個涉及面非常廣泛的系統性工程，它直接影響到抗戰與建國的根本大局。因此，各地縣、鄉、鎮在 1941 年之後，將大部分精力放到設立新縣制工作中去。這是南京國民政府基層行政規劃的一次根本性的調整，既為了便於組織民眾投身抗戰，又便於在抗戰中教育民眾，實現孫中山先生民主建國的目標。在新縣制推行中，原來規定保長、鄉（鎮）長兼任國民學校校長，便於實現「管教養衛」四位元一體的組織功效。但在推行過程中，保長、鄉（鎮）長兼任國民學校校長的做法弊端多多，嚴重影響到教育的正常發展。因此，1942年春，國民黨五屆九中全會作出決議：中心國民學校校長一律專任。〔註 20〕

　　經過兩年的反覆，原有各地學校的正常教學受到影響，新設立的國民學校還沒有走向正規。因此，在原有教育秩序失範、新教育秩序尚在整合的情況下，童子軍訓練就被擱置起來。在中國童子軍總會登記的軍團數略有減少，童子軍人數因沒有訓練與管理而實際上處於癱瘓狀態。

7.2　民國各界對童子軍教育的評價

7.2.1　對童子軍教育的正面評價

　　我們討論童子軍教育的時候，首先要考察當時的知識界對童子軍教育的評論，這是能夠相對接近歷史真實的方法之一。

　　中國童子軍總會歷時數年，認真、反覆斟酌的修訂的《中國童子軍總章》，凝聚著國民黨及教育人士的心血。這是國民黨童子軍精神訓練的集中體現。前章已經分析：在總會那裏，既充分體現國民黨訓練「三民主義少年兵」的政治目的，也充分體現了對兒童心理及教育規律的把握。應該說，總章所體現的對青少年精神訓練的宗旨是值得肯定的，因為它通過童子軍的訓練形式，加強了青少年對民族國家的認同，強化了青少年軍事訓練報效國家的情感認同，更加強了他們抵禦外侮振興中華的認同。

〔註 19〕　《國民教育實施綱要》，《教育法令彙編》，第六輯，商務印書館，1941 年版，第 359～363 頁。

〔註 20〕　李國鈞、王炳照主編，於述勝著：《中國教育制度通史》（第七卷），山東教育出版社，2000 年出版，第 100～101 頁。

從上述三個認同來看，童子軍教育理念在某種程度達到了預設的目的。具體表現在以下幾個方面：

第一、對青少年品行的塑造卓有成效。如：當年童子軍回憶說：「童子軍的影響，當時還是很好的。我們這些十歲上下的兒童，感到很新鮮，確是精神抖擻，生氣勃勃。由於強調日行一善，那些惡作劇或做壞事的孩子，大大減少了」。〔註 21〕南開中學的童子軍也回憶說：「我至今仍然覺得當年南開的學生都很文明，有禮貌，在兒童時代的稚氣中表現出文明和朝氣蓬勃的樣子，走在街上顯出與社會上的孩子不同的精神面貌，得到社會人士的讚賞。這是與童子軍訓練很有關係的」。〔註22〕河南省信陽地區童子軍回憶說「從童子軍的歌詞中和提到『委員長』時的動作，不難看出崇拜一個領袖，信仰一個主義，這些都是非常明顯的政治性。但從童子軍培養孩子的性格和進行知識教育的方法上，我認為還是有其可取之處的」。〔註23〕重慶市江北縣「（童子軍）在抗戰中學校組織童子軍搞街頭宣傳、募捐、推銷節約儲蓄，維持交通秩序等起到較好作用。此外，由種種課外校外活動的開展，對初中和小學自理、自治、自我服務以及社會服務能力的鍛鍊培養也起到有益的作用」。〔註24〕

第二、軍事訓練具有實用性。江西贛州光澤縣童子軍「一度發展很快，常有些訓練和活動，使少年兒童學到不少知識，社會人士也有所認可」。〔註25〕「我在小學與中學的童子軍課程中，學到了不少軍事知識。想不到這些知識在後來我參加抗美援朝戰爭時，竟發揮了一定的作用！假如能有機會寫出來，將是非常有趣的。人生都有許多美好的回憶，童子軍生活的回憶對我是極為珍貴的」！〔註26〕

第三、宣揚了愛國主義精神。當年童子軍回憶說：「中國童子軍通過組織少年兒童學習中國童子軍章程和綱領，啟發少年兒童愛國並尊老愛幼、幫助

〔註21〕　熊作華：《關於獨山縣第一小學童子軍情況的回憶》，載於《獨山文史資料選輯》第 10 輯，第 345 頁。

〔註22〕　《獨立生活、勇敢精神與應急能力的培養童子軍——一門有趣的課程》，《感悟南開》，重慶出版社，2006 年版，第 180 頁。

〔註23〕　翟懷詩：《中國童子軍730團》，《信陽文史資料》第 6 輯，第 165 頁。

〔註24〕　周志傑：《民國時期江北縣中小學的童子軍》，《江北縣文史資料》，第 7 輯，1992 年版，第 185 頁。

〔註25〕　萬述璣：《民國時期光澤的童子軍》，《廣州文史資料》第 15 輯，第 101 頁。

〔註26〕　佚名：《回憶中小學時的童子軍課》，《鄉土風情》，盛星輝編著，天馬圖書有限公司，2007 年版，第 263 頁。

弱者等。抗日戰爭中也講仇恨日本帝國主義者，抵制侵略。其訓練科目有：傷病員的急救方法、旗語、暗號聯絡、號音區別、童子軍棍、救護繩的使用、方位測定等」。〔註27〕廣州惠州各校「依據上面的指示，把童子軍課列入課程，小學每周一節，中學每周兩節，學生通過考試，跟操行評定掛上鉤，引起學生和他們的家長都很重視這門課程。由此，講、操結合，要求嚴格，給學生較爲深刻的教育，從而受到一定的教育效果」。〔註28〕從這些當年童子軍的回憶中，我們可以看出：童子軍教育在青少年品格的塑造、對民族國家的認同、對愛國主義精神等方面教育效果是很好的。

7.2.2 對童子軍教育的負面評價

　　儘管當年的童子軍回憶對童子軍教育的價值有理性的評判，但更多的史料說明：南京國民政府教育部支持下的童子軍教育成爲一種「學校的點綴品」。中國童子軍總會所期望的童子軍精神訓練，在各級學校的推行過程中，隱而不彰，留給人們的更多的印象是軍事訓練、政治規訓，與「智仁勇」的精神訓練目標相去甚遠。

　　童子軍教育落實到基層的時候就出現了多種變異。分析如下：

　　第一、背離童子軍訓練的科學精神。

　　以浙江省爲例：史料顯示浙江等經濟相對發達的省份，童子軍教育水準相比全國而言是比較先進的，但在考察該省的童子軍教育時，存在著諸多的問題：

　　① 組織上「各校（童子軍）團務委員會有名無實」。

　　② 訓練上「各校對於童子軍訓練僅能達到上課堂上操場，每周二小時之課程訓練。關於課程訓練與品性訓練多未聯繫，此爲訓練上最大的缺點。」

　　③「童子軍創始人貝登堡認爲一個童子軍教練員之能力，僅能訓練32人。今各校童軍人數均達數百人，而童軍教練員僅一人或二人，倘不能實施隊長訓練，則整個訓練絕無成效可言。觀乎各校對於隊長訓練大都忽視」。

　　④ 各項活動頗少舉行，如比賽、露營、遊戲、避災練習等。

　　⑤ 小隊制度尚未運用。小隊是童子軍教育的基本單位，各種品行塑造諸如合作、友愛等品格全在小隊制度下完成。（注：實際的情況是各校整團制在操場訓練，與童子軍野外的小隊制的要求相去甚遠了。）

〔註27〕 萬述璣：《民國時期光澤的童子軍》，《廣州文史資料》第15輯，第99頁。
〔註28〕 葉偉強：《民國時期的惠州童子軍》，《惠州文史籍其他》，第58頁。

⑥ 計劃章則殊少具體。

⑦ 用品用具保管欠妥；

⑧ 經費支出殊欠妥當；

⑨ 隨地涕吐亟宜禁止。〔註29〕

這是一個童子軍理事會的巡視員所做的總結。從巡視的結果看，無論是學生的品行塑造方面，還是組織管理方面，都存在諸多的問題。在巡視員眼裏看來，課程訓練與品行訓練分離、小隊制度被忽略都是「不能原諒的錯誤」。因為小隊制度是童子軍教育的關鍵單位，在小隊裏，各成員的合作、服從、榮譽等品行都在完成共同的任務當中培養。更重要的是，童子軍種種訓練科目都要在自然環境中進行，而浙江的中學，像露營、比賽、遊戲、避災練習等均很少實踐。從幾個關鍵環節上看，這樣的童子軍教育是畸形的，與體育課區別不大。

第二、童子軍教育在許多學校成為點綴品。

許多學校對童子軍教育的認識著眼於「學校的虛榮」。「每逢慶典之日，尚要進行軍事大檢閱」，〔註30〕比如 4 月 4 日兒童節，雙十節等。時人評價說：「中國之有童子軍，已達二十餘年，然成效鮮見，其原因由於訓練之方針，未能確定，致使社會人士多以為童子軍係學校之裝飾品，或教會中的舶來品，此種錯誤，影響事業前途，殊非淺鮮。」〔註31〕「以往辦童子軍的人，大多數固然認為童子軍是學校的專利品，而且還視為學校的點綴品。認為學校辦童子軍可以為學校造一點虛偽的榮譽。如某一次露營，榮獲獎狀；某次集會，有其維持秩序；某次運動會發生，有其童子軍出現。但是童子軍訓練的目的，又豈在榮獲獎狀，維持秩序，出出風頭的目的。這樣訓練童子軍，卻忽略了童子軍訓練的重大使命與深潛內心使命，為學校而犧牲童子軍偉大的目的而不自知，我認為這種人是童子軍事業的罪人。」〔註32〕

又如，鄉村的童子軍訓練不僅成為擺設，而且傷害學生的自尊心。當年某地林村小學童子軍回憶說，「國民黨鎮長保長回來以後，從縣城來了校長和幾位老師，林村小學又開學了。這個小學雖然是縣城以西第一所小學，方圓

〔註29〕周伯平：《視察各校童子軍總意見書》，《浙江教育》，1938 年第三卷第九期。
〔註30〕何大興：《峨眉童子軍簡況》，《峨眉文史資料》，第 4 輯，第 22 頁。
〔註31〕吳耀麟：《青年訓練之理論與實際》，商務印書館，1944 年版，第 332 頁。
〔註32〕郭明德：《民眾組織與訓練中的童子軍問題》，《明恥月刊》，1936 年第 1 期，第 100 頁。

十幾里、十幾個自然村的富家子弟又夾著書本上學了。看著那些穿著講究的孩子們上學，我著實羨慕他們。」「第二天，那位年輕和善的老師來我家，動員我父親讓我上學。」「我第二次邁進了林村學校的校門。」「這次不像上次，過幾天了還不發書，後來就發了一根五六尺長小拳頭粗光光圓圓的木棍子。」「校長動員叫大家好好練，四月四日到縣城檢閱爭取得獎。這樣，和我一樣被動員來的孩子才知道，原來是叫我們這些窮孩子當童子軍。」練了幾個月。四月四號那天，由於鄉村的孩子沒見過大場面，在檢閱時方寸大亂，最後成績「全縣倒數第一。」「學校在全縣大會小會挨批評。校長被勒令檢查。那位年輕的教師被撤職」，「爲迎接所謂的四月四日兒童節練了一春天，人瘦了好幾圈，就弄了這麼個結果，背興，眞背興！」〔註33〕

在很多地方，童子軍成爲當地官員的「顏面」。河南省息縣安化鄉中心小學「沒有專職的童子軍教師，雖有組織，卻名存實亡」。在接到上級機關通知，「要在期末全區舉行童子軍觀摩比賽」。作爲區重點小學，區長簡某某要求鄭金聲校長「只能搞好，不能搞壞」。校長命令音樂教師鄒廣祿：「『全區之冠』的大木匾抬不會來，我也就沒面子見那姓簡的了」。經過緊張的準備、訓練、排演，最終「大木匾抬回來了」。〔註34〕

史料顯示，許多學校辦理童子軍並不理解童子軍教育的科學理念，只是「依樣畫葫蘆罷了」。1933年有文章檢討上海的童子軍教育，認爲「上海童子軍的品質，並未較前進步，其原因一是有許多辦童子軍的學校團體，還沒有認識童子軍訓練的眞意義，抱著『別人家有，我們也應該有』的宗旨來辦童子軍，只求表面敷衍。其二是良好的師資人才的缺乏，也是一大原因。而童子軍中樞組織的紛更，使全國事業沒有統一而有系統的步驟，也是主要原因。這種品質不能進步的現象，不但在上海如此，各地也有同樣的情形」。〔註35〕又如河南光州「當時體育教師對童子軍的知識一般是瞭解不深的，只是見到別的學校怎麼辦而依樣畫葫蘆罷了」。〔註36〕

〔註33〕 《生命的見證——回眸曾經的歲月》，林書嶺著，中國社會出版社，2006年版，第49～52頁。

〔註34〕 鄒廣祿回憶，陳國璽整理，《國民黨時期的小學童子軍訓練》，《息縣文史資料》第2輯，政協息縣文史資料編委編，第86頁。

〔註35〕 董行白：《一年來之童子軍教育》，卷期不詳。見「讀秀」電子資源。

〔註36〕 劉緒德：《「童子軍」數事》，《光州文史資料》，1996年，第8頁。

7.3　童子軍教育發展的現實困境分析

　　中國童子軍在實際推行過程中，面臨許多現實中的難題。本小節將依照史料中所反映的問題，逐一討論。

7.3.1　宣傳不夠與教育政策的誤導

　　緒論部分已經討論過「童子軍」（Boy Scouts）的譯名問題。只傳「形」不傳「意」的翻譯，事實上造成了誤導，影響民眾對童子軍的理解與接納。貝登堡在童子軍初興時，就特別注意準確宣傳童子軍理念，讓家長明確：童子軍不是軍事組織，而是遊戲。〔註37〕日本在翻譯 Boy Scouts 時，就非常注意概念的準確傳譯，將其翻譯成「少年健兒」。〔註38〕

　　中國在這方面宣傳工作做得很不夠。限於中國經濟發展的現實水準、媒體不發達、民眾識字有限，再加上師資訓練跟不上實際的需求，最終童子軍完整的教育理念在基層不廣為人知。一般民眾僅從童子軍的外在形象上判斷童子軍就是「軍」。1922 年潘光迥撰文專門分析「童子軍與軍隊」的區別，認為「童子軍」的譯名、來歷、服裝以及訓練方法都與軍隊極為相似，宜加以區別。〔註39〕1930 年，童子軍教育專家趙邦燦檢討中國童子軍教育時，認為：中國童子軍十幾年來不能壯大的原因有兩個：一是對英文 Boy Scouts 的誤譯，「結果旁觀者以『孩子的軍隊』看童子軍」，「失去了真正的意義」；二是方法上的錯誤。「大家顧名思義地將童子軍看成『軍』，於是像軍隊一樣地訓練起來了」，「於是材料出乎呆板而固定，將『以兒童個性為中心』的原則根本忘記。」「這樣兩大錯誤，形成了十幾年來中國童子軍教育的畸形狀態」。〔註40〕再如《方舟月刊》發表文章指出，許多父母以為童子軍就是軍國民教育的基礎，就是「孩兒兵」，「此之謂『失之毫釐，謬以千里』」，「童子軍是精神教育，不是軍國民教育，希望我國人士千萬不要誤會了」。〔註41〕甚至有些學校的童子軍教練員都不瞭解童子軍真意。1934 年江西省教育廳發表《童子軍組研究

〔註37〕 The Popularity of Nationalism in the Early British Boy Scout Movement, Sam Pryke. *Social History*, Vol.23, No.3（Oct.1998）.

〔註38〕 吳耀麟：《童子軍教育原理》，商務印書館，1936 年版，第 1 頁。

〔註39〕 潘光迥：《童子軍與軍隊》，《申報》1922 年 9 月 8 日。

〔註40〕 趙邦燦：《現代學生對於童子軍應有的認識》，《現代學生》，1930 年，卷期不詳。

〔註41〕 《為什麼要我們的孩子受童子軍教育》，《方舟月刊》，第 33 期，年代不詳。

結果報告》，報告中指出，江西童子軍教育自 1928 年以來發展緩慢，最大原因是「辦理此種事業之人才缺乏，及教育童子軍教練員缺乏理論知識與技能」。〔註42〕在社會普通群眾當中，對童子軍的瞭解就更少了，比如陝西民眾罵童子軍是「黃狗」。〔註43〕

　　從童子軍教育理念的角度看，民眾的「誤解」及其「像軍隊一樣的訓練」是中國童子軍幾十年來不能壯大的根本原因。正如民國童子軍研究專家指出的那樣，童子軍推行幾十年，除了童子軍理論界外，眞正瞭解童子軍含義的中國民眾很少。〔註44〕因此，童子軍教育理念不爲多數人理解，是童子軍教育發展一大的障礙。

　　另外，教育部將高中軍事訓練與初中童子軍訓練並列，作爲學生軍事訓練的必修科。這一政策本身就說明：童子軍已經不再是以 citizen training（公民訓練）爲出發點，而褪變成單一的軍事訓練項目了。教育政策的設計也誤導了民眾對童子軍理念的準確理解。

　　教育部的政策與童子軍教育理念形成鮮明反差。對於童子軍教育與軍事教育之間的關係，總會理論工作者有明確的辨析：「（童子軍）軍事訓練，能振奮尙武精神，革新生活範圍，鍛鍊體魄，啓發群心，充實禦侮技能，直接培養軍人的精神和習慣，間接影響民族的盛衰與國家的興亡。」「童子軍課程中的許多項目，脫胎於軍事訓練」。但是，童子軍訓練與軍事訓練有著很大的區別，「童子軍訓練是一種遊戲化的方式，寓軍事於遊戲當中，沒有軍訓的嚴肅呆板，而能活躍運用，使兒童不受過份的拘束，使其仍能自由發展，以培養其個別優良的天賦，使其無形中成就其軍事訓練的基礎教育」。〔註45〕童子軍教育是活潑的、遊戲化的軍事訓練，而不是嚴格意義上的嚴肅的軍訓。在基層學校裏，這種辨析就十分模糊了。

7.3.2　師資培訓中的理念偏轉

7.3.2.1　國民黨童子軍的核心理念

　　國民黨及童子軍研究者認爲，童子軍理念的核心有以下幾點：

〔註42〕《童子軍組研究結果報告》，《江西教育旬刊》，1934 年，第 8 卷，第 9 期。
〔註43〕胥鼎：《我所知道的中國童子軍》，《寶雞縣文史資料》，第 13 輯，第 150 頁。
〔註44〕沈雷漁：《童子軍教育概論》，商務印書館，1939 年版，第 6 頁。
〔註45〕吳耀麟、章輯五：《童子軍教育原理及方法》，商務印書館，1942 年版，第 72 ～73 頁。

　　首先，世界童子軍發展歷史表明：每一個國家童子軍都肩負著國家的使命。英國童子軍教育的目的在於「使兒童盡忠於君主，養成服務社會的精神，習慣有規律的生活」；美國在於「養成平民主義的公民」；法、日兩國訓練的目標在於「陶鑄青年兒童的愛國心和補助學校教育的不足，特別注意於愛國精神和服務能力的培養」；德國「對童子軍訓練採取嚴格主義，注重實際的演習」；意大利更是「養成法西斯革命的繼承者」。中國童子軍訓練應該肩負國家建設與民族復興的歷史使命，訓練的中心在於「精神訓練」。〔註 46〕

　　其次，童子軍訓練的指導思想是三民主義以及「四維六藝八德」。訓練宗旨是：培養兒童生活技能；養成良好習慣；陶冶高尚品格；增進兒童智識；健全兒童體魄；培養中國革命的繼承者。簡言之，宗旨就是均衡兒童德、群、智、體、美五育。

　　再者，童子軍教育具有的特質有四：順應兒童天性；在野外活動、遊戲；打下生活、科研的根基；注重德行的養成、日行一善、樂於助人。

　　最後，童子軍訓練的原則有：一切訓練以三民主義為中心信仰；一切訓練以兒童為本位；執行誓詞與規律，注重言行相符；注重野外生活，特別注重野外教學；承認童子軍促進世界和平的原意；採用各國童子軍最有效力的訓練與考核方法；注重政治常識生產技能的訓練；充分發揚中華民族精神；注重軍事知識的灌輸；童子軍教育應普遍化。〔註 47〕

　　從上述諸多規定性因素看，童子軍教育重在「精神訓練」，兼顧「政治規訓與軍事訓練」。以「精神訓練」為核心，這是童子軍教育的核心價值所在。「精神訓練」具體內容則集中在「準備」、「日行一善」、「人生以服務為目的」三句銘言中。〔註 48〕

7.3.2.2　師資培訓與理念偏轉

　　但是，詳細考察童子軍教育理念的傳播過程，我們發現：童子軍教育理念傳播到基層實踐層面時，則產生「政治規訓與軍事教育並重」的偏轉，而「精神訓練」的核心理念隱而不彰，甚至完全被埋沒。

〔註 46〕李垂銘：《童子軍教育評價》，《江西教育旬刊》1934 年第 9 卷，第 3、4 期合刊，第 44～45 頁。

〔註 47〕李垂銘：《童子軍教育評價》，《江西教育旬刊》1934 年第 9 卷，第 3、4 期合刊，第 49～50 頁。

〔註 48〕《中國童子軍總章》，《中國童子軍教育》，劉澄清著，商務印書館，1938 年版，第 281 頁。

這一理念偏轉與師資培訓班的訓練有直接的關係。爲解決全國各地童子軍教練員師資短缺問題，國民黨中央及政府部門先後多次舉辦各種形式的培訓班。這些培訓班在一定程度上解決了師資短缺的問題。但是，詳細考察培訓過程，我們發現：童子軍教育理念在培訓中的流失現象十分嚴重。

童子軍理念在國民黨上層及童子軍總會，尚能保持政治規訓與精神訓練的統一，同時兼顧童子軍教育規律的作用。他們認爲，「童子軍教育是良好公民教育的實驗室，從實際生活中做而學，由學而做，訓練國民的生活智慧，培養正確的政治意識，樹軍事教育的基礎，養成處世接物的正確態度、體質，同時還要吸收外國科學方法和技術，並發揚我國固有的民族道德，這就是童子軍教育的成功之處」。〔註49〕

但是，隨著師資隊伍培訓序列的延伸，從中央到地方，童子軍的理念隨之流失，甚至到了基層，童子軍變成了一個徒具外表的「洋貨」。以貴州省鎮遠縣的一次師資培訓爲例。「民國 18 年，貴州省主席毛光翔曾下令各縣派員集訓，學習童子軍知識。我縣教育科派二小教導主任汪公輔前往學習，地址設在現貴陽一中校內，稱『中國童子軍貴州省教練員訓練所』，所長由教育廳長陳公亮兼任，教師有趙作孚等，學員 300 多名，來自全省各中小學，男女均有，訓練時間月兩個月。訓練期間，由於無專職教師，所以教課人難免照本宣科，70 多天後，就算畢業了。」「縣教育科非常重視新課程，各校如無專職童子軍教練，就要責成體育教師兼任」。〔註50〕

這種狀況並非特例，在全國的許多地方，童子軍教練員奇缺，多數學校就以體育教師兼任童子軍教練，甚至以體育代替童子軍課。童子軍理念就是在各種各樣的師資培訓班中慢慢流失。留給基層童子軍訓練人員的僅僅剩下一些直觀的裝扮，比如童子軍禮義、軍棍、服裝、隊列、露營等。對於童子軍教育的眞正價值，基層訓練人員知之甚少。

7.3.2.3　理念偏轉的原因

詳細分析各類培訓班，由以下幾種原因造成理念的偏轉：

一是過於強調政治規訓，軍事技能培訓只注重軍事，忽視兒童心理。

以中國童子軍總會會長蔣介石爲例。蔣介石對童子軍的認識基本上是將

〔註49〕章輯五、吳耀麟編著：《童子軍教育原理及方法》，正中書局，民國31年初版，「自序」。

〔註50〕謝毅：《童子軍在鎮遠》，《鎮遠文史資料》，第 3 輯，第 108 頁。

童子軍視作軍事訓練的組織。1930 年 4 月南京第一次全國童子軍大檢閱時，蔣介石發表即興演講。他說童子軍是青年軍事訓練的基礎，也是國民軍事訓練的根本。〔註51〕1939 年 8 月 14 日他在童子軍教導人員訓練班講話，說童子軍訓練與軍事訓練表面上雖然不同，但其精神訓練的精神完全一致。〔註 52〕在該班結業式上又說：「中國童子軍之訓練原則」，一是訓練兒童「使其成爲三民主義的戰士」；二是訓練兒童使其「具有軍人的精神」；三是「務必注意機械（注：指科技）的教育」；四是「注意衛生知識的灌輸和衛生習慣的培養」；五是熟讀「軍人讀訓」和「空軍軍人讀訓」。〔註53〕在蔣介石的屢次訓話中，除了政治詞彙，如「三民主義」、「民族復興」、「智仁勇」、「忠孝仁愛信義和平」等詞外，還有許多軍事詞彙，如「軍事訓練」、「軍人讀訓」、「軍人精神」等等，出現頻率相當高。

　　二是國民黨派系鬥爭造成思想混亂。

　　曾在童子軍總會工作過的李養義回憶道：「當時，童子軍界的上層人物分爲『二‧二五』和『三‧一五』兩派。以嚴家麟、張忠仁、章輯五爲首的『二‧二五』派，傾向於英美童子軍的自由化，他們依靠的是陳立夫。以吳兆棠、趙範生爲主的『三‧一五』派，傾向於童子軍的軍事化，他們依靠的是黃埔軍人和三青團」〔註54〕。

　　童子軍總會視導科總幹事黃祐前回憶時，也持同樣的觀點。他說：「國民黨內部各派系互相勾心鬥角，在童子軍人事安排上更爲突出。如軍隊方面認爲『童子軍』既然有個軍字，就是軍事教育性質，應該由軍人領導，主任秘書劉詠堯、秘書趙範生由軍隊方面派去的，而教育部門認爲這是兒童教育的一種，教育部也就派了裘祝三去任秘書。而眞正受過童子軍教育專業訓練的人在總會裏並不多。礙於國家輿論的關係，不好大膽的公開宣揚童子軍訓練就是軍事訓練，只能掛羊頭賣狗肉的暗中拉攏下面各省市派一批童子軍教練員去中央集訓，畢業時每人還發了一把『軍人魂』的佩劍。這批人回到各地

〔註51〕《湖北教育廳公報》，1930 年，第 2 期。

〔註52〕蔣介石：《童子軍教師應有的認識與努力》，《會長副會長理事長副理事長對童子軍教育之言論》，中國童子軍總會編，1945 年出版，第 14～15 頁。

〔註53〕蔣介石：《中國童子軍之訓練原則》，《會長副會長理事長副理事長對童子軍教育之言論》，中國童子軍總會編，1945 年出版，第 14～15 頁。

〔註54〕李養義：《中國童子軍教育始末》，《洛陽文史資料》，第 5 輯，第 120～121 頁。

就暗中拉幫結派，在各省市縣理事會中爭奪領導權」。〔註55〕「（教會派和軍人派）這種爭奪，從中國童子軍總會開始籌建到正式成立，就一直存在。當時在童子軍教育的性質和原理上的兩種主張是：認爲童子軍是少年兒童品德教育方法的一種，因爲是嚴家麟創辦的，因此說它是教會派；另一種是認爲童子軍就是軍事訓練，以前總會負責人劉詠堯、趙範生等位代表的所謂軍人派」。〔註56〕

　　上層的分歧與派別之分，體現在培訓班上就是培訓內容重點的差異。教育部主辦的培訓班傾向於英美自由主義，在教育上多靠近歐美童子軍理念，認爲童子軍是兒童教育的一種方法。資料顯示，吳耀麟、章輯五、張忠仁、徐觀餘等人研究童子軍，偏重於對教育規律、教育價值的探究。現今留世的童子軍研究書籍或文章多半是他們的科研成果，這些成果比較接近童子軍教育的原意。而由國民黨訓練部等組織的培訓班強調的更多的是軍事訓練、政治規訓。這與黃埔系出身的派系把持有關。國民政府組織的四次全國大規模的童子軍師資培訓，均是黃埔系主辦，具體工作主要由「復興社」操辦。其中，國民政府軍事委員會主辦兩次，中央訓練團連續舉辦五期訓練班。第四次培訓班是由中國童子軍總會和教育部聯合主辦，但蔣介石命令培訓班交由中央訓練團接辦。〔註57〕由此可以看出，眞正觸摸到童子軍教育理念的英美派在師資培訓方面並沒有多少話語權，相反，強調軍事與政治的「三·一五」派卻把持著師資培訓的權力。這種培訓局面可以視作童子軍教育理念流失的根源。

　　一些老人回憶早年童子軍訓練，印象最深的除軍事訓練外，就是政治上的要求。如別樣的服裝、三指敬禮、「四維八德」等等。如：「童子軍除上一些技術課，如結繩、救護、旗語外就是操場訓練，和軍訓差不多，我記得還操過檢閱時的分列式。在思想上所灌輸的，我記得就是講解什麼『智仁勇』。童子軍的性質是什麼，我也弄不清，我只覺得它是準軍訓。」〔註58〕

〔註55〕黃祐前：《我所知道的中國童子軍》，《鎮江文史資料》，第25輯，1993年版，第174頁。

〔註56〕黃祐前：《我所知道的中國童子軍》，《鎮江文史資料》，第25輯，1993年版，第178頁。

〔註57〕《全國師資的培養》，《十年來的中國童子軍總會》，中國童子軍總會編，1944年版，第27～30頁。

〔註58〕熊作華：《關於獨山縣立第一小學童子軍情況的回憶》，《獨山文史資料選輯》，第10輯，第347頁。

　　另外，國民黨派系鬥爭還影響到童子軍教練人員的工作分配問題。合格的教練員不能充分就業也影響到童子軍理念的傳播。如：江西省立南昌師範學校為解決童子軍師資舉辦培訓班，學員結業後遇到就業困難的問題。南昌師範學校無奈向省教育廳呈文，要求省內各縣立中小學提高童子軍教練員待遇並盡先任用。學員中有體育教師抽調來培訓的，也有新招的學員。對於後者，畢業即失業。〔註 59〕又如在四川，童子軍幹部訓練班畢業學員彭仲美等 34 名聯名呈文：「畢業後，除一部分就業外，大多數歸家靜待分發日。」〔註 60〕除卻經濟不發達因素外，派系鬥爭連累就業。「1933 年冬在南京孝陵衛『軍事委員會幹部訓練班』內，辦了一個童子軍組，由趙範生、蔡杞材、劉伯龍、楊克敬、陳潮中等負責，訓練了一批童子軍教練員。但由於當時教會學校童子軍教練員內部，有一個『羅浮團』小組織，而在公私立學校，又大半為『CC』系所把持，以致軍事委員會訓練的童子軍教練員，難以分派下去」。〔註 61〕一面是地方學校童子軍奇缺教練員，一面卻是軍事委員會培訓合格的教練員就業困難。這種矛盾局面的出現與國民黨黨政軍各機構派系紛爭有極大關係，童子軍教育的發展由此受到牽連。

　　三是教育部政策失當使師資培訓品質下降。

　　1935 年開始，南京國民政府教育部通令全國中小學將童軍課列入必修課。全國各校迅速組建。隨著大規模童子軍團的出現，童子軍師資問題凸現出來。為應對童子軍師資短缺問題，除了國民黨中央軍事委員會和中央訓練團舉辦全國童子軍訓練班外，南京國民政府教育部又要求「各大學師範學院教育系體育系體育專科等校為訓練童子軍師資應以童子軍訓練為必修科」，〔註 62〕以求培養師資。但是，由於全國師範院校、體育專科學校短時間內大規模興辦童子軍科，造成高校中的童子軍教師急劇短缺。師範院校體育專科學校能否保證童子軍師資訓練的品質，成為童子軍教育的關鍵

〔註 59〕　《教育廳案呈據省立南昌師範學校呈送各縣立中心小學體育教師暨童子軍訓練員訓練班畢業學員名冊請令飭各縣提高待遇及盡先任用一案令仰遵照》，《江西省政府公報》，1937 年，第 39 期。

〔註 60〕　馬□坪：《抗日戰爭時期璧山縣的童子軍》，《璧山縣文史資料選輯》第 4 輯，第 76 頁。

〔註 61〕　《解放前學校中的童子軍及軍訓工作》，《長沙南區文史資料》，第 2 輯，第 10 頁。

〔註 62〕　費震球：《談談中國童子軍師資訓練問題》，《甘肅教育半月刊》，年期不詳。

環節。爲應急之需，各地高校利用體育與童子軍訓練的共性，遂利用現有的體育教師訓練童子軍師資。這種非專業人員「兼課」現象，很難保障童子軍理念的準確傳達。童子軍課程與體育課程糾纏在一起，形成體育與童子軍兩科重疊的現象。因此，這些不良情況的出現，與教育部政策制定失當有極大的關係。

高校內利用體育教師訓練童子軍教練員的做法，在社會上產生負面影響。資料顯示：在全國範圍內，凡是童子軍師資不足的學校，幾乎全是體育教師兼任童子軍教練員。體育課程與童子軍課程的共性成爲解決童子軍師資的現實選擇。如湖南衡陽市的中學，「大部分是體育教師兼任童子軍教練員。至於小學的童子軍教練員，一般都是師範學校畢業生擔任，也有少數國民黨的退職軍官擔任小學童子軍教練員。」〔註 63〕四川省璧山縣學校「配有童軍教練，多由體育教師兼任」。〔註64〕貴州省鎮遠縣「教育科對童子軍課程相當重視，各校如無專職童軍教練，就要責成體育教師兼任」。〔註65〕江西省贛州市光澤縣設立中國童子軍的總隊部，「各中小學設童子軍大隊，有正副大隊長。還由各校訓導主任或體育教師擔任童子軍教官」。〔註66〕

有人認爲：「教育與訓練原是不能分的兩環，兩者相得可以益彰，兩者缺一就失卻平衡，我們教育之所以沒有優良成績，實因爲國人忽視訓練之故」。〔註67〕童子軍教練員的訓練不能滿足童子軍事業的發展，一方面是培訓數量遠遠不夠，更重要的是在培訓中童子軍教育理念的嚴重流失，直接造成童子軍教育在基層流於形式的後果。

7.3.3　經濟制約

按照理論設計，童子軍教育需要一系列必備的訓練裝備，如童子軍服裝、露營帳篷、行軍器材等等。沒有必要的設備，訓練品質就會受到影響。具備必要設備，還需要有科學的訓練理念來保證。雖然教育部明確規定，各校童子軍訓練經費列入教育預算，專款專用以保證訓練所需，如安徽貴池縣民國

〔註63〕周厚光：《中小學童子軍教育回憶片段》，《衡陽文史資料》第 6 輯，第 36 頁。
〔註64〕馬□坪：《抗日戰爭時期璧山縣的童子軍》，《璧山縣文史資料選輯》第 4 輯，第 76 頁。
〔註65〕謝毅：《童子軍在鎮遠》，《鎮遠文史資料》，第 3 輯，第 108 頁。
〔註66〕萬述璣：《民國時期光澤的童子軍》，《光澤文史資料》，第 15 輯，第 100 頁。
〔註67〕吳耀麟：《論計劃的青年組訓》，《曙光》，1947 年第 4 期。

33 年「省教育廳批准各縣童子軍理事會作爲正式單位存在，其經費、公糧及一切員工享受比照同級工作人員標準列入縣預算」。〔註68〕但由於全國各省市經濟發展水準相差甚遠，中部和西部地區童子軍的發展受到了經濟發展的制約。加之連年戰亂、水旱災荒等因素，一般的經費都很難有保障，遑論耗資甚巨的童子軍訓練。

　　河南新野縣要求「全體童子軍武裝整齊，舉行授旗、宣誓儀式。凡參加童子軍的學生，每人自做土黃色衣服一套，圓布大帽一頂，領巾一條，還有智仁勇圓銅卡皮帶、徽章、編號、五彩隊色，背包、水壺，通訊旗、救護繩及六開刀等。參加童子軍的學生裝素整齊，大約需要花 12 塊銀元。當時鄉下學校稀疏，學生爲數不多。正值抗日困難時期，百姓生活困難，全縣童子軍推行緩慢」。〔註69〕周口學校「學生參加童子軍組織不履行任何手續，一般說來，只要家庭能做起童子軍服裝的都可以參加。但許多學生因爲家庭經濟條件差，做不起童子軍服裝，即使在學習、操行各方面都是全優的學生也無權參加童子軍組織。」〔註70〕陝西寶雞縣「童子軍全身著黃裝，由學校統一縫製，就這一點，難倒許多學生。當時的黃服是由土白布染黃的，染料就是土槐樹含苞的槐花，黃布大約得一長三到一丈五（大尺），將布交到學校，由校方到馬營鎮聯繫裁縫」。〔註71〕四川邛崍童子軍回憶說：「光置一套著裝，就要花一擔多大米，每學期上學報名時要交一擔多大米，還要交十二塊銀元，也交過法幣，這樣的規定，使許多貧苦孩子無法上學」。〔註72〕安徽省許多學校因爲經費困難自行停止童子軍訓練。1932 年安徽省教育廳訓令：「查本省各級學校因經費支絀，遂有將童子軍訓育即行停止之說」，「令各校加緊童子軍訓練不得因經費支絀停止」。〔註73〕貴州鎮遠縣的富家童子軍穿上童子軍服裝，顧盼自雄；貧家子弟無錢縫製童子軍服裝，上術科時被留在教室裏。〔註

〔註68〕　《貴池縣志》，黃山書社，1994 年版，第 212 頁。
〔註69〕　于有勝：《我在中山小學組建中國童子軍的回憶》，《新野文史資料》，第 6 輯，第 92～93 頁。
〔註70〕　趙名凡：《解放前中小學的童子軍訓練》，《周口文史資料》第 4 輯，第 119 頁。
〔註71〕　胥鼎：《我所知道的中國童子軍》，《寶雞縣文史資料》，第 13 輯，第 150 頁。
〔註72〕　《抗戰時期邛崍童子軍生活點滴》，《邛崍文史資料》，第 7 輯，1993 年版，第 196～197 頁。
〔註73〕　《令各校加緊童子軍訓練不得因經費支絀停止》，《安徽教育行政周刊》，1932 年第 5 卷，第 11 期。
〔註74〕　《鎮遠文史資料》，第 3 輯，第 108～11 頁。

74）北京當年的童子軍回憶說：「學校裏有官辦的童子軍，身著綠色卡嘰布軍服，手握軍棍，頭戴遮陽帽，腰掛捆綁繩，在學校操場上列隊很是威風。童子軍這一套行頭花錢不少，許多小學生不能加入或不願加入，所以心裏不平，就編出了順口溜：『童子軍眞抖神，腦袋扣著臭尿盆，手裏拿著要飯棍，腰間別著上弔繩』」。〔註75〕

　　當然，各省的具體情況還有差異。如湖北省省立各學校，自辦理童子軍以來，所有經費，均由省訓練部向財政廳具領轉發。省教育廳將童子軍專款劃分給各個學校。「各省市中等學校，每校百元，各省立小學校，每校七十五元，各私立學校每校補助五十元。」〔註76〕這在一定程度上解決了童子軍經費問題。像廣東經濟比較發達的省份，童子軍裝備十分齊備。廣東惠州「縣立一中等學校，因校產豐厚，加之熱心教育人士的支持，都購置了帳篷、野炊用具，如行軍鍋、行軍灶，……還有軍號、大小洋鼓、銅鈸、望遠鏡……」〔註77〕廣東從化「各學校甚爲重視，配備專門教師負責，並不惜經費，購置軍樂組成樂隊。平日，童子軍在校內起糾察隊作用，維持紀律；遇到重大節日及慶祝活動便出動童子軍樂隊助威。童子軍隊伍在遊行中必列前頭，那浩浩蕩蕩的陣勢，成了記者拍攝的主要對象」。〔註78〕

　　經濟發展水準還影響到理事會童子軍指導員的生活水準，進而直接影響到童子軍發展，如爲照顧各縣童子軍指導員的生活，安徽省黨部制定了「各縣黨部童子軍指導員（或監軍）任免及待遇暫行辦法」，第九條規定：「各縣童子軍指導員（或監軍）生活費各縣黨部及縣教育局共同擔任」。但教育局紛紛表示：現在各縣教育經費，多因去秋水災，支絀異常，所擬定分擔個縣黨部童子軍指導員（或監軍）生活費辦法，暫難遵照。〔註79〕指導員的薪俸不能保障，怎麼可能讓指導員安心指導童子軍呢？

　　經濟窘迫影響到童子軍教練員的社會地位。1944年童子軍總會會刊《童子軍教學做》刊文寫到：「在童訓訓練列爲中學必修課之現時，各校對於童子軍教育，多有歧視。童子軍教練員的待遇，往往比其他教員爲差，以致一部

〔註75〕蕭飛：《什剎海：1948年紀事》，《北京紀事》，2009年第1期。
〔註76〕《湖北教育廳公報》，1931年，第162期。
〔註77〕葉偉強：《民國時期的惠州童子軍》，《惠州文史資料》第15輯，第58頁。
〔註78〕謝滿祥：《童子軍回憶》，《從化文史資料》，第15輯，第99頁。
〔註79〕《各縣教育局暫難分擔童子軍指導員（監軍）生活費》，《安徽教育行政周刊》，1932年第5卷，第20期。

分童子軍教練員，每每感到此種事業之不甚爲人重視，常有因此灰心退出崗位的趨勢」。〔註 80〕

稅收政策的調整影響地方財政收入，加大了童子軍推行的難度。1934 年中央下令厲行取消各地苛捐雜稅，影響到地方的財政收入。實行以後，地方教育經費更加困難，「使全國一致認爲重要的普及教育，不惟無從進行，甚至原有者無從維持，成爲目前很嚴重的一個問題」。鑒於此，黃炎培建議，「普及教育經費，酌採劃區自治制度，而以上級的財力，補助其不足」。〔註 81〕

如果國家義務教育經費不能保障，那麼教育的一般經費就會落在受教育者身上。據研究近代學校經濟的專家估算，1930 年代，一般中學的教育成本與同年國民收入之比，高達 434％，高小也要占到 43％，初小占 22％，大學更是高達 870％；而且近代中國的教育收費占學校經費比重較大，越是基礎教育，教育收費在教育經費中的比例越高。〔註 82〕當時的學著指出這種收費高昂的教育是「資產階級」教育，因爲「非有資產者不能受中等教育也。」〔註 83〕可以想見，如此高昂的收費如何讓教育普及，遑論中國童子軍。

7.3.4　脫離民衆的實際需要

童子軍教育不被民衆瞭解，這是童子軍不能紮根中國的重要原因。陝西老百姓罵身穿土黃色的童子軍爲「黃狗」，認爲這種脫離百姓生活的怪異裝扮除了增加家長負擔之外，沒有任何用處。〔註 84〕

河南省上蔡縣童子軍回憶時說：「1936 年寒假，我在第三初小當教師時，縣教育科派我和上蔡第一完全小學的程竹亭老師到開封省教育廳學習童子軍課程。此次三個月的訓練，雖學了些童子軍課程，但由於省教育廳對童子軍活動沒有具體安排，回縣後也沒有建立相應的組織，只在一些學校的體育課裏學點童子軍知識，供節日開大會時檢閱之用。因此，當時的童子軍組織也

〔註 80〕趙書田：《對於中學童軍課程改爲課外活動之我見》，《童子軍教學做》，1944 年第 46 期。

〔註 81〕黃炎培：《地方收入銳減後如何解決普及教育經費問題》，《黃炎培教育文集》，上海教育出版社，1985 年版，第 214～220 頁。

〔註 82〕商麗浩、田正平：《近代教育收費制度的歷史考察》，《華東師範大學學報》（教育科學），1998 年第 2 期。

〔註 83〕趙篤明：《中國教育應如何改革》，《教育雜誌》，1929 年，第 17 卷，第 12 號。

〔註 84〕骨鼎：《我所知道的中國童子軍》，《寶雞文史資料》第 13 輯，第 150～156 頁。

純屬形式」。〔註85〕從受訓後的童子軍教練員的自主性來看，他們完全聽從上級的指示，缺乏創辦童子軍組織的積極性。這說明：童子軍的發展無論對學校，還是對學生、對家長、對社會，都是可有可無的擺設。童子軍組織要想深入發展，沒有群眾的支持是不可能發展的。即使是上級行政的督促，也只能迫使下層行政機關做一些應景的努力。

7.3.5　普遍存在的官僚主義工作作風

國民黨的官僚主義工作作風十分盛行，童子軍教育也不例外。中國童子軍總會及各地理事會只負責發發公文，適時四處走走，做做考察、督促的樣子。下級單位如影隨形，做應景文章。

一位鄉村教師這樣描寫這種工作作風：先是高層領導公開考察的題目，接著就是頭頭是道的理論闡釋，以及頗為周到的程序安排。再下來就是層層發公文，到了縣級單位，不能再推，於是就成立各種實施委員會，刷標語、宣言，召開民眾動員大會，喊口號。散會之後，會將推行的過程呈報備案，一陣風似的運動這就算結束了，從此無人再過問。對這種運動是這樣，對那種運動也是這樣。久而久之，老百姓已經厭倦這種運動，效率為零。表面上，國民黨中央每次發動的運動都是周密計劃，理論充分，分工明確，及時檢查，但在實際上，都是官樣文章。〔註86〕從前章討論中國童子軍理論研究問題時，也能看出這一點。理論工作者很少深入群眾、深入實際調查研究，將童子軍理論空懸，這也是不良工作作風的表現。

7.3.6　日本侵略的干擾

日本的侵華戰爭直接影響了童子軍教育的推行。史料顯示：多數淪陷區的學校在抗戰中被迫流亡，教育活動無法正常進行。如河南上蔡童子軍 1940～1944 年發展較快，但「1944 年日本佔領縣城後，學校停課或東遷，童子軍訓練被迫停止」。〔註87〕周口「七七事變後，大都國土相繼淪陷，一些條件較

〔註85〕 張靖瀾：《關於上蔡縣童子軍情況的回憶》，《上蔡文史資料》第 3 輯，第 99 頁。

〔註86〕 郭子韶：《論改革運動之癥結》，《獨立評論》，1936 年，第 220 號。

〔註87〕 張靖瀾：《關於上蔡縣童子軍情況的回憶》，《上蔡文史資料》第 3 輯，第 101 頁。

好的學校疲於遷徙流亡，每到一處新址，因條件限制都只能因陋就簡勉強復課，對於知識科以外的童子軍訓練就只有糊裏糊塗應付一番了事。條件差的學校，原本就沒有建立正規的童子軍團，也沒有進行正規的童子軍訓練，多數學生家庭做不起童子軍服，因而不少學校就以體育代替童訓」。〔註88〕「由於國內戰爭頻仍，童子軍運動在大多數地區並未認真推行，即使搞得較好的城鎮，除抗日戰爭時期曾作爲國統區對兒童進行軍事教育的一個組織外，隨著抗戰的勝利，國民黨政權日益走向獨裁、反動，童子軍運動也成了何應欽替蔣介石推行黨化教育和反共教育的工具」。〔註89〕日本帝國主義的侵略是影響中國童子軍發展的一個非常重要的外在原因。

7.3.7　其他原因

由於許多學校用已有的體育教師兼任童子軍教練員，所以體育和童子軍兩種課程極易混淆，也影響到童子軍教育的實際推行。這一點在前章已有論述，不再贅述。

1936 年，吳耀麟分析中國童子軍發展困境時，認爲是經費、人才、社會的態度、從業人員的興趣、訓練用品的供應等問題制約了發展。〔註90〕

他說：「第一、中國童子軍總會自二十三年成立至今，尚未遵照中國童子軍總章規定，徵求正式會員，以致於未能獲得社會多數人力物力的幫助。第二、中國童子軍的領導人才，包括各種設計的學者專家及高級中級幹部人才，以致業務進展未能合理化，童子軍訓練亦僅限於少數學校。第三、中國童子軍的業務經費，全國及各省市領導機關，完全仰賴政府撥給及少數登記費，數目既少，僅足以維持職員生活，絕少事業費，以致影響業務發展。第四、全國各處均感童子軍師資的缺乏，而童子軍教練員必須能力充實始能勝任，因待遇稍差，一般優秀分子不願獻身事業，結果不免濫竽充數，而教學成績不免有令人失望之處。第五、現在各級學校所用童子軍訓練標準仍係民國二十三年以前所定，從未加於修正，以致不能與學校童子軍訓練配合，教材及教參書貧乏，因陋就簡，影響訓練。第六、全國童子軍事業發展並無計劃，此亦限於人才經費，但一切服裝、用品、徽章、旗幟、書籍、教本等生產供

〔註88〕趙名凡：《解放前中小學的童子軍訓練》，《周口文史資料》第 4 輯，第 121 頁。

〔註89〕熊宗仁：《何應欽的宦海生涯》，河南人民出版社，1994 年版，第 298 頁。

〔註90〕吳耀麟：《童子軍教育概論》，商務印書館，1936 年版，第 234 頁。

應事業亦不能辦理，無法增加收入，補助業務發展。第七、學校童子軍訓練勉強維持，而各種童子軍訓練無法擴展，法規雖多，未盡完善，全國各地環境不同，尚缺乏良好合理的指導。第八、童子軍訓練為青年訓練的一部，應當為每個青年少時所必經歷，負責領導機關勢必與所有青年訓練機關密切聯繫。第九、目前中國童子軍在組織行政上固欠健全，而實際訓練上，因未能發揮童子軍訓練的真正精神，群策群力，所以訓練結果，距離理想尚遠。第十、社會人士對於童子軍訓練雖感覺其必要，但缺少實際的幫助，政府雖規定童子軍訓練為初中學生必修課程，但撥支經費太少，加以童子軍訓練本身的各種缺憾，故目前的童子軍訓練絕難表現良好成績。」〔註91〕

從吳耀麟的檢討來看，中國童子軍近三十年的發展，依然顯得非常薄弱，影響其發展的關鍵因素歸納起來，有經費困難；師資力量不足，教練員待遇差；教材少；主管機關沒有形成合力；宣傳不夠，社會不瞭解童子軍等等。再進一步歸納，實際上影響童子軍發展的關鍵因素有兩個：一是經濟發展水準的制約，影響到學校童子軍的發展以及優秀師資隊伍的形成；二是宣傳力度不夠，以致於社會力量不能支持童子軍的發展。他總結說：「國民經濟落後」，「國民家庭經濟拮据，於最低生活費用之外，無法支付額外費用，以供應服裝用品及做各種活動之用」，加上「有限的經費未必能做最合理的運用，有些地方似乎浪費，有些地方當用而無錢可用」。〔註92〕從前章童子軍教育的基層實踐的考察來看，吳耀麟的檢討是符合實際的。

〔註91〕吳耀麟：《青年訓練之理論與實際》，商務印書館 1944 年版，第 328～329 頁。
〔註92〕吳耀麟：《青年訓練之理論與實際》，商務印書館 1944 年版，第 331 頁。

第 8 章　童子軍教育中國化及歷史地位

　　童子軍作爲一種引進的新教育，必須和中國的文化以及具體的國情相結合，方能有效地推行。在 20 世紀 20 年代中國教育界對新教育中國化運動的反思浪潮中，童子軍理論界也對童子軍教育中國化做了反思。這兩個反思最後殊途同歸，共同轉向傳統教育以尋找新教育的突破口。這爲國民黨改造童子軍教育理念提供了契機。同時，教育界也認識到：新教育要想在中國成功推行，必須與中國的農業社會結構契合，這是包括童子軍教育在內的新教育成功的根基。

　　儘管童子軍教育在實踐中不盡人意，但它在中國教育史上有其重要的歷史地位。本章將圍繞上述兩大問題展開深入探討。

8.1　新教育中國化運動與中國童子軍教育

　　20 世紀 20～30 年代，中國教育界掀起了一場反思新教育中國化的浪潮，教育史研究者將其稱之爲「新教育中國化運動」。〔註 1〕這場運動以反思中國新教育在 20 世紀近三十年的實踐爲契機，醞釀、籌畫中國教育未來的發展走向。最終國民黨主持下的「三民主義教育綱要」獲得全國教育會議通過，成爲指導中國未來幾十年教育的發展方針。

〔註 1〕　「新教育中國化運動」目前研究者不多，相關成果相對較少。論著如李海雲的《新教育中國化運動》，社會科學文獻出版社，2009 年版。論文有林良夫的《二十世紀前葉新教育中國化道路的回顧與反思》、吳冬梅《何謂「新教育中國化」》、《20 世紀二三十年代「新教育中國化」運動研究》、《新教育中國化的歷史進程》等。

　　有趣的是，宣導這場新教育中國化的主角——莊澤宣博士——此時正受聘廣州國立中山大學，創辦教育研究所併擔任所長。與此同時，國立中山大學附中附小的童子軍也組織的有聲有色，引起中山大學校長戴季陶的注意。在戴季陶等人的努力下，中國童子軍教育也開始了最爲深刻的一次中國化反思。教育界與政界在 20 世紀 20 年代的反思，最後殊途同歸，都將中國未來教育的發展寄託於傳統精神的承繼上，形成「中體西用的」教育模式。由此，「四維八德」不僅成爲三民主義教育的基本精神，也成爲中國童子軍的訓練原則。

　　本節將以新教育中國化爲依託，述論 20 世紀 20 年代新教育中國化與童子軍教育之間的關聯，並以新教育中國化爲導引，反思中國童子軍教育的發展。

8.1.1　向傳統回歸：新教育中國化與童子軍教育的反思

　　20 世紀 30 年代，童子軍教育專家陳潮中在反思中國二十多年的童子軍運動時，認爲中國童子軍教育徒具形式，主要原因是缺乏民族性，從而喪失了社會基礎。他說：

> 　　我國童子軍教育，自辦理以來，已有二十餘年的歷史，辦理者頗多重於形式，而忘卻童子軍教育的眞意，訓練既不劃一，組織亦乏系統，其教育方針尤傾向於離開國家立場的教會宣傳，失掉中華民族的特殊性。因此，失了社會的信仰，恒少廣大而迅速的進展。
>
> 〔註 2〕

　　陳潮中的分析已經觸摸到童子軍新教育與中國民族性之間的關係問題，立論相當深刻。與此相同，教育界也掀起一場反思新教育中國化運動的浪潮，其代表人物是莊澤宣和舒新城。

　　莊澤宣是較早認識到「新教育能否適應中國的問題」的教育專家之一。莊澤宣（1895～1976），1922 年畢業於哥倫比亞大學，獲得教育學博士學位，後在普林斯頓大學進修一年，是專門在美國學習教育學的清華官費留學生之一。1927 年，莊澤宣發表《三十年來的中國新教育》一文，對中國推行新教育的效果做了評估：

〔註 2〕劉澄清：《中國童子軍教育》，商務印書館，1938 年版，陳潮中 1932 年所作的序言，第 7 頁。

　　從制度上看起來，這三十年中中國的新教育，在前二十年是日本化，在近十年是美國化，到現在美國的影響還很大，不過最近江浙試行大學區制，頗傾向於歐洲大陸制度。

　　他認為：這種模仿的新教育制度，不適合中國的情況，首先是教育的成本超出一般民眾所能承受的程度。「兒童受教育的費用比受舊教育要多得多」，「一般的平民把子弟送入小學讀書已經不容易了，送入中學經濟力的負擔更重，至於大學生的父兄可以說是都在『中產』階級以上」。而且由於學校教育與社會脫離關係，「其結果是一個純粹的學者資格不夠，叫他與社會一般人為伍又配不上或不屑做，所以各學校的畢業生便成了高等的流氓！」其次是教育不適合中國社會狀況。「因為國人對教育的舊觀念還存在，辦新教育的人不能真正瞭解新教育的功用，所用的新教材新方法往往毫無成績，不能引起社會上的信仰，其結果是新式學校不過把功課分門別類弄成一個『洋八股』而已」。再次是新教育不能發揚中國民族的優點。莊澤宣相信，「不要說世界大同的日子還遠，即使大同，決不能叫中國代表的大部分東方文化完全消滅在西方文化中。」最後新教育不能改良中國的劣根性。「中國人最大的毛病是依賴性和惰性，最缺乏的是創造力和組織力」，新教育無能為力。因此，新教育中國化二三十年，成果很少，反倒製造出許多弊端來。形成這種局面的關鍵因素是新教育制度根本不適合中國的情況。新教育未來的方式是結合中國具體情況，在民族文化中找到民族自信力的因素。他總結說，國民黨新近頒佈的三民主義教育綱要就是中國未來教育的新方向。〔註 3〕

　　莊澤宣最後認定的國民黨三民主義教育綱要是適應中國國情，其最重要的因素在於教育綱要中糅合了中國教育傳統因素——忠孝仁愛信義和平，也就是他所說的能讓中國民族找到自信力的因素。同時新教育綱要將國家建設、社會建設以及物質建設三者並舉，注重實際技能和服務公眾能力培養等，與他的主張相近。〔註 4〕莊澤宣的三民主義認同與他在 1926 年受聘國立中山大學有關。莊澤宣在美國學成歸國後，在清華大學擔任清華學校職業指導部主任。1926 年，因「改大」（清華學校升清華大學）風潮離開清華。後在廈門大學執教一年。1926 年，新改名的國立中山大學醞釀成立教育學研究所，遂向莊澤宣發出邀請函。莊澤宣欣然應允。1927 年受聘中大並籌建教育學研究

〔註 3〕　莊澤宣：《如何使新教育中國化》，明智書局，1929 年版，第 23～35 頁。
〔註 4〕　莊澤宣：《三十年來中國的新教育》，明智書局，1929 年版，第 94～96 頁。

所。1928 年 2 月，教育研究所正式成立，莊澤宣擔任研究所所長。而此時的中大校長正是戴季陶。〔註5〕時任中山大學校長的是戴季陶，為支持莊澤宣成立教育研究所，戴季陶特批一筆專款。〔註6〕

與莊澤宣不同，舒新城深受中國傳統教育的影響。他在 14 歲之前在鄉村私塾和書院接受了傳統教育。15 歲時，書院改辦小學堂，入溆浦縣立高等小學堂，由此開始他的新式教育。〔註7〕儘管舒新城沒有將新教育與西方教育做比較，但他從接受的傳統教育出發，對新教育的弊端做了深入的分析。他認為，新教育與中國農業社會不相符，中國教育的根基是小農經濟，核心是「修齊治平」的人本主義思想，而西方教育的根基是工商主義，其核心是崇尚個人競爭，主潮是自然主義。因此，中國推行 20 多年的新教育，失敗的原因就在於不同的社會環境。今後中國教育的方向應該是適應中國小農社會情況，與鄉村社會相適應，調和人本主義與自然主義、實行中央集權制和地方分權相結合的管理體制。在科目設置上，宜在中國歷史中找尋中國民族自信力的因素，在教育設置上向傳統的私塾制、書院制、鄉學等尋求靈感，建立適應中國民風民情的相對廉價的教育體制。〔註8〕

與莊澤宣的經歷不同，舒新城對新教育的批判以及對中國傳統教育精神的回歸，與其早年接受的中國傳統私塾式教育關係極大。〔註9〕但是，兩個教育家在 20 世紀 20～30 年代率先宣導中國新教育的反思浪潮，的確對中國教育的未來走向起到非常重要的作用。至少，調和西方教育與中國傳統教育的「中體西用」教育模式主宰了中國未來幾十年的發展。有學者認為，「以蔣介石為代表的中國國民黨和南京國民政府，其立國精神與精神支柱都沒有脫離『中體西用』」。文章援引國民黨元老居正的話說，「四海兄弟、忠孝仁愛、信義和平為其體，天下為公、政治經濟、交通文化為其用」，最有力地證明了這一點。〔註10〕

〔註 5〕 莊澤宣：《我的教育思想》中華書局，1934 年版，第 311～312 頁。

〔註 6〕 胡耿：《爲謀新教育中國化》，華南師範大學碩士論文，2003 年。

〔註 7〕 舒新城：《我和教育——三十五年教育生活史》，中華書局，1945 年出版。

〔註 8〕 舒新城：《中國教育的建設方針》，中華書局，1931 年版，第 14～18 頁。

〔註 9〕 舒新城的早年的教育經歷完全是傳統私塾。在後來的學堂教育中，他對學堂的教育管理十分反感，認爲在那裏，師生之間已近沒有私塾那樣親密，喪失了師生之間師生情誼。在舒新城的教育改造中，主張在採西學體制的同時要調和傳統教育中的有益成分。見：舒新城：《我和我教育——三十五年生活史》，中華書局，1945 年版。

〔註10〕 馬克鋒：《「中體西用」說與近代文化建構》，《教學與研究》，2007 年第 10 期。

　　與教育界反思新教育中國化幾乎同時，國民黨在 1927 年前後隨著政治勢力的擴大也在醞釀其教育政策。童子軍教育就是在這一時期被國民黨最大限度地改造，開始了在中國最大的嬗變。

　　國民黨總結童子軍教育在民國初年十多年的發展後認爲：

> 　　世界各國的童子軍教育，無不審查國情，而各具其特殊的效用，以爲「國民的基本訓練」。我中國自從創辦童子軍以來，十餘年間，或受外人指導，或襲他國成法，與國情諸多未合。甚至倡言童子軍「不得干預政治，不參加愛國運動」等謬說。根本上就錯認了「國民的基本訓練」的原則。現在我們的國家，急需革命的青年，那麼我們現在應該工作的就是革命的國民基本訓練。黨化童子軍就是根據這個意義，以養成「智仁勇」之革命青年，完成國民革命爲目的。宣傳提倡，是在我全國負有童子軍教育責任者，尚希各地同志共同努力這「智仁勇的革命青年的國民基本訓練」的工作。〔註11〕

　　童子軍在民國初年十幾年的發展，基本保持了自由主義發展理念。從 1927 年開始，國民黨主持下的童子軍組織要承擔完成「國民革命的重任」。國民黨成立中國國民黨司令部，中國童子軍總會等組織，主管童子軍教育的發展。由此開始，「黨化」童子軍取代「自由化」童子軍。

　　莊澤宣對廣州中山大學附屬中學的童子軍教育有其獨特的評價。此時的中山大學附中附小的童子軍組織，因爲訓練搞得有聲有色，頗受師生及教育界的關注。〔註12〕他認爲童子軍教育是一種好的教育形式。他說：「童子軍利用兒童的天性，寓學習於遊戲之中，德智體群四育均於無形中並進，……更可養成組織力、互助心及犧牲一己爲他人服務之精神」〔註13〕。但同時，他又認爲目前的童子軍教育過於偏重形式化。他說：「所謂『童子軍』，太英美了，他愛形式化了，太片面了」。〔註14〕也就是說，中國的童子軍教育在他看來，太講求形式，而忽視了童子軍精神。

　　與莊澤宣的觀點不同，受廣州童子軍發展的影響，時任國立中山大學校長的戴季陶，卻以政治家的眼光打量童子軍組織，認爲它是改造青年的好組

〔註11〕　《黨化體育童子軍課程》「下編　黨化童子軍課程」，新教育出版社編印，1927
　　　　　年月出版，第 73 頁。
〔註12〕　《國立廣東大學童子軍年刊》，1925 年，第 11～12 頁。
〔註13〕　莊澤宣：《教育概論》，中華書局，1930 年版，第 44～45 頁。
〔註14〕　趙邦燦：《德國青年運動》，明智書局，1932 年版，莊澤宣所做的序言。

織。由此開始，以戴季陶維代表的國民黨開始改造童子軍理念。我們可以從這一時期的國民黨修改童子軍訓練原則看出這一點。

1926～1928 年，廣州國民黨已經將民國之初的童子軍訓練宗旨做了修改，新宗旨是：「本黨童子軍之訓練在養成智仁勇之革命青年，以完成國民革命為目的」。其願詞變成：「（一）尊奉總理遺囑，完成國民革命；（二）扶助農工及一切被壓迫民眾；（三）服從紀律」。〔註15〕到 1931 年，國民黨中國童子軍司令部重新將誓詞調整為：「誓遵總理遺教，確守中國童子軍規律，終身奉行下列三事：第一、履行忠孝仁愛信義和平之教訓，為中華民國忠誠之國民；第二、隨時隨地輔助他人、服務公眾；第三、力求使自己知識道德體格之健全」。〔註16〕

這樣，以廣州為中心，新教育中國化與廣州童子軍形成兩種路向：教育家主張由歐美引進的新教育要中國化，必須與中國的實際情況向適應，解決方案主要是向教育傳統尋找資源。國民黨政治家們傾向於利用新教育的外衣，內嵌傳統教育的道德內容，賦予童子軍崇高的民族使命，採用「中體西用」模式。兩種路向殊途同歸，最後都在傳統教育精神中尋找新教育的突破口，主張在中國歷史中尋找增強民族自信力的因素。這一因素就是傳統教育的核心之一——忠孝仁愛信義和平。

有學者認為，20 世紀 20～30 年代中國的這場新教育中國化運動是民族主義情緒高漲的產物。〔註17〕此論基本符合史實。1926 年的五卅運動，激起中國反帝鬥爭的高潮。舒新城說：「此次事變為中國政治史外交史上所未有，民心之激昂亦為前所未有。其直接影響及於教育界者罷課而外，教會教育發生動搖，軍事教育、國家主義教育思潮日見澎湃」。〔註18〕受到反帝愛國運動高漲的影響，廣州的童子軍受到國民黨的重視；教育界宣導收回教育權運動，同時也開始反思新教育中國化。1931 年「九·一八事變」爆發，更加助長了民族主義浪潮。無論教育界還是政界，都在反思中國教育的走向，都力圖在歷史傳統中找到讓中華民族恢復自信力的因素。因此，20 世紀 20～30 年代，中國童子軍在反帝情緒高漲的氛圍中，以「四維八德」為訓練原則的童子軍

〔註15〕 治永清：《童子軍專論》，商務印書館 1930 年版，第 19～20 頁。
〔註16〕 榮子菡：《廣東童子軍研究》，暨南大學碩士論文，2005 年。
〔註17〕 吳冬梅：《20 世紀二三十年代「新教育中國化」運動研究》，《河北師範大學學報》《教育科學版》，2005 年第 3 期。
〔註18〕 舒新城：《民國十四年中國教育指南》，商務印書館，1926 年版，第 3 頁。

實現了「中體西用」的大轉變。而新教育中國化運動為 20 世紀 20 年代國民黨改造中國童子軍提供了另一個合理性。

8.1.2　新教育中國化運動對童子軍教育研究的啓發

上述的教育家對中國新教育的反思，頗值得思考。畢竟，從清末開始，中國由延續兩千餘年的科舉體制向現代西方教育體制轉型，這不是一朝一夕能夠完成的事情。歷經近三十年的發展，新教育體制在頻繁的修正中，與西方教育體制逐步接軌。但是，由於趨新過快，教育問題積累多多。實際上，在 20 世紀 20～30 年代，對新教育的弊端提出批評的絕不是上述兩位，他們只是其中比較有影響力的教育者而已。[註 19]

但是，由於教育不僅僅是教育單方面的問題，舉凡社會、政治、經濟諸多方面都會對教育產生影響。莊澤宣認為，新教育中國化要注意四點：一是合於中國的國民經濟力，要與國民收入相符；二是合於中國的社會狀況，要與中國農民占多數的實際狀況相符；三是能發揚中國民族的優點，讓中國文化在世界文化中佔有一席之地；四是能改良中國人的惡根性，改掉無組織、一盤散沙的狀況。[註 20] 舒新城認為，新教育的關鍵因素在於，要讓一般的平民都能接受基本的生活技能，增加他們生活的能力，推行職業教育和生產教育，而不是僅僅將學校教育集中在城市裏。如果不改進，城鄉教育發展更加不均衡，最終占人口多數的農民依然失去受教育的機會。要想實現這樣的目標，必須結合鄉村社會原有的辦學經驗，讓鄉村民眾辦理他們經濟水準能接受的教育。[註 21]

從兩人的觀點來看，新教育之所以積難重重，關鍵是新教育脫離了中國基本的社會情況——小農社會，而新教育誕生的根基是西方的工商業社會。當新教育體制抄襲到中國之後，與小農社會的方方面面都不相符。因此，新教育要想在中國紮根，必須做出適應中國社會狀況的調整。

〔註 19〕如陳東原在《中國教育新論》中說「中國已經夠了十五年的共和時代，他的教育，正如其政治一樣，還是完全封建的、貴族的、利己的」。商務印書館，1928 年版，序言頁。另外，《教育雜誌》《新教育》上發表許多這方面的文章，如邱椿、姜琦、羅廷光等。見吳冬梅等：《20 世紀二三十年代「新教育中國化」運動研究》，《河北師大學報》（教育科學版），2005 年第 3 期。

〔註 20〕莊澤宣：《如何使新教育中國化》，明智書局版本，1929 年版，第 71 頁。

〔註 21〕舒新城：《中國教育建設方針》，中華書局，1931 年版，第 13～18 頁。

　　他們的討論已經深入到教育發展所賴以生存的根本性、結構性問題。自莊澤宣之後，中國教育界沒有停止對新教育中國化、童子軍教育中國化的思考，對教育的中國化的分析也在逐步走向深入。

　　1931 年國際聯盟教育考察團在《中國教育之改進》報告中，認爲中國教育最大問題就在於過於模仿外國。報告稱：「就中國教育制度，尤其是近十年來所實施之改革，將是主要問題之一，即其對於歐美、日本標準制度，所資以爲中國改革基礎者，其態度如是也」，「（中國教育）主要危機在於對於外國文化之方法與實質，徒爲形式上之摹效而已」。〔註22〕1932 年，陳潮中反思中國童子軍發展緩慢的原因時，認爲中國童子軍因爲失去了民族性故而「失了社會的信仰」。〔註23〕1935 年 3 月，教育家雷沛鴻在反思中國新教育普及失敗的原因時，認爲中國是農業社會、鄉村社會、宗法社會，而西方是工商業發達和分工細化的產業社會，新教育在中國沒有相應的社會基礎。因此，中國的新教育應該「要綜合、要簡單、要有效、而且要使政治、經濟、文化、軍事打成一片」。〔註24〕雷沛鴻從中西兩種不同的社會結構中去分析中西教育的差異，使新教育中國化分析更有深度。1936 年，趙邦燦在《童子軍教育原理》第二版「譯者贅言」中說，「我認爲中國童子軍教育如果要認眞去做，那麼我們還得對於這方面的理論和方法，先做一番啓蒙才是」，「自然抄襲是不合國情的，閉門造車也未必是造福兒童的工作」，「我們需要自己創造出一種適合現代中國兒童的訓練方法出來」。〔註25〕20 世紀 40 年代，吳耀麟反思中國童子軍，由於未能獲得社會多數人力物力的幫助、中國童子軍缺少領導人才、業務經費少等十大原因阻礙了童子軍事業的進步。〔註26〕1946 年，戴季陶反思童子軍教育時說：「余精力既衰，而又無一個眞心實意的幫手，以至於十年前做了苦工，自己捐了將近二十萬的錢，而一無成績」。〔註27〕1950 年，何應

〔註22〕　國聯教育考察團編、國立編譯館譯：《中國教育之改進》，1932 年版，第 14～15 頁。

〔註23〕　劉澄清：《中國童子軍教育》，商務印書館，1938 年版，陳潮中 1932 年所作的序言，第 7 頁。

〔註24〕　雷沛鴻：《國民基礎教育的產生》，《雷沛鴻文集》，韋善美、馬清和主編，廣西教育出版社，1990 年版，第 233～234 頁。

〔註25〕　趙邦燦：《童子軍教育原理》，正中書局，1937 年版，序言。

〔註26〕　吳耀麟：《青年訓練之理論與實際》，商務印書館 1944 年版，第 328～329 頁。

〔註27〕　陳天賜編：《戴季陶先生文存三續編》，（臺灣）中國國民黨中央委員會黨史史料編輯委員會，1971 年版，第 158 頁。

欽在臺北主持第五屆「中國童子軍全國理事會」第一次會議上，對過去在大
陸主持的童子軍工作做了如下的評價：「我們中國童子軍，近十幾年來，在量
的擴展和外形的講求上，都已經有相當的成就。而在質的改進，亦即是在實
現童子軍的宗旨上，則顯然不夠需求。……而事實告訴我們，我們中國童子
軍，只徒有其表。」「過去濫用童子軍名義，甚至世界童子軍人士認為，我們
沒有一個眞正名實相符的童子軍團」。〔註 28〕這些反思都共同說明：中國的童
子軍還不是眞正意義上的童子軍，它還沒有和中國的社會結構相契合，還沒
有完成新教育中國化的轉型。

　　貝登堡認為，自童子軍創辦以來，儘管兒童的天性和嗜好方面已經改了
很多，但是，童子軍教育和女童子軍教育的價值依然沒變，它能給兒童前途，
「是上帝預備給每個人的──那就是野外、愉快和致用」。〔註 29〕這是貝登堡
在童子軍教育上最為自信的地方。但在中國，童子軍不是「野外」的，而是
課堂的，不是「愉快」的，而是應試的，不是「致用」的，而是外表的──
這就是中國童子軍在現實中的處境。

　　為什麽會如此，還是民國時期的學者說得好：「教育不是可以獨立存在的
東西，是必須與社會環境相適應的。怎樣的社會環境必須採用怎樣的教育；
反之，唯有怎樣的教育才能維護怎樣的環境。」「不明了社會的實際情形，把
個別社會所產生的教育制度硬搬過來安上去，無異於削足適履，是必敗無疑
的」。〔註 30〕

　　以此來反思中國的童子軍教育，有兩點啓發：

　　第一、從中西不同的社會環境的角度看，童子軍教育沒有做出與中國的
農業社會結構相適應的調適。

　　英美童子軍的發展，其推動力來自民眾的力量，來自社會的力量。英國
童子軍在貝登堡創辦之初，合理地利用了幾個關鍵的因素：一是抓住了英國
民眾普遍的民族主義心態。這一點為童子軍組織的發展壯大提供了合適的社
會大環境。二是貝登堡充分利用了人脈資源，巧妙的宣傳，使童子軍以「公
民教育」的形式為一般民眾所接受，並為童子軍發展創造良好的輿論氛圍。
三是貝登堡得到了英國上層軍政人員的支持。〔註 31〕這些因素形成合力，最

〔註 28〕《何應欽的宦海沉浮》，河南人民出版社，1994 年版，第 299 頁。
〔註 29〕趙邦燮：《童子軍教育原理》，正中書局，1937 年版，「修訂版原序」。
〔註 30〕陳耿光：《中國農村與教育改造》，《教育雜誌》1930 年第 22 卷第 12 號。
〔註 31〕貝登堡童子軍教育理念的準確傳播得益於他的媒體朋友 Sir Arthur Pearson，此

終童子軍能夠得到社會各個階層的支持而日益壯大。美國的童子軍的發展有兩大關鍵因素：一是眾多社會熱心人士的支持，如社區、私人小社團；二是社會組織的支持，如美國的天主教等接納、利用童子軍組織。〔註 32〕因此，童子軍作爲新興的教育形式與英美的政府關係不大，倒與工商業社會結構息息相關。

　　中國屬於傳統的農業社會、宗法社會、鄉村社會，缺乏西方工商業社會中的發達的社會組織。因此，童子軍作爲新教育形式，力圖在中國廣泛推廣，唯有依賴政府的推動。這種自上而下的社會運動，其實施效果與政府的公信力、政策執行力、以及政府人員的行政素質緊密相關。新教育能否被民眾接受，與新教育是否能夠滿足民眾的實際需要緊密相關。從前章對童子軍發展的現實困境的分析來看，童子軍教育既不能直接滿足民眾生活的實際需求，各級政府行政機關工作人員存在嚴重的官僚主義作風，再加上日本侵華的客觀環境，因此，童子軍發展舉步維艱。

　　第二、從新教育中國化的角度看，童子軍教育在教育形式和教育方法上還沒有充分的中國化。

　　前章所分析的童子軍教育在基層遇到的問題，諸如經濟發展水準的制約、師資不足、宣傳不夠等等，實際上可以歸結爲一個問題，即：童子軍教育的中國化問題。也就是說，中國童子軍在中國發展舉步維艱，一個深層次的原因就是童子軍在中國還沒有深入民眾，沒有和民眾的需要相結合。「中體西用」的中國童子軍，其「中體」僅僅局限於「四維六藝八德」是不夠的，還應該考慮童子軍教育是否適應民眾的經濟能力，是否適應中國的鄉土社會。童子軍的訓練方法還要因地制宜，與各地的社會狀況相結合，凸顯童子軍精神的訓練。從上述的考察看，這些要素並沒能實現眞正的本土化、中國化。所以，這種「太形式化」而丟棄訓練精神的洋玩意兒在中國只能在關鍵的場合充充門面而已，並沒有眞正起到公民教育（citizen training）的目的。

　　莊澤宣對新教育中國化提出兩點原則：「一是不要好高鶩遠，專顧表面，而是腳踏實地的研究一下中國現在社會實況與經濟力量。二是不要想包羅萬

　　　　人擁有出版公司。English Youth Movements, 1908～30, Paul Wilkinson, *Journal of Contemporary History*, Vol.4, No.2（Apr.1969）.

〔註 32〕 A Comparative Study of the Boy Scout Movement in Different National and Social Groups. Saul Scheidlinger, *American Sociological Review*, Vol.13, No.6（Dec, 1948）.

象，無美不備，以爲教育是萬能的，而去注重實際問題的探討與解決。」〔註33〕若以此反觀中國童子軍理論研究，會發現理論界對童子軍教育在基層推行中面臨的問題並沒能給予及時的指導，沒有形成理論與實踐雙向互動機制。

　　簡言之，中國童子軍教育理念尚未充分中國化，理論研究與社會實踐脫節，這兩大弊端成爲中國童子軍發展沒能逾越的障礙。

8.2　童子軍教育理念在中國教育史上的地位

　　中國童子軍運動歷經近四十年的發展，在社會上產生了一定的影響。但從實際的效果看，童子軍教育理論工作者們所期望的繁榮景象在 1949 年之前都沒能出現。隨著中共革命在大陸取得成功，童子軍組織被取締。據此，有研究者認爲，中國童子軍運動是失敗的。〔註34〕這種看法有些道理，但並不完全符合史實。一個起碼的事實是：20 世紀 50 年代之後的臺灣，童子軍運動復興，直到現在仍然受到青少年的歡迎。〔註35〕

　　童子軍運動在中國由於種種原因，沒有像歐美等國那樣興盛。但是，童子軍教育理念對民國新教育的發展，卻有許多值得贊賞的地方。從教育對象上看，童子軍教育關注到女性、特殊群體。〔註36〕針對特殊群體，童子軍都有相應的教育對策，實現了教育權的眞正平等。從童子軍教育的方法上看，激勵教育、由做而學的實踐性教育以及遊戲化教學對民國教育方法的創新都有啓蒙的意義。本節將圍繞這些問題探討童子軍教育在民國教育史上的地位。

8.2.1　重視女子教育

　　童子軍教育重視女子教育，因性施教，體現男女受教育的平等權。

　　受「男尊女卑」傳統觀念的影響，中國女子的教育歷來以家庭教育爲主。自近代以來，中國受西方思想的影響，女子的現代教育問題開始受到各方的關注，女子教育水準逐漸成爲衡量社會文明程度的標誌之一。從 1903 年清政

〔註33〕莊澤宣：《如何使新教育中國化》，中華書局版本，1938 年版，第 90 頁。
〔註34〕如榮子菡、王晉麗、羅敏等碩士論文。
〔註35〕見：中華民國童軍總會官方網站：http://scouting.edu.tw。
〔註36〕特殊群體，在童子軍文獻中的表述是「惡癖」、「低能」等。前者指行爲習慣不好，且很難教育使之改正的兒童。後者則是身體殘疾或智力非正常的群體。劉澄清：《女童子軍教育法》，商務印書館，1935 年版，第 196～197 頁。

府重訂學堂章程開始到實現男女同學，女子教育經歷了由「兩性雙軌制」到「不分性別的單一制」的演變。〔註37〕

1909 年，英國已經出現女童軍。1917 年，中國上海倉聖明智學校成立第一支女童軍。〔註38〕從 1912 年中國童子軍創辦，到 20 世紀 30 年代中國女童軍訓練的逐步被民眾接納，女童子軍參與了中國女子現代教育的歷史進程，在許多方面具有開創性意義。對比中國女童軍與現代女子教育內容，可以清楚地看出兩者之間的關係。

中國女童子軍創辦時間稍晚，1919 年，留學英國的張紹南女士開始在報刊上大力宣傳女童軍，此時中國男童軍的訓練在全國許多城市已經非常盛行。1920 年上海聖倉明智女子學校在張維幀女士的領導下，創辦中國首支女童軍組織。隨後，上海的中國女子體操學校、愛國女校等相繼成立女童軍。1921 年，上海舉辦第五屆遠東運動會時，上海的女童軍及蘇州縣立第一女子高等小學校女童軍到會表演，贏得讚譽。1921 年，江蘇省童子軍聯合會召開年會，提出統一女童軍的辦法，決定由上海女童子軍教育研究會負責計劃，分發各縣徵求意見。經過會議討論，女童軍的名稱、願詞、規律、證書、服裝、旗幟、課程等，都有了統一的規定。1922 年，女童軍教練員周起鵬、汪仁侯著手編譯女童軍用書，在商務印書館出版了《初級女童子軍》、《女童子軍教練法》、《英國幼女團》等書籍。〔註39〕

從女童軍訓練的三級課程來看，中國女童軍的課程及訓練辦法倣仿了英美等各國的做法。美國女童軍訓練分三個級別。初級課程有女童軍規律格言、國旗知識、四種森林常用記號、講述動物故事、結六種繩。中級課程包括國歌意義、研究三種自然界常識、會辦認羅盤的八種方位、火中自救、電報碼

〔註37〕 程謫凡：《中國現代女子教育史》，作者認為，1903 年清清政府頒佈《重訂學堂章程》視作中國現代女子教育萌發的標誌。1907 年學部奏定的《女子師範學堂章程》和《女子小學堂章程》是女子教育納入國家教育體系的開始，女校與男校並立，形成「兩性雙軌制」局面。1922 年新學制，不分性別的單軌制確立下來，男女教育平等權獲得保障。南京國民政府成立後，男女同學成為常態。中華書局，1936 年版，第 25～27 頁。

〔註38〕 吳耀麟：《童子軍教育概論》，商務印書館，1936 年版，分別見第 222、226 頁。劉澄清對中國女童子軍的起源時間問題上與吳耀麟略有差異，他認為 1916 年上海倉聖明智女子學校只是名義上成立女童軍，但在實際上並沒有訓練。1919 年該校才真正開始女童軍的訓練，負責人是張維幀女士。見劉澄清：《女童子軍教育法》，商務印書館，1935 年版，第 3 頁。

〔註39〕 劉澄清：《女童子軍教育法》，商務印書館，1935 年版，第 3～4 頁。

或旗語、偵查繪圖、野外生火、野外烹飪、病人護理、銀行存儲等十五項內容。高級課程包括繪製地圖、測量、訊號、徽章、旅行、露營、游泳、服務、儲蓄、訓練初級童子軍等內容。〔註40〕

中國女童軍訓練自張維幀女士開始，逐步完善訓練辦法。1919 年張維幀在報刊上發表自己制定的課程標準。其主要內容是：

初級：熟悉願詞、規律；知道國旗的用法；熟悉七種結繩法；指導女童子軍禮節、熟悉普通操法、知道童子軍記號；會唱國歌。

中級：能包裹郵件或折疊衣服；織襪；製鞋；洗衣服；做兩人以上的飯菜；知急救傷科；知各種衛生方法；嫻熟接待客人、朋友、茶話會、音樂會禮節；能用旗語；向郵局每周儲蓄銅元三枚以上；知道自己居住區便捷小巷以及一里以內的郵局、救火會、醫院等。

高級：能製作普通衣服或操衣一套；知道簡單的刺繡；粗識鉛筆畫；織帶手指的手套；知運動的功用；能烹調禽獸水產及他種常菜四種，並製作點心一種；記憶一事，在五分鐘後能詳述無誤；組織簿記；講故事；印傳單；辨識羅盤八種方位；救人；傳授初級童子軍。〔註41〕

1920 年，張維幀在南京省立第一女子師範附屬小學辦理女童子軍時，對以上的課程標準稍作調整：初級增加義勇團歌、隊旗徽章；高級增添奏樂、辯論及速記、演講、遊歷運動、參觀等新內容。從調整的內容看，增加了更多的女性特長訓練，傳授了更多的現代實用知識。〔註42〕

1923 年，北京的王繼根也擬定了女童軍的三級課程，與張維幀的標準稍有區別。〔註43〕他們的共同之處都是在參閱英美訓練標準的基礎上，結合中國現實需要而制定，除傳授實用的現代女性生活技能外，還啓迪中國女童軍的公民意識。如張維幀標準中的國旗、義勇團歌；王繼根標準中的國旗、國歌等。王繼根的課程標準更多的是野外生活技能的訓練，如曠野辨識方向、

〔註40〕劉澄清：《女童子軍教育法》，商務印書館，1935 年版，第 251～255 頁。
〔註41〕劉澄清：《女童子軍教育法》，商務印書館，1935 年版，第 256～258 頁。
〔註42〕劉澄清：《女童子軍教育法》，商務印書館，1935 年版，第 259～261 頁。
〔註43〕北京王繼根制定的女童軍訓練標準：初級包括願詞規律、國旗國歌、六種結繩法、禮節、操法、記號、徽章衛生、包紮對象。中級包括羅盤方位、旗語、野外蹤跡觀察法、自行劈柴、室外生火、煮飯、穿針補衣、洗衣、禮節、徽章、救護、疾走。高級包括急救法、訊號、製圖、測量、野外辨別方向、野外步行、儲蓄、訓練初級童子軍。見：劉澄清：《女童子軍教育法》，商務印書館，1935 年版，第 261～264 頁。

偕友步行往返十里等。張維幀更傾向於女性生活技能的訓練。這與標準制定者的性別有關，張維幀制定的標準野外生存訓練只是不多，主要是家庭生活技能的訓練。

1927 年南京國民政府成立後，中國童子軍的發展與政治緊緊聯繫在一起。1929 年，長期擔任北京童子軍教練員的劉澄清，參照前述兩人的課程標準，又結合中國童子軍司令部頒佈的男童軍訓練標準，制定了「中國女童子軍課程標準」。該標準在北京實踐後，各方認爲滿意。這份課程標准將女童軍訓練分爲軍事訓練、政治訓練、技能訓練三大類，依然採用三級訓練辦法。如軍事訓練內容有：初級的禮節、操法、記號、遊唱、徽章；中級的旗語、偵查、方位；高級的測量、製圖、游泳、技能（無線電、架橋、架瞭望臺）、露營、軍事常識（擦拭手槍、放手榴彈、埋地雷）。政治訓練內容包括：初級的童子軍史、黨國旗、誓詞規律、三民主義淺說、總理史略；中級的國恥、帝國主義、中國革命史略、三民主義要略、中國國民黨史略；高級的三民主義精義、五權憲法、中國國民黨及國民政府之組織、各國革命史略。技能訓練的內容包括：初級的結繩、洗滌、衛生、藝術（鉛筆水彩寫生、紙疊軍用玩具）；中級的生火、炊事、縫補、禮儀、自然（認識曠野野獸野鳥五種以上，識別星象五種以上，知道氣象推測法）；高級的烹飪、裁縫、家事、育嬰、看護、儲蓄。〔註44〕

劉澄清的女童軍訓練法比較好地將現代公民所需要的政治、軍事、生活技能結合在一起，體現出強烈的時代特徵，能使女性明瞭中國所面臨的形勢以及個人的權利與義務。但是，它也存在明顯的缺點：一是政治訓練和軍事訓練的比例過大，遮蔽了女童軍教育的趣味性。1934 年，南京國民政府教育部頒佈的女童軍課程標準，減少了政治訓練的內容。〔註 45〕二是女性現代生活技能的內容偏少。

從以上三種女童子軍訓練的課程標準來看，儘管女童子軍訓練的內容彼此之間略有差異，但從總體上看，它們都兼顧到女性教育的特殊性，這是值得讚賞的。正是這種強調女性教育的特殊性以及生活技能訓練的實用性，大大擴展了民國時期的女性教育的內容。

〔註44〕 劉澄清：《女童子軍教育法》，商務印書館，1935 年版，第 265～270 頁。
〔註45〕 教育部頒佈的女童子軍課程標準見前章「童子軍課程標準」部分。

　　按照女子教育史專家程謫凡的劃分，民國時期的女子教育經歷了「兩性雙軌制」和「男女同學的單軌制」的轉變。從女子教育的角度看，這種轉變雖然體現男女教育權的平等，但是在客觀上形成性別教育日益模糊的效果。因爲生理、心理及社會分工等諸多因素的影響，男性女性教育的內容應該有所區別。童子軍教育自英國創辦以來，一致秉承男女分別訓練的宗旨，其理由是：生理和心理的區別決定了男女訓練的內容和強度不可能完全一樣。〔註46〕因此，女童子軍訓練一直將訓練對象的性別特徵置於首位，並設計了一整套現代女性教育內容。

　　現以 1919 年北京女高師附屬中學課程表爲例，來對比民國時期普通女子教育和女童子軍教育的差異。該校按照 1919 年 4 月教育部的規定（各省區中等學校按照地方情形酌情增減科目，並採用選科制或分組制）制定了第一部和第二部課程表，前者應對升學之用，後者則偏重於職業教育。第一部的課程有修身（道德要旨、禮儀實習）、國文（講讀及文法、作文）、習字（楷書）、外國語、歷史地理（本國）、數學、博物、物理化學、教育、圖畫（自在畫、寫生畫）、手工、家事園藝、縫紉（普通衣服的裁縫法）、樂歌（基本練習、歌曲樂典）、體操（徒手操、器械操、遊戲舞蹈）。第二部課程和第一部主體相同，增加了教育一科。〔註47〕

　　北京女子高師附中課程表體現的教育主導方向是科學知識的傳授，佔據了課程總量的大部分，現代女性生活技能所佔的比例過小，尤其是教養孩子等家政內容。第二部課表是應對職業教育而設定，但是僅僅加了教育一門，很顯然，這樣的職業教育過於狹窄。相對於女童子軍的教育內容，高師附中的教育課程過於單一。

　　從上面列舉的女童軍課程標準看，女童子軍教育不僅涉及到愛國、追求民族平等等宏大的教育內容，更重要的是，爲了培養適應現代生活的女性，它充分考慮了女性在家庭生活、野外旅行生活的實際需要。另外，通過童子軍的組織形式，鍛鍊身體，也訓練女性適應集體生活所需要的合作精神。

〔註46〕　男童軍英文是 Boy Scouts；女童軍英文是 Girl Guild. 中國童子軍訓練也男女分開。見劉澄清：《女童子軍教育法》第一編第三章「爲什麼男女童子軍要單獨組織」，商務印書館，1935 年版，第 317～318 頁。
〔註47〕　程謫凡：《中國現代女子教育史》，中華書局，1936 年版，第 152～154 頁。

　　童子軍教育專家吳耀麟認爲，女童軍訓練對女子教育的價值至少有以下五種：一是女童軍從組織觀念上樹立完全獨立的精神，摒棄過去依賴性人格。二是女童軍的技能訓練，可以使婦女從事社會工作，實現眞正的獨立，這些技能訓練都是學校和家庭教育不能提供的。三是女童軍通過鍛鍊，可以強健身體，培養良好的衛生習慣。四是女童子軍組織是對中國社會缺乏婦女組織的補充。在女童軍嚴密的組織裏，可以養成守紀律、重團結的習慣，養成徹底覺悟的女青年，不僅改造自己，還做了婦女運動的先鋒隊。五是訓練由覺悟的女青年，又爲革命增添一份力量。〔註48〕通過比較，兩者之間的教育差異十分明瞭。北京大學校長蔣夢麟在《女童子軍訓練法》序言裏說，女童軍是「訓練民族之母」。國立北平師範大學校長李蒸也稱贊女童子軍訓練「人格救國」。〔註49〕可見在教育家的心目中，女童軍訓練是一種非常好的女性教育方法，關乎民族國家的未來。

　　五四運動之後，婦女解放運動高漲，女童子軍教育的興起既是婦女解放潮流的反應，又是對男女教育平等的實踐。女童軍教育注重因性施教，更加具有合理性。1919年張紹南女士撰文宣傳女童軍，1920年張維幀女士創辦女童軍，呼應了婦女解放的社會潮流。爲倡導個性解放，魯迅、李大釗等人撰文批評社會上流行的一種賢妻良母主義教育觀。魯迅認爲賢妻良母主義教育是對女子教育危害極大的「寡婦主義」，倡導發展女子個性。〔註50〕李大釗認爲婦女要想眞正解放，必須擺脫家庭的生活瑣事，參加到社會活動中來，獲得獨立的經濟地位。〔註51〕

　　雖則女子追求教育平等權體現了人權的平等，但是在教育內容和教育方法上的因性施教也是教育家們強調的基本觀點。民初教育家姜琦特別注意女子教育。1921年3月，他在浙江省立女子師範學校演講時說，「女子不能和男子受完全一樣的教育，因爲男女有特別的性向的緣故」。〔註52〕1947年黃炎培

〔註48〕 劉澄清：《女童子軍教育法》，商務印書館，1935年版，第317～318頁。

〔註49〕 劉澄清：《女童子軍教育法》，商務印書館，1935年版，插圖頁。

〔註50〕 魯迅：《寡婦主義》，《魯迅全集》第一卷，魯迅先生紀念委員會編印，1948年版，第241～248頁。

〔註51〕 《倡女權》，《北師大逸事》，王漱芳、王曉明主編，遼海出版社1998年版，第52～52頁。

〔註52〕 姜琦：《女子教育之問題與現狀》，上海商務印書館，出版年不詳，（殘書），第2～3頁。姜琦女子教育的主張在後來有所修正，但並沒有完全放棄女子教育應注重性別的觀點。見：程謫凡：《中國現代女子教育史》，中華書局，1936年版，姜琦所寫的序。

對女子教育未來的發展提出建議，說「在全部教育設施中，女子教育不應另定地位，至如家事等特別適宜於女子的教育則可另行設置」。由此看來，女子教育的內容還應該適應性別特徵。

從 1928 全國第一次教育會議上通過的《中等女子教育應有特殊設施》議案，到 1947 年教育部頒佈修訂《中學規程》，南京國民政府教育部一直沒有放棄中學男女分校的原則。〔註 53〕從教育部的立場看，因性施教可能是男女分校原則的出發點。

實際上，貝登堡一直認為，男女童子軍訓練的基本原則可以一致，但是具體訓練上，男女應該有別。他說，「女孩子是社會中的重要分子，因為當民族中做母親的，都是好公民、有品德的婦女，那麼她們的子女，也會證明是不至欠缺那些優點的。女童子軍訓練細目上要有不同」。〔註 54〕1922 年新學制頒佈實施，男女同班授課，對女性來說，這是受教育權更加平等的表現。但從性別教育的角度看，過於模糊性別界限又是一個缺憾。童子軍秉承男女分開訓練的教育理念，對於彌補上述的性別教育的缺憾，無疑是一種貢獻。

8.2.2　重視特殊兒童的教育

本文中的「特殊兒童」是指相對於智力正常、體格健全的正常兒童而言。如殘疾、智障、自閉等非正常情況。關照特殊兒童的教育是尊重人權的體現，和男女平等接受教育一樣，它也是教育平等權的重要內容之一。童子軍教育特別關注殘障、惡癖等特殊兒童的教育。貝登堡說：「即使是一個品行最不好的人，其間也有百分之五是好的，教練員的工作就是去發現它，使它發展到百分之八十或九十的程度」。〔註 55〕

中國的童子軍教育也非常重視這些兒童的教育。以北京著名的童子軍教育專家劉澄清童子軍教育法為例。

劉澄清的童子軍訓練成就得到很多人的贊許。教育專家隋樹森說，「劉君澄清在北平擔任各校的童子軍團長已經有四五年了。他所擔任過的學校，不下十五六處。他對童子軍教育不特極有研究，而且還深感興趣。有些童子軍

〔註 53〕 王倫信：《清末民國中學教育研究》，華東師範大學出版社，2002 年版，第 242 ～244 頁。
〔註 54〕 趙邦燦：《童子軍教育原理》，正中書局，1936 年版，原序。
〔註 55〕 趙邦燦：《童子軍教育原理》，正中書局，1936 年版，第 4～5 頁。

教練，常感到種種困難，而在他都不成問題。有些小朋友時常覺得童子軍訓練太呆板，而他所教的童子軍，每感到童子軍訓練時間之少。他有時在全市的盛大會場中，率領一群可愛的童子軍維持秩序，能夠使幾千來賓都不住的稱贊。……凡是受過他的童子軍訓練的學生，比一般學生，無論在學問方面，在修養方面，都優秀得多。這些事足以證明他在童子軍實踐上有很大的成功」。中國童子軍總會專員、童子軍教育專家陳潮中評價說，「劉君服務於童子軍界，歷有年所，曾擔任團長十餘次，教練團員一千五百餘人。努力於童子軍著述已有多種，頗能引起一般人士之注意」。〔註56〕

對於這些特殊兒童，教育者往往感到棘手。劉澄清認為，造成兒童優劣之分，或者是先天遺傳因素，或者是後天的環境。要想使「劣等」兒童成為優秀兒童，首先要分析其形成的原因。所以，童子軍教練員或團長必須先要下一番苦心去考察。〔註57〕

根據多年的觀察與研究，劉澄清將形成「劣等」兒童的原因歸為十三種。粗略歸納起來，有父母的原因，如管教的寬嚴、父母有不良嗜好（酗酒、吸食鴉片、賭博等）、性情暴躁、疾病等。有屬於兒童先天因素，如長時間睡眠不足、幼時母乳不足、食量小、夢魘、受到意外傷害等。在這十三種原因中，「以父母寬嚴、父母嗜好和身體太弱多病三種，影響兒童者最多」。根據多年的童子軍訓練經驗，他給出了訓練「劣等」的辦法十種。如按照智力分類訓練、教練員要長時間與其接觸、要做家訪、要有愛心、熱情和耐心等。對於有「惡癖」的童子軍，訓練時首先要分清其善惡邪正有意無意等，分析其動機，用和藹的態度勸告他，「這樣比較體罰訓練還能收效」。還可以和家長聯絡，共同糾正兒童的不良習慣。〔註58〕

對於女童子軍中「惡癖」者，方法略有差異。劉澄清認為，結合女性的特徵，糾正惡癖時，分析原因，個別訓話、熱情感化、介紹好童子軍幫扶、賦予她責任培養其自治精神等，〔註59〕對屢犯過而不改者，「給她執行嚴屬的

〔註56〕 劉澄清：《中國童子軍教育》，商務印書館，1938年版，序言頁，分別見「隋序」、「陳序」。
〔註57〕 劉澄清：《中國童子軍教育》，商務印書館，1938年版，第257～258頁。
〔註58〕 劉澄清：《中國童子軍教育》，商務印書館，1938年版，第260～261頁。
〔註59〕 劉澄清的這種「賦予她責任」的教育方法，與貝登堡的主張是一致的。貝登堡說：「責任的託付，是對付兒童的成功的秘訣，特別是對付那些粗野的、最頑皮的兒童們的上策」。見《童子軍教育原理》，趙邦燦譯，商務印書館，1936年版，第46頁。

懲戒，以促她反省，並警戒別人」。對於「低能」的女童子軍，他分別針對不同的原因給出了不同的教育方法。〔註60〕

　　劉澄清對殘障童子軍的訓練是對特種教育可貴的探索，這些經驗更加彰顯童子軍教育公平與平等的理念。在民國史上，對特殊兒童的教育研究，以陳鶴琴最爲著名。但是，他的研究成果比童子軍的方法稍晚。陳鶴琴的特殊兒童教育代表性成果是《低能兒童之研究》，寫於 1948～1949 年。另外，陳鶴琴與童子軍之間還有極深的淵源。1916～1919 年，陳鶴琴留學美國，就讀哥倫比亞大學，1917 年參加了紐約華人社區的童子軍，並擔任童子軍隊隊長，帶領童子軍實踐「日行一善」。所以，童子軍教育理念，陳鶴琴是非常熟悉的。〔註61〕對比以上的研究成果可以說：從時間上講，童子軍關注特殊兒童教育在民國史上同樣具有開創性意義。

8.2.3　重視激勵教育──徽章制度〔註62〕

　　徽章制度是童子軍教育在教育方法論上的革新之一，其實質是激勵教育而非懲戒教育。私塾、戒尺、先生是舊式教育留給人們的集體記憶。學生務必聽老師的，也不能懷疑老師，反之就是壞學生。中國傳統教育注重言傳身教、師承傳遞。在教育方法上相對單一，偏重嚴格管束，學生跟讀，中規中矩。

　　隨著新教育思想的引進，這種傳統的教育思想和教育方法不斷遭到批評，認爲壓制學生的個性發展。1916 年，黃炎培在江蘇教育會暑期補習學校演講時，批評中國的教育現狀，說，今天的教師，心目中不離教科書、課程表，一年所教的內容，不外乎這些。這樣做忘記了教育的本意。教育的本意「並非望學生靜而不動，乃使本不活動者日就活動，有奮發之氣象也」。現在的教讀法，教師講讀一遍，學生跟讀，然後再講再讀。作業、書法、算術都是這樣。這樣的結果，學生呆滯、近視、屈背。這種教育法是以教師爲本位，不顧學生的感受。他建議，改正的辦法，「莫如將所有修身、國文、地理、歷史、習字、圖畫、手工、唱歌等不爲拘泥，只在被教育者身上盡力謀發展之

〔註60〕　劉澄清：《女童子軍教育法》，商務印書館，1935 年版，第 196～198 頁。
〔註61〕　陳鶴琴：《我的半生》序（七）《可敬的華僑童子軍隊長》（作者：李揚安），
　　　　　桂林華華書店，1942 年版，第 36～40 頁。又見該書陳鶴琴自己的記錄，第
　　　　　156 頁。
〔註62〕　「徽章制度」具體內容參見「附錄 3」。

法」。所以，他認爲，「今日最重要者，莫如發展本能，不必專在書籍上、文字上考究」。〔註63〕黃炎培所說的本能教育是指教育要以學生的發展爲本位，因勢利導、注重學生個性培養。

從今天流行的教育方法論的角度看，中國傳統教育在方法論上有很多缺點。如不善於用啓發、激勵的方法就是其中之一。從教育方法革新的角度看，童子軍理念，其倚重的徽章制度就是激勵教育的形式之一。

徽章制度是童子軍教育的一大顯著特徵，最爲教育家所稱許。徽章的設計按照童子軍活動的種類分別設計，給予徽章，佩戴在身，以示獎勵。童子軍見面不用問詢，就知道對方的級別、特長等訊息。每一個童子軍根據自己的愛好，可以在童子軍課程中選修，一經考核合格，及時授予徽章。這是教育界備受推崇的激勵教育思想在童子軍中的體現。

徽章分七類，近百種之多。概言之，分別分爲專屬童子軍者 7 種，專屬職員者 6 種，教育類徽章 15 種，職業類徽章 15 種，野外類徽章 15 種，體育類徽章 15 種，服務類徽章 15 種。比如教育類徽章細分爲：勤學、禮儀、美術、音樂、建築、雕刻、氣象、星象、攝影、化學、飛機、農業、公民、翻譯、算術。又如職業類徽章細分爲：商業、金工、木工、泥工、礦工、皮工、修理、工程、電學、電報、印刷、蠶業、裁縫、簿記、編織。體育類徽章分爲：箭術、自由車、體育、生理、技擊、游泳、槍術、騎術、駕駛、運動、遊技、汽車、攀登、公共衛生、衛生。再如：服務類徽章分爲：救護、看護、救生、救濟、獸醫、肺病檢查、衛生檢查、消防、訓練、友誼、博物、鄉土、書記、動植物、獸音。〔註64〕

上述的每一種徽章都有詳細的考察內容，童子軍一經考察合格，即授予相應徽章，極具榮耀之感。比如：「禮儀」考核內容是：須知演述、晉謁、迎賓、請宴、婚娶之禮儀及社交、公堂服務之習慣；須得雇主、教師、或父母之證書，或報告，證明其品行端正二有禮儀者。凡具備上述兩項之一項者，即可獲得禮儀徽章。再如：「公共衛生」考核：「須知肺結核、天花、傷寒、霍亂、泄痢等病之原因；須知蒼蠅之播毒法；須知驅除傳染病及處理傳染病人之房屋用具之方法；須知童子軍與公共衛生處，當聯絡共事；

〔註63〕黃炎培：《本能教育》，《黃炎培教育文選》，上海教育出版社，1985 年版，第 36～40 頁。

〔註64〕 *Scouting for Boys*, Robert Baden-Powell, C.Arthur Pearson Ltd.1919, ninth edition, pp35～45.

須知處理廢物之法；須知室中事物之保持清潔法；須知營中之衛生；須知小兒應經醫生檢驗之理由」。「衛生」考核：「須知優級團員，且得救護科徽章者；須調查四十人以上貧苦者之衛生。（如遇病者，代為延醫或自行治之。）做調查報告。（具姓名、住址、日期、狀況）。」〔註65〕「救護」考核內容有：「述救護法之大要；述人體構造之要略；述血脈及呼吸；述看護法及進藥須知之點；實驗縛帶法五種；試言骨折之種類；實驗骨折救護法；試言流血之種類及分別；試言止血法五種；指出全體脈道；試言鼻管及體內流血之治法；試言救服毒法三種；試言救急法五種；實驗人工呼吸法；實驗病人遷移法三種」。〔註66〕

按照貝登堡的設計，童子軍要想獲得這些徽章，必須經過自己的努力，考試合格，得到當地童子軍理事會的認可，方可授予徽章。〔註67〕經過這樣嚴格的程序，童子軍會感覺到徽章的珍貴，培養了童子軍珍惜榮譽的品格；同時，每一種徽章的考核內容適合兒童年齡，安排上遵循循序漸進，由易到難。每當童子軍完成一種項目並通過考核，就會授予相應的徽章，讓童子軍看到自己的進步。徽章佩戴在身，讓他倍感榮耀。這種激勵教育是童子軍教育贏得兒童歡迎的重要原因之一。因此，童子軍的激勵教育對教育方法的革新具有開創性意義。

8.2.4　重視「遊戲」的教育方式

重視「遊戲」是童子軍教育在教育方法論的革新之二。童子軍教育另一個受兒童歡迎的教育方法是「遊戲」，這是貝登堡推行童子軍教育成功的秘訣之一。〔註68〕貝登堡寫作《童軍警探》一書，貫穿全書的線索是「遊戲」。如露營、追蹤、野外識別方向、救護等等。〔註69〕20世紀30年代，貝登堡在《童子軍教育原理》裏，再次強調遊戲對於童子軍訓練的重要。他說：「童子軍訓練是一種遊戲，那是適應兒童欲望與本能，而同時含有教育的意義。在童子

〔註65〕朱穆編著：《童子軍徽章》，商務印書館，民國9年版，第51～53頁。

〔註66〕朱穆編著：《童子軍徽章》，商務印書館，民國9年版，第54頁。

〔註67〕 *Scouting for Boys*, Robert Baden-Powell, C.Arthur Pearson Ltd.1919, ninth edition, pp33.

〔註68〕 *The Boy Scout Movement Applied by the Church*, Norman E · Richardson, New York, Chariles Scribne's Sons, 1919, pp38.

〔註69〕 *Scouting for Boys*, Robert Baden-Powell, C.Arthur Pearson Ltd.1919, ninth edition, 見目錄，如：campaigning, camp life, tracking, woodcraft, saving life.etc.

軍學習中，必須儘量採用試驗、遊戲與比賽等方法，才能夠獲得優良的效果」。
〔註70〕

　　童子軍重視模擬野戰環境下的小軍事遊戲，訓練青少年的觀察能力，對青少年有相當的吸引力。比如，在野外利用觀察法判斷行人的蹤跡，其常見的方法有：觀察鞋印，判斷鞋的材質，是否有鞋釘，看其樣式，判斷是中國人還是外國人；跑步時的腳趾著地，泥土四散，腳步距離較遠，緩步行走全腳著地，腳步距離較近；婦女腳印較輕，纏足者多用腳跟；身負重物行路之人，腳趾向內，腳印較重；載入觀察野外鳥的蹤跡，方法是：看腳印的形狀及大小，觀察落毛的顏色及長短；步行的鳥腳印交錯，腳印成對，必是雙腳起跳。觀察前人留下的營帳蹤跡，可以判斷人數的多少，觀察遺留的廢物，可判斷何種人做何種事；觀察火灰，使其溫度，可判斷離開的時間等等。〔註71〕同樣是訓練觀察能力，這種遊戲法比在學校裏的訓練方法更新奇，環境改變，內容改變，教學的效果會有改變。

　　再比如，在野外根據身邊的事物判斷時間、方位等方法同樣有趣。當不能分辨南北時，可將手錶置於平地，讓時針指向太陽，再用一個直細物直立於表中央，時針與十二時之間的平分線就是正南方向。另外，還可以憑藉星象、月亮、植物的外形、樹木年輪等判斷方向。〔註72〕急救知識每人必備，在童子軍的遊戲中，模擬各種緊急狀態，練習臨時急救方法。如三角巾包紮法、繃帶使用法，止血法、骨折救護法、救服毒法、溺水、人工呼吸、搬運病傷患方法等等。所以，童子軍教育內容集科學性、實用性、生活性為一體，同時彰顯童子軍的責任意識、服務意識。和學校裏的各種遊戲相比，童子軍設計的遊戲功能更加全面。

　　童子軍遊戲是童子軍教育的靈魂，一切教育活動都要以遊戲的方式進行。〔註73〕簡單的灌輸研讀教材都不是真正的童子軍教育。包括最簡單的初級課程結繩法，都必須在練習中講解，由做而學，由學而做，實踐優先。否

〔註70〕趙邦燦譯，貝登堡著：《童子軍教育原理》，正中書局，1936年版，第7頁。
〔註71〕治永清：《童子軍專論》，商務印書館，1923年版，第63～65頁。
〔註72〕治永清：《童子軍專論》，商務印書館，1923年版，第107～109頁。
〔註73〕貝登堡說：「童子軍教育是一種遊戲，其中年長的哥哥（或姊姊）們可以給小兄弟們一種健康的環境，並且可以鼓勵小兄弟們各種健康的活動。這樣是會幫助小兄弟們養成他們的公民資格」。趙邦燦：《童子軍教育原理》，正中書局，1936年版，第7頁。

則，即使最簡單的結繩法，也不可能學會，在實際的生產、生活中起不到應有的作用。中國童子軍總章要求「由做而學，由學而做」，把握了童子軍教育方法的眞諦。〔註 74〕

　　童子軍教育專家沈雷漁說，童子軍教育是對中國教育方法論的革新，因爲「童子軍各級課程教學的進行，大概是注重於觀察、試驗、表演、遊戲、比賽等，凡觀察、試驗、表演、比賽等無一不是需要動的，也無一不是需要做的」。〔註 75〕吳耀麟說：「童子軍之所以能夠補助學校教育、家庭教育之不足，就因爲它不會像普通學校上課那樣刻板呆鈍而注重形式，不像家庭教育那樣狹窄而不免失之偏見，也不像社會教育那樣廣泛，而是專以兒童爲本位，隨機運用，因人制宜，因地制宜，因事制宜，在遊戲化的進程中，達到童子軍教育的理想目的」。〔註 76〕

　　但是，在學校裏，實踐優先的童子軍教育並未眞正落實。前文對基層學校童子軍教育實踐狀況分析表明，童子軍教育有兩種基本的變異：一是童子軍教育軍事化，走軍步、習軍操是典型標誌；二是童子軍教育體育化，以體育教學代替童子軍教學。〔註 77〕以至於學校裏體育、童子軍、軍事訓練混合並趨同化，成爲一大問題。〔註 78〕由此看來，學校裏的疊床架屋式的課程結構，在實踐層面確實難以釐清。上述的種種有趣的童子軍遊戲就會因爲這些因素，難以眞正地實現。

　　20 世紀 20 年代的學校教育，尤其是忽視遊戲教育，有學者批評道，「以余之偏狹之經歷言之，所經歷之中小學校，每周率有兩小時之兵式操，此外

〔註 74〕　《中國童子軍總章》，「訓練原則」第四條規定：「中國童子軍訓練在由做而學、由學而做，故應儘量給予兒童自然界及社會實際接觸之機會，以培養其對人對物之各種生活技能及正當態度」。吳耀麟：《童子軍教育概論》，商務印書館，1936 年版，第 243 頁。

〔註 75〕　沈雷漁：《童子軍教育概論》，商務印書館，1939 年版，第 120 頁。

〔註 76〕　吳耀麟、章輯五：《童子軍教育原理及方法》，商務印書館，1942 年版，第 90 頁。

〔註 77〕　程登科：《體育軍訓童子軍三者在中學課程中之相互關係》，《體育季刊》，1936 年，第 2 卷第 1 期。

〔註 78〕　中山大學體育研究院研究員認爲：鑒於學校裏體育、童子軍、軍訓三科之間交叉又分離的特點，建議學校應該專門成立校長領導下的體育委員會，以協調三者之間的關係；下設初中童子軍總教練、高初中體育總指導、高中學生軍總教官，各司其職。程登科：《體育軍訓童子軍三者在中學課程中之相互關係》，《體育季刊》，1936 年，第 2 卷第 1 期。

並未聞有遊戲之名目。」如果把兵式操算作遊戲的話，學生對它的態度是，「青年每逢體操鐘點，不但不發生快樂，反增加許多苦惱，退縮不前。不畏扣分者，往往託故請假，畏扣分而上課者，則滿肚悶氣，名雖動作，實則敷衍了事一小時而已」。〔註79〕1930 年代初中實施童子軍軍事化管理之後，軍事訓練就成爲了學校慣常手段。所以，民國時期的中小學教育，童子軍理念中的遊戲化教育在理念層面顯得彌足珍貴。

〔註79〕治永清：《遊戲專論》，商務印書館，1923 年版，序言第 2～3 頁。

附錄 1：中華民國童子軍大事記 [註1]

1912 年

童子軍教育由外國人士引入中國。武昌文華書院首倡其事。2 月 25 日，嚴家麟組建中國第一支童子軍，命名為「童子軍義勇隊」。後南京國民政府確立 2 日 25 日為中國童子軍首創紀念日。隨後上海華童公學、青年會、聖約翰大學等相繼舉辦。

1913 年

華童公學校長康普（Kemp）發起童子軍教育會，決定採用「中國童子軍」名稱，並組建上海中華童子軍會，後來又採用「智仁勇」三字代替 Be prepare，作為中國童子軍的信條。

1915 年

上海格致中學和一些教會學校成立童子軍。教會以外的公私立學校也辦童子軍。同年，第二屆遠東運動會在上海舉行。童子軍參加大會服務，深得贊許。各界人士決定共同推廣童子軍。

〔註 1〕 此「大事記」依據以下資料編纂：（1）民國童子軍研究專家著述，如吳耀麟、劉澄清等；（2）中國童子軍總會《十年來的中國童子軍總會》，中國童子軍總會編，1944 年版；（3）1949 年以後的研究成果，詳見文後「參考文獻」。此處羅列的「大事」多半與論文論述的相關問題有關，無關者不再羅列。特此說明。

1916 年

中華全國童子軍協會成立。其他地區如廣東、南京、漢口、北京、天津、福州等地註冊入會。

1917 年

江蘇省教育會召集各校校長及童子軍教練員，組建江蘇省童子軍聯合會。江蘇省童子軍聯合會的成立，對全國各處組織訓練童子軍有極大的幫助。主要領導人有顧拯來、薛元龍、章駿等人。中華全國童子軍協會由盛轉衰，無形中停頓。同年，北京各童子軍組織成立北京童子軍委員會。天津南開中學校長張伯苓組建南開童子軍。同年，廣東童子軍事業研究會成立。

1918 年

8 月，上海仿辦幼童軍、女童軍，亦傳播各地。由於實際工作的活躍，中國童子軍走向繁榮之路。

1919 年

南京高等師範學校開辦童子軍教練員講習班。上海東亞體專和兩江女子體專設立童子軍科，培養男女童子軍教練員。

同年，上海倉聖明智女子學校創辦女童軍。

1920 年

第一次國際童子軍大會在倫敦舉行，我國駐英公使施肇基就華僑子弟中挑選 14 人參加。這是我國童子軍首次參加世界大會。

1923 年

5 月 9 日，福建集美學校水產科創辦「海童子軍」。這是中國成立最早的、也是僅有的「海童子軍」。

1924 年

第二次國際童子軍大會在丹麥哥本哈根舉行，江蘇省選派蓋其新等童子

軍六人、章駿等教練員三人代表中國出席。歸國後，童子軍技術與訓練方法
進步很大。

1926 年

3 月 15 日，中國國民黨中央執委會在廣州召開第十次常務會，青年部提
出童子軍教育應有國民黨負責辦理。理由有四：一是童子軍教育為學校青年
最重要的課外教育；二是童子軍教育尚任使，主實行，重紀律，有組織，最
富革命性；三是童子軍教育不僅為民眾武裝之先導，且可站戰線上負警備之
責；四是國民黨於青年運動中必須注意此影響青年之偉大力量，而以國民黨
所負之使命，灌輸於童子軍之中。大會決議：由青年部制定童子軍訓練的目
標，由國民黨負責指導，在青年部下設中國國民黨童子軍委員會，主持童子
軍。這是我國童子軍三民主義化的先聲，也是著重內心訓練的開始。

1928 年

國民政府定都南京之後，國民黨中央訓練部修訂過去的童子軍各項組織
規程，以適合實際的需要。取消中國國民黨童子軍委員會。在訓練部之下成
立中國國民黨童子軍司令部，以張忠仁為司令，辦理童子軍教育事業，釐定
行政組織法規，舉辦全國童子軍三項登記。這是國民黨中央領導全國童子軍
教育事業的開始。

1929 年

6 月，國民黨中央訓練部為擴大及普及童子軍教育，擴充黨童子軍司令部
職權，提出改組黨童子軍案。決議定名為「中國童子軍」，司令部直轄於中央
執行委員會，司令以訓練部部長兼任。訓練部設童子軍訓育科，掌理編制、
指導、考核、編譯等工作。

9 月，中國童子軍司令部成立，何應欽為司令。

1930 年

4 月 18～22 日，中國童子軍司令部在南京舉辦第一次全國童子軍大檢閱
大露營。計有十五個單位參加，共 4,344 人，為中國童子軍史上未有之盛舉。

此後向國民黨司令部請求登記的童子軍、服務員、團部日益增多，各省市理事會也紛紛成立。

1931 年

中國國內十六省大水災，中國童子軍動員募捐成績甚佳。

「九・一八事變」爆發，國民政府對童子軍訓練更加重視。

1932 年

上海「一・二八事變」爆發後，上海市理事會組織戰地服務團，在冷雪樵帶領下參加後方工作，有四個童子軍因在戰區服務被俘失蹤。（他們是：上海市商會童子軍羅雲祥、應文達、鮑正武、毛徵祥）。但其他童子軍仍然不顧危險不辭辛苦，在後方擔任募捐、運輸、看護的工作。甚至在前線擔任救護、傳訊工作，對於難民及傷兵的幫助很大。還有數十名童子軍手把手接通被炸斷的上海至寶山的電話線，感人至深。

4 月 10 日，國民黨第四屆中央第十六次常會在洛陽舉行，通過「組織中國童子軍總會案」，設立最高領導機構，吸收專門人才，負起計劃推進及監護全國童子軍事業的責任，以期加緊訓練青年，為復興中華民族的基礎。同時推定蔣介石擔任會長，戴季陶、何應欽為副會長。

6 月 23 日，由會長呈准中央聘請朱家驊、陳立夫、王陸一、李濟深、劉健群、辛樹幟、張忠仁、嚴家麟、章輯五為中國童子軍總會籌備委員，並制定朱家驊為籌備主任。

6 月 27 日，中國童子軍總會籌備處宣告成立。增聘張道藩、滕傑二先生為籌備委員，張道藩兼任籌備處秘書，滕傑兼任助理秘書。兩月之後，張道藩辭職，滕傑升任秘書。

1933 年

1 月，戴季陶副會長為增進工作效率，遷移辦公室於勵志社內。中國童子軍總會籌備主任由戴季陶自行兼任，又聘請朱家驊、張治中為副主任；顧樹森、吳貽芳、端木傑、黃仁霖、章駿、滕傑、周亞衛、桂永清、汪強為籌備委員。舉行首次會議，黃仁霖為總務組組長，章駿、滕傑兼秘書，任用徐觀餘為助理秘書。滕傑因另派辭職後，蔣介石電令趙範生繼任。

9 月，國民黨第四屆中央委員會第九十次會議通過「中國童子軍總章」。

1934 年

4 月，經杜庭修、戴季陶、唐學詠修訂後的《中國童子軍歌》頒行全國使用。

7 月，南京國民政府教育部依據「中國童子軍總章」。選舉王世杰、朱家驊、陳立夫、張治中、周亞衛、酆悌、桂永清、劉詠堯、陳劍修、嚴家麟、張忠仁、段錫朋、郝更生、顧樹森、雷震十五人爲中國童子軍第一屆全國理事會理事。

10 月 19 日，第一屆理事會推定王世杰爲理事長，陳立夫、顧樹森、陳劍修、劉詠堯爲常務理事，酆悌爲主任秘書。

11 月 1 日，中國童子軍總會正式成立。

教育部通令自 1935 年起，童子軍教育列爲初中必修科目。

1935 年

年初，中國童子軍總會編輯戰地服務訓練教材、初級童子軍課程。

1 月，中國童子軍總會經國民政府教育部通令全國初中，一律實行童子軍訓練，並將童子軍經費納入學校預算之內，一律聘請專任教練訓練童子軍。

1 月，《中國童子軍總會公報》、《中國童子軍》兩種刊物出版。前者出十五期而止；後者出二卷八期爲止。前者於 1936 年 12 月改名爲《中國童子軍總會月刊》。

3 月 15 日，國民黨中央常委會決議通過將全國童子軍歸於中央青年團管理。此日被定爲「中國童子軍節」。

5 月 28～30 日，童子軍全國訓練會議在南京召開。出臺（一）幼童軍誓詞、規律、銘言、敬禮、專科訓練合格標準；（二）增訂中國童子軍專科訓練合格標準，由原來的 69 科目增至 83 科目；（三）女童軍專科訓練標準；（四）中國青年童子軍（羅浮隊）組織規程及訓練原則；（五）中國童子軍三級訓練標準；（六）定 3 月 15 日爲「中國童子軍節」；（七）初中童子軍成績不與體育成績混同；（8）童子軍成績不合格，不能升級，不能畢業；（10）小學生應強迫入伍，並履行童子軍登記（按：本條未能實行）。童子軍教練員接受峨眉山暑期訓練團訓練，受訓人員超過 300 人。

7 月，中國童子軍總會呈請國民黨中央飭令各級黨部並教育部，飭令各省市教育機構將童子軍事業移交各地童子軍理事會管理。

7 月 22 日，中國童子軍總會派遣嚴家麟任總領隊十三人，赴美國華盛頓參加美國童子軍成立二十五週年紀念大會。到達時適逢疫情爆發，十三人轉而考察美國其他城市的童子軍組織。

夏季，美國舉行童子軍全國大露營，童子軍總會派遣楊超塵率 15 人代表團參加，爲中美交流作出貢獻。

1936 年

4 月，爲培植幹部，中國童子軍總會創辦童子軍幹部人員訓練班，張治中任班主任。地址設在中央軍官學校內。學員共計 423 人。

10 月，全國童子軍第二次大檢閱大露營在南京中山陵舉行。共三十個省市參加，到會童子軍 10,728 人，服務員 2,540 人。這是中國童子軍史上規模最大的一次露營活動。

1937 年

2 月，中國童子軍總會辦公用房竣工。建設用費由戴季陶副會長、何應欽副會長捐建。蔣介石會長讚助一部分。

6 月，中國童子軍總會派遣兩個童子軍代表團中國參加在荷蘭舉行的第五次國際童子軍大會（領隊嚴家麟，副領隊徐觀餘，服務員五人，童子軍十三人）及意大利的青年露營大會（領隊章輯五，副領隊袁宗澤，指導員曹庸方、吳耀麟，童子軍 23 人），發表《中國童子軍告世界童子軍書》，得到其他各國的支持。這一年，國際童子軍總會正式承認我國加入爲會員。會議期間世界童子軍向中國捐款，支持中國抗戰。

11 月 17 日，童子軍總會隨同其他部門西遷至漢口。26 日，遷抵長沙。27 日，遷抵武昌。次年 7 月，遷抵重慶。

11 月，中國童子軍總會應抗戰之需，將《總會月刊》《中國童子軍》停刊，改出《戰時童子軍周刊》。11 月 1 日，將《戰時童子軍周刊》改爲旬刊。1939年 5 月 18 日，改爲月刊。出版至 79 期，停刊。

1938 年

中國童子軍總會移入重慶辦公。

陳立夫繼任教育部長，兼任中國童子軍總會理事長，與中央訓練團一同辦理童子軍教導人員訓練班。四川、江西、浙江、上海、廣東、天津、江蘇、南京、山西、福建、廣州市、河南、漢口、北平、湖南、山東、江寧縣等參加訓練。

1939 年

國民政府教育部規定各師資訓練機構均須增加童子軍教育科目。

5 月，國民黨中央機關疏散下鄉。中國童子軍總會遷抵巴縣鳳凰鄉回龍寺辦公，共兩年半。後在青木關長崗坡建會所。

1940 年

5 月，中國童子軍全國理事會改選。增設榮譽評判委員會。常務理事會下設女童軍科、國際交誼科、編審科等機構。中央 146 次常委會通過決議，由教育部長陳立夫兼任理事長，張治中、陳誠、朱家驊、王世杰、張菊生、劉詠堯、張忠仁、段錫朋、郝更生、顧樹森、桂永清、吳兆棠、章輯五、嚴家麟等十四人為理事。

5 月 25 日，中國童子軍全國理事會舉行第一次會議，推舉劉詠堯、張忠仁、顧樹森、章輯五為常務理事。陳立夫指定張忠仁為主會常務理事。吳兆棠為主任秘書。後由章輯五繼任。

1941 年

1 月，中國童子軍總會遷入新會所辦公。

6 月，中國童子軍總會與國民政府教育部合辦「中國童子軍教導人員訓練班」。後改屬國民黨中央訓練團。該班共辦 5 期。受訓人員 1199 人。班主任為理事長陳立夫，副班主任為總會主任秘書吳兆棠。

7 月，第十次童子軍國際會議在蘇格蘭愛丁堡舉行。我國派徐復雲、翁似加兩人代表中國童子軍參加。

改「中國童子軍節」為三月五日。原來是三月十五日，是為銘記 1935 年中央常委會於此日通過決議，全國童子軍歸中央青年部管理。

9月10日，出增刊《中國童子軍總會簡報》。11月1日，總會出版《服務員之友》雙月刊、《團務指南》月刊兩種。

11月3日，中國童子軍總會增設巡視科，以加強對全國童子軍訓練的巡視視導。

12月26日，中國童子軍地方行政座談會舉行。

1943年

爲與統一青年訓練相配合，三民主義青年團第一次全國代表大會一致通過決議，由三青團團主蔣介石主領中國童子軍。

5月24日，中國童子軍總會邀請參加教育部教育行政檢討會的省市廳局長參觀總會，並發放資料，解答詢問。

6月14日，聯合國日，重慶童子軍十三團共七百餘人，參加慶祝活動。

1944年

中國童子軍全國理事會第三屆理事會成立。理事長張治中，副理事長嚴家麟，理事陳誠、吳鐵城、朱家驊、張厲生、王世杰、谷正綱、段錫朋、桂永清、康澤、李維果、劉詠堯、蔣經國、張藹眞、常道眞、顧樹森、郝更生、吳兆棠、張忠仁、章輯五十九人。理事會第一次會議推舉康澤、常道眞、劉詠堯、吳兆棠、郝更生、蔣經國、張忠仁爲常務理事。總會主任秘書由趙範生擔任。

此次總會改組，與理事會之外增設監事會。第一屆監事會聘定張伯苓、陳大齊、周亞衛、杭立武、賀衷寒、于斌、陶玄、賴璉、劉季洪、溫麟、蓋其新等十一人擔任。溫麟擔任主任秘書。爲適應青年訓練的需要，總章有修訂。

9月，爲選拔合格的職員，中國童子軍考試委員會成立。楊克敬爲主任委員。同月，將《戰時童子軍》月刊、《服務員之友》雙月刊、《團務指南》月刊合併爲《童子軍教學做》月刊。

1946年

8月，中國童子軍總會回遷南京。

1947 年

春，中國童子軍總會編輯出版《童子軍生活》月刊。出版十期後，停刊。

同年秋，中國童子軍總會召開全國幹部會，大部分省市派遣負責人參加，菲律賓華僑也派員參加。

1948 年

秋，陳雪屏主持國民政府教育部工作，併兼任中國童子軍總會理事長，改組總會。周亞衛任副理事長，蕭忠國任總幹事。

1949 年

南京市軍管會接管中國童子軍總會。

附錄 2：《童子軍規律》內容舉要 [註1]

第一章　總綱

一　宗旨

各國會社，凡與本協會同　宗旨者，本協會願竭誠與之聯絡，互換意見，藉以謀求世界和平。

本協會與軍政兩界絕無關係。

二　入會

能遵守童子軍宣誓及表同意於本協會章程之團體，本協會無不歡迎，准其入會。

不論何等階級何種宗教皆得入會。

本協會專為國內外之華童而設。

三　宗教

本協會尊重宗教信仰自由，並不參與一切宗教事宜。

第二章　組織法

四　組織大綱

五　全國協會

……

〔註 1〕　中華全國童子軍協會編：1918 年版。附錄只截取與論文內有有關的部分，其餘僅留目錄。特此說明。

12 協會之經費，由各支會所納之會費內開支，會費之多寡由評議會核定之。

……

六 支會……

七 區域分區……

八 隊

……

27 每隊童子軍，須有兩排以上之人組織之，並須有隊長一人，副隊長一人，或數人，至多不得愈排數之半，其在支會未曾註冊之童子軍隊，不能承認。

28 隊長應延請隊外表同情者三人以上，組織一隊幹事部，輔助隊中經費，爲隊中覓集會所紮營場，爲隊員謀職業，並負隊中一切財物之責任。

29 每月隊長應集隊中副隊長及排長，會議一次，討論隊中事務，及排長之報告。

30 隊員中有犯重大軍律者，隊長應於隊中職員及排長內選擇二人以上，共同組織一正義法庭，以裁判之。

九 排

31 每排應有初級隊員資格之童子軍六人至十二人，能以九人（排長副排長軍在內）組織一排最善。

32 於各种競賽及操演時，以每排爲單位，如能組織專門排則尤善。

第三章　階級

十 級制 本協會議定之級制如左：（甲）隊員 初級隊員 中級隊員 高級隊員 副排長 排長（乙）職員 教練員 醫員 牧師 副隊長 隊長 名譽隊長 副區長 區長 副司令 總司令

十一 初級隊員 凡合格值兒童，年在十二至二十之間，能悉童子軍律（scout law）、軍號（scout's signs）及軍禮（scout's salutes）而能使其隊長滿意者，並須知中華國旗組合之旨，以及陞用之法，又須能打下列各種結繩者：（六種）。此外，須宣誓如下：余尊重自己身份，誓當盡力左列三事：（一）對於國家，應盡己之責；（二）對於他人，應隨時隨地輔助之；（三）對於童子軍律，應遵守之。

童子軍律

1 信實　童子軍需誠實不欺，矢志自重，俾得他們信任。若誑語欺詐，或任事不忠者，即應剝奪徽章。

2 忠直　童子軍對於父母、國家及本軍職員，皆宜盡忠。

3 助人　童子軍宜竭己之力，扶助他人，故無論何時，有見受傷或將失去生命者，宜立即施救，且即家庭職務，亦宜擔任，至少每日須行有益於人者一事。

4 友善　童子軍宜以公眾為朋友，其他童子軍為兄弟。

5 禮讓　童子軍宜謙讓有禮。對於婦孺老弱尤當愛護，不宜以徒施敬禮，而受涓滴之報酬。

6 仁慈　童子軍對於牲畜，不可無故殺戮。凡於人無害之生物，均宜力加愛護。

7 服從　童子軍需知服從父母、團長及其他職員。

8 愉悅　童子軍需有精神。日常宜帶笑容。凡奉一命，宜欣然遵從，迅速為之，斷不可因難避，妄生怨言。

9 儉約　童子軍需節儉，不可耗費。辦事須認真，機會當利用，金錢當節省，以求自立。並以濟助他人。若為人工作，則不妨得金錢之報酬，然以徒施敬禮，則萬不可以受饋贈。

10 勇敢　童子軍需勇敢，不懼危險。凡受朋友之褒獎稱道，仇敵之訕笑恐嚇，均宜無所動於中。即失敗時，亦宜百折不回，不宜自餒。

11 貞潔　童子軍需整潔其一身。思想言語舉動以及遊戲習慣等，皆宜貞潔無疵，且勿論何時，均宜與貞潔者為同伴。

12 恭敬　童子軍需敬畏上帝。凡宗教上之職務，應誠意實行，然他人所守之宗教習俗，亦宜敬重，無所排斥。

十二 中級隊員 初級升中級須有十項考試。……

十三 高級隊員 中級升高級須有十項考試。……

十四 副排長……

十五 排長……

十六 教練員 教練員由支會給與證書，教授關於獎章之各科，惟須依以下列二項之裁制：（一）教練員之對一科或數科，確有經驗學識，且曾教練童子軍一月之久者，得由支會給與證書。（二）教練員不能任職時，證書應交還支會。

十七 醫員……

十八 牧師……

十九 副隊長……

二十 隊長 隊長執支會給發之證書，得於一定之區域內，管轄正式註冊之童子軍隊。

支會委派隊長之前，須詳加考察，然後給與證書，待停止管轄軍隊時，再行徵還。隊長之資格如左：（一）熟悉本書所載之一切規章；（二）贊成童子軍之宗旨及道德者；（三）人格品行足以感化兒童且能忍耐盡力敏捷任事者；（四）年在二十一歲以上。

二十一 名譽隊長……

二十二 區長……

二十三 總司令……

第四章　雜例

二十四 調查錄……

二十五 名冊……

二十六 經費 童子軍之組織，其目的在輔助他人，非欲增加人之負擔，是以隊員除家屬外，無論何事，不准向人募捐。其故兒童有此舉動，殊不相宜。再者，人或藉此以行其欺詐，與童子軍隊，妨礙非淺。

二十七 支會經費 由會員捐助外，各隊註冊時，須繳費少許，各隊如需資助，支會亦得為之置備營帳、制服、以及其他軍需。

二十八 各隊經費 隊中置備軍需，及一切支出之經費，以能由隊員或隊員家屬，朋友之捐助為最善。如能由童子軍成績展覽會及遊藝會入場費之收入內支用尤善。凡有捐款，隊中會計員應即付收條。隊中收入支出須一一公佈，待捐助者得以檢閱。

二十九 對於公眾之行為 童子軍外出時，勿失盡禮行善之機會，途中行軍，勿阻礙交通，野外操演，勿損毀禾麥，擾害家畜，遊戲奏樂，勿煩惱病人，擾人集會。

三十 演奏……

三十一 政治 本協會與一切政治團體，無絲毫關係。隊員及職員身穿軍服時，不得參與政治集會，及擔任含帶政治性質之事務。

三十七　制服及附屬品（一）有因各地氣候及材料不同，支會的準所轄境內各軍隊，將支付略行更改。不必盡如本書所定，惟不得更改童子軍普通之形式。（二）童子軍之制服，不得與軍界類似，並不得攜帶軍界之器械。（三）各隊制服之顏色及式樣，須經支會認可。認可時，須注意各隊制服顏色之異同，俾會演時易於鑒別。（四）在夏季或南方各處，不妨用白色制服，如能不用最善。（五）下列各種制服，選用者頗多。各支會如採擇之甚善。……

第五章　徽章及飾品

附錄 3：《童子軍徽章》內容舉要 [註1]

……

凡例 5 本書各種徽章專為中華民國童子軍之用與他國童子軍徽章略有不同。

第一章　屬於童子軍者

1 肩帶……

2 初級徽章　徽章為銅質，形似箭頭，童子軍修畢初級課程者佩戴之；

3 本級徽章　銅質，形似含笑時之口部，上書「智仁勇」三字；

4 優級徽章……

5 補充科徽章……

6 團帶……

7 隊長標識……

第二章　屬於職員者

1 教練員徽章……

2 職員徽章……

3 團體肩章……

4 褒章……

〔註 1〕 朱褆編：商務印書館，1920 年版。附錄只截取與論文內有有關的部分，其餘僅留目錄。特此說明。

5 感謝章……

6 年星……

第三章　教育類

1 勤學……

2 禮儀（1）須知演述、晉謁、迎賓、請宴、婚娶之禮儀及社交、公堂服
務之習慣。（2）須得雇主、教師、或父母之證書，或報告，證明其品行端正
二有禮儀者。

3 美術 4 音樂 5 建築 6 雕刻 7 氣象 8 星象 9 攝影 10 化學

11 飛機 12 農業 13 公民（1）須知地方公民選舉之資格；（2）須知中
華民國官制之名稱及選舉法；（3）須知審判庭應用之官員，及其責任與任期；
（4）須知本地方官長之名稱、責任及選舉法；（5）須知本地方火警、巡警、
衛生等局之責任；（6）須知本團事務所周圍六里之地形、及重要之建築物；（7）
須知中華民國立國之史略；（8）須純熟普通語（即官話）。

14 翻譯……

15 算術……

第四章　職業類（具體內容略，以下章同）

1 商業 2 金工 3 木工 4 泥工 5 礦工 6 皮工 7 修理 8 工程 9 電學
10 電報 11 印刷 12 蠶業 13 裁縫 14 簿記 15 編織

第五章　野外類

1 露宿 2 嚮導 3 遊獵 4 斥候 5 測量 6 牛乳 7 號角 8 旗語 9 巡海
10 園藝 11 森林 12 畜牧 13 養蜂 14 飛禽 15 烹飪

第六章　體育類

1 箭術 2 自由車 3 體育 4 生理 5 技擊 6 游泳 7 槍術 8 騎術 9 駕
駛 10 運動 11 遊技 12 汽車 13 攀登 14 公共衛生（1）須知肺結核、天花、
傷寒、霍亂、泄痢等病之原因；（2）須知蒼蠅之播毒法；（3）須知驅除傳染
病及處理傳染病人之房屋用具之方法；（4）須知童子軍與公共衛生處，當聯

絡共事；（5）須知處理廢物之法；（6）須知市中事物之保持清潔法；（7）須知營中之衛生；（8）須知小兒應經醫生檢驗之理由；15 衛生 須知優級團員，且得救護科徽章者；須調查四十人以上貧苦者之衛生。（如遇病者，代爲延醫或自行治之。）做調查報告。（具姓名、住址、日期、狀況）。

第七章　服務類

1 救護 述救護法之大要；述人體構造之要略；述血脈及呼吸；述看護法及進藥須知之點；實驗縛帶法五種；試言骨折之種類；實驗骨折救護法；試言流血之種類及分別；試言止血法五種；指出全體脈道；試言鼻管及體內流血之治法；試言救服毒法三種；試言救急法五種；實驗人工呼吸法；實驗病人遷移法三種。

2 看護……

3 救生 須能用各種游泳法，游泳 200 碼；須能背水游 50 碼；須能穿衣游五十碼，及在水下脫去衣服；須能在水底拾小物數種；須能負一同重量之人，而游泳 20 碼；述深水中救護法二種；實行人工呼吸法，及述溫暖與調製法。

4 救濟 5 獸醫 6 肺病檢查 7 衛生檢查 8 消防 9 訓練 10 友誼 11 博物 12 鄉土 13 書記 14 動植物 15 獸音

附錄 4：《中國童子軍總章》 〔註 1〕

第一章　總則

第一條　中華民國人民，依照本總章所組織之童子軍，定名爲中國童子軍。

第二條　中國童子軍以發展兒童做事能力，養成良好習慣，使其人格高尙、常識豐富、體魄健全，成爲智仁勇兼備之青年，以建設三民主義之國家，而臻世界於大同。

第三條　中國童子軍之訓練原則如下：

一、中國童子軍以忠孝仁愛信義和平爲訓練之最高原則。

二、中國童子軍無論個人或團體，均不得以童子軍資格或名義參加政治活動，但以公民資格依法參加者不限制之，並對個人所信仰之宗教不加干涉。

三、中國童子軍應採用以兒童爲本位之教育主張，及近代科學教育之方法。根據兒童生活生理及心理之狀態，爲實施訓練之準繩，以養成其服務民族國家及社會所需要之基本能力。

四、中國童子軍訓練，在由做而學、由學而做，應儘量給予兒童與自然界及社會實際接觸之機會，以培養其對人對物之各種生活技能及正常態度。

五、中國童子軍訓練，在使兒童自知警惕，以服務他人爲最大快樂，並以「準備」、「日行一善」、「人生以服務爲目的」三語爲銘言。

〔註 1〕　《中國童子軍總章》原文來自：吳耀麟著：《童子軍教育概論》，商務印書館，1936 年版，第 243～251 頁。

第二章　中國童子軍誓詞及規律

第四條　中國童子軍誓詞如下：

　　某某誓尊奉　總理遺教，確守中國童子軍之規律，終身奉行下列三事：

　　第一　勵行忠孝仁愛信義和平之教訓，為中華民國忠誠之國民。

　　第二　隨時隨地輔助他人，服務公眾。

　　第三　力求自己智識道德體格之健全。

第五條　中華童子軍規律如下：

一、誠實　為人之道，首在誠實。無論做事、說話、居心均須真實不欺。

二、忠孝　對國家須盡忠，對父母應盡孝。

三、助人　竭己之力，扶助他人，每日至少行一善事，不受酬，不居功。

四、仁愛　待親戚朋友須親愛，待眾人須和善，對無害於人之生物須愛護。

五、禮節　對人須有禮貌。凡應對進退，均應合乎規矩。

六、公平　明事理，辨是非，待人公正，處事和平。

七、服從　對於團體紀律，須確實遵守。對於國家法令，須確實服從。

八、快樂　心常快樂，時露美容，無論遇何種困難，均應處之泰然。

九、勤儉　好學力行，刻苦耐勞，不浪費時間，不妄用金錢。

十、勇敢　義所當為，毅然為之。不為利誘，不為威屈、成敗在所不計。

十一、清潔　身體、服裝、住所、用具須清潔。言語須謹慎，心地須光明。

十二、公德　愛惜公物，保護公共利益。勿因個人便利，妨礙公眾。

第三章　中國童子軍類別

第六條　凡中華民國兒童，年滿十二歲，志願接受童子軍訓練而得家長許可者，均得加入為中國童子軍。

第七條　中國童子軍分為初中高三級，各級資格標準及專科標準另定之。

第八條　女童子軍及幼童軍之組織及規程另定之。

第四章　中國童子軍之組織及程序設計

第九條　中國童子軍之編制如下：

　　甲　甲種編制

一、小隊　凡有童子軍六人至九人得組織一小隊。設正副小隊長各一人領導之。

二、中隊　凡有童子軍二小隊或三小隊得組織一中隊,設正副中隊長各一人領導之。

三、團　凡有童子軍二小隊以上者,得依法組織童子軍團。設團長副團長領導之。

乙　乙種編制(略)

一、小隊

二、團

第十條　凡依法組織之童子軍團,能有合格之團長,並保障至少有一年只費用者,即可依法請求登記爲中國童子軍團。

第五章　中國童子軍服務員

第十一條　凡中華民國國民,年滿二十一歲,具有童子軍之學識與經驗,願爲童子軍事業服務者,得依法請求爲中國童子軍服務員。

第十二條　中國童子軍服務員,應按照其學識、經驗,加以檢定,分爲若干級。

第十三條　關於中國童子軍服務員之各種規程另定之。

第六章　中國童子軍管理機構之組織

第一節　中國童子軍總會

第一項　會員

第十四條　下列各項人員經過正式之手續,得爲中國童子軍總會會員。其資格責任及入會手續等另訂之。

一、直接參加中國童子軍事業者。

二、以精神與物質讚助童子軍事業者。

三、熱心社會事業,德隆望重,堪稱兒童表率者。

第二項　正會長及副會長

第十五條　中國再推薦總會設正會長一人,副會長二人。由中國國民黨中央執行委員會選任之。正會長之選任,以曾任國家最高職務者爲限。

正副會長均爲榮譽職,不負會中行政事務之責任。

第十六條　正會長爲中國童子軍之最高榮譽領袖。其任務如下:

一、領導中國童子軍。

二、領導本會會員發展各種事業。

三、對外代表總會及中國童子軍。

四、檢閱全國童子軍。

五、贈給各種榮譽證章。

第十七條　副會長襄助正會長發展本會事業。

　　第三項　全國理事會

第十八條　中國童子軍全國理事會之理事，由各省市童子軍理事會就會員中各推
　　　　　選一人，教育部就會員中聘任十人充任之。第一屆全國理事會由教育
　　　　　部就合於本總章第十四條所列舉各項資格之一者中，遴選十五人，呈
　　　　　請中國國民黨中央執行委員會核准後聘任之。

　　　　　第一屆全國理事會理事任期爲一年。

　　　　　全國理事選舉規則另定之。

第十九條　全國理事會由理事中互選一人爲理事長。

第二十條　全國理事會遵照中國童子軍總章之規定，確定有關中國童子軍計劃方
　　　　　針規則章程等。

第二十一條　全國理事會互推常務理事四人，輔助理事長處理會務。

第二十二條　全國理事會理事任期定爲三年，每年改選三分之一，每三年舉行總選
　　　　　　舉，得連選連任。

第二十三條　（略）

第二十四條　全國理事會理事，不受俸給，並以不在童子軍事業中擔任有給職務者
　　　　　　充任爲原則。

第二十五條　全國理事會內設秘書處，秉承理事長常務理事之命，辦理總會事務。

第二十六條　秘書處設主任秘書一人，秘書二人，及訓育、組織、公用、總務四科。
　　　　　　主任秘書、秘書及各科主任經常務理事之推薦，由理事長委任之。

　　第四項　榮譽評判委員會（略）

第二節　省市理事會

第三十一條　凡有十縣以上成立中國童子軍理事會之省份，即可成立省理事會，依
　　　　　　照中國童子軍總章之規定，負責推行該省童子軍事業。

第三十二條　省理事會理事定爲七人至十一人，除該省黨部常務委員一人及教育廳
　　　　　　廳長爲當然理事外，餘由全省服務員及縣理事會代表就本會會員中選
　　　　　　舉充任之。省理事會理事任期二年，得連選連任。

第三十三條　（略）

第三十四條　凡有童子軍團十團以上之市（行政院直轄），即可成立市理事會。依照中國童子軍總章之規定，負責推行當地童子軍事業。

第三十五條　市（行政院直轄）理事定爲七人至十一人，除當地黨部常務委員一人及教育局局長或社會局局長爲當然理事外，餘由當地服務員及各團之代表就本會會員中選舉充任之。

第三十六條　市（行政院直轄）理事會設常務理事三人，由理事互選之。常務理事任期一年，得連選連任。

第三十七條　市（行政院直轄）理事的選舉規則另訂之。

第三節　縣市理事會

第三十八條　凡有中國童子軍團七團以上之縣或市，即可成立縣市理事會。依照中國童子軍總章之規定，負責推行當地童子軍事業。

第三十九條　縣市理事會定爲吾人至七人，除當地黨部常務委員一人及教育局局長或教育科科長爲當然理事外，餘由當地服務員及各團代表就本會會員中選舉充任之。

第三十九、四十、四十一條（略）

第七章　制服徽章及旗幟

第四十二條　中國童子軍之制服徽章及旗幟等之式樣、質料、顏色等，均由總會分別規定之。

第四十三、四十四條（略）

第四十五條　中國童子軍之制服、徽章、旗幟等限用國貨。

第八章　財務

第四十六條　中國童子軍之經費，除由中央或地方輔助外，由每年登記費會員費捐款售賣童子軍刊物用品之盈餘及總會核定之其他收入支付之。

第四十七條　凡中國童子軍無論何項需要，非得總會之批准，不得舉行募捐。

第四十八條　各級理事會之經濟狀況，除每年造具決算書，報告上級機關外，並須在所在地公佈之。

第九章　附則（略）

　　——《中國童子軍總章》由 1933 年 9 月 28 日第四屆
　　國民黨中央執行委員會第 90 次常務會議通過

附錄 5：藤影荷香中的營帳——清華童子軍鉤沉（1915～1928 年）

〔摘　要〕在中國近現代教育史上，清華大學以其創新精神開創了中國諸多的「第一」，推動了中國教育的發展。清華童子軍是民國初年中國北方建立的第一支童子軍。同時，它也是清華學校前 20 年存在時間最長的學生組織之一。清華童子軍與清末民初國民精神的檢討以及周詒春校長「全人格教育」思想均有緊密的勾連。三者之間的互動構築了清華傳統精神的諸多方面。本文力圖還原這支童子軍當年的風采，豐富清華校史的研究。

〔關鍵字〕清華學校　童子軍　全人格教育　傳統精神

引論

　　童子軍（Boy Scouts）是 1907 年起源於英國的國民改造（citizen training）方案。其核心理念在於國民「品行塑造」（character training），在形式上採取準軍事做法（quasi-military），主要通過野外遊戲（game）方式貫徹德智體等諸多培育目標。它是應對後維多利亞時代英國相對衰落的局勢而宣導的強國措施。一經誕生就迅速風靡世界。

　　民國初童子軍傳入我國，並在學校裏建立並發展。近年來，有關民國時期童子軍的發展歷史研究漸趨興盛。〔註 1〕清華童子軍創立於 1915 年

〔註 1〕相關研究舉其要者：比如：《試評 1927～1937 南京國民政府的童子軍教育》（徐娟）、《中國童子軍的建立及其在江蘇的發展》（蘇永華）、《近代中國的軍事身體建構，1895～1949》（臺灣：黃金麟）、《民國時期童子軍的中國化及其影響》（榮子涵）等。另外還有碩士論文數篇。

冬，歷經約 13 年發展，成爲華北最具特點的學生組織之一。對清華早期這一具有重大歷史意義的童子軍組織，學術界目前尚無人專門論述。有關清華校史方面的研究也很少關注到這一問題。清華童子軍是中國北方建立的最早的童子軍組織，「開華北童子軍之先」。〔註 2〕它不僅表率於京師各學校，而且輻射華北諸省。清華童子軍對民國初期的「新教育」做出了有益的嘗試。清華童子軍多次受閻錫山邀請赴山西，對國民精神的改造起到示範作用。不僅如此，清華童子軍對於近年來有關清華傳統精神問題的爭議與探討也有幫助。童子軍與清末民初國民精神的檢討以及周詒春校長「全人格教育」思想均有緊密的勾連。三者之間的互動構築了清華傳統精神的諸多方面。

清華童子軍的創辦

1915 年前後，清華園裏先後出現了兩個準軍事化的學生組織：其一是軍操團，其二是童子軍。軍操團創始於 1916 年秋天，以營爲編制，高等科、中等科學生均可入團。操練方法仿照中國陸軍部步兵操典，同時參照美國陸軍法典。1919 年五四運動之後，軍操團改爲義勇軍。

北京教育界最早組建童子軍的是清華學校。具體創辦時間，有三種說法：分別是 1916 年、1914 年和 1915 年。據北京檔案館檔案記載：「查京師童子軍事業濫觴於清華學校，時在民國五年之秋」。「自民國三年北平清華學校及基督教青年會等首先創辦童子軍，民國六年學務局規定京師各小學校童子軍辦法，風靡一時」。〔註3〕又根據《清華周刊》，清華童子軍創始於 1915 年冬季。〔註4〕究竟源於何時，目前尚無法確證。但根據中華民國童子軍協會成立時間（1915 年）推測，1915 年冬季成立較爲可信。清華童子軍主要針對中等科學生而設。中等科一二年級學生分成十四隊六個團，愈 200 人。

清華童子軍實踐對北京童子軍的發展起到示範作用。京師學務局於 1917年 5 月，組織北京各校觀摩清華學校，推廣童子軍教育。爲解決師資問題，京師學務局於 1918 年 8～9 月舉辦童子軍講習會，並制定《京師童子軍辦法》，

〔註 2〕 《致新舊童子軍書》，浦薛鳳，載《清華周刊》1917 年，卷期不詳。
〔註 3〕 兩説分別見《北京檔案史料》2006 年第 3 期，第 147、154 頁，北京市檔案館編，新華出版社 2006 年版。
〔註 4〕 《清華周刊》，1917 年，卷期不詳。

作爲童子軍教育發展指南。〔註5〕1918 年 5 月，京師學務局籌備成立童子軍聯合會；8 月，頒發《京師童子軍聯合會章程》。9 月 6 日，京師童子軍聯合會成立。〔註6〕

　　童子軍組織在清華的創辦有宏觀與微觀雙方面的因素。宏觀因素是清末民初國難漸深。國人的反應就是對「國民精神」的檢討。自 1902 年蔣百里、蔡鍔提倡軍國民教育以來，關於「國民精神」的討論未曾停歇。至 1915 年，以《新青年》雜誌爲核心，「國民精神」的檢討達到前所未有的高度。國民身體的孱弱、精神的麻木、智識的愚昧成爲知識階層批判的標靶，「新民」成爲解救中國危亡的共同訴求。

　　清華學子對這一問題反應有三。首先，他們對「國民精神」有深刻的檢討。如：「我國的童子多老成持重，枯坐沉思，不輕言笑，軀殼雖小，精神已老」。〔註7〕再如：「吾國以文弱著，病夫睡獅之譏，在所不免。讀書之士，恒染寬袍緩帶，弄月吟風之習。」〔註8〕在此檢討之下，他們認爲應該大力提倡軍操和童子軍教育，這是振奮國民精神的最好教育形式。尤其是童子軍的眞精神——一不畏難；二貴服從；三尚活潑-——正是清華人所追求的。

　　其次是對「國民身體」的檢討。他們認爲：中國屢受外侮而日陷囹圄，其中一大關鍵因素就是身體孱弱。在清華園，對體育的重視是冠於群校的。1919 年的校規規定：周一至周五每天下午四點至五點，全體學生必須著短衣，參加體育鍛鍊，屆時圖書館關閉。並且規定：體育不及格者，不得參加畢業考試。〔註9〕這種剛性的體育要求正是對「國民身體孱弱」的補救。與國民精神聯繫在一起，國民身體與國民精神是清華園裏學生訓育的重心。軍操團、童子軍軍團與體育一起構築了清華崇尚「強健身體」的校園文化。

〔註5〕　《北京檔案史料》2006 年第 3 期，北京市檔案館編，新華出版社，2006 年版，第 128～140 頁。
〔註6〕　「章程」：「……9 月 6 日上午九時開成立大會。宗旨：以聯絡研究力謀童子軍之統一與進步。設會長一人，由京師學務局局長兼任之，總教練一人，幹事八人，編輯員四人……編輯員編輯童子軍雜誌及關於童子軍參考書」。《北京檔案史料》2006 年第 3 期，北京市檔案館編，新華出版社，2006 年版，第 142～144 頁。
〔註7〕　《童子軍眞精神》，載於《清華周刊》1918 年第 136 期。
〔註8〕　《致新舊童子軍書》，載於《清華周刊》1917 年。卷期不詳。
〔註9〕　《十五年來清華之教育》，載於《清華大學史料選編》第一卷，第 359 頁，清華大學出版社，1991 年版。

　　再次，清華學生對自我價值與使命的評估。清華學校誕生於特殊的歷史情境，故而清華學子有種普遍的矛盾心態：一方面庚子賠款讓他們產生深深的民族恥辱感，另一方面又對繁榮強大的美國產生羨慕之情。矛盾心態產生的結果就是清華學子對自身價值與使命的理性評估。1914 年冬，梁啓超應邀在清華做題爲《君子》的演講。演講中梁啓超勉勵學生們說：「清華學子，薈中西之鴻儒，集四方之俊秀，爲師爲友，相磋相磨，他年邀遊海外，吸收新文明，改良我社會，促進我政治，所謂君子人者，非清華學子，行將焉屬？雖然，君子之德風，小人之德草，今日致清華學子，將來即爲社會之表率，語、默、作、止，皆爲國民之仿傚。……深願及此時機，崇德修學，勉爲眞君子，異日出膺大任，足以挽既倒之狂瀾，作中流之砥柱，則民國幸甚矣。」〔註 10〕此番演講影響深遠，後來成就了清華的校訓「自強不息　厚德載物」，這可視做清華學子自身價值與使命評估的極好詮釋。

　　從微觀上講，清華得天獨厚的辦學條件成就了童子軍。清華學校的成立源於庚子國難後的退款，這既是民族恥辱的標識，但同時在客觀上爲清華學校的發展提供了豐厚的辦學基金。1910 年美國創辦童子軍，並很快風靡全國，成爲世界範圍內最具特色的童子軍。在此風靡之時，童子軍教育理念也漸次影響到清華園。這是童子軍創辦的可能性之一，最關鍵的因素是：童子軍訓練需要的必要裝備以及資金的支撐。正是這一關鍵因素成就了清華童子軍的發展。試與北京其他學校的狀況做比較。自京師學務局宣導學習清華童子軍之後，北京各校紛紛表示要組建自己的童子軍。理念的科學性已經深入人心，最關鍵的就是缺乏資金，因此童子軍的組建十分困難。1917 年 6 月 17 日王繼根等 9 名校長聯名爲童子軍經費事致京師學務局函：「惟所需經費，各校皆難於籌措，確係著手第一困難之點。究應如何解決，敬祈陳局長核示」。〔註 11〕26 日學務局回函「當以學款支絀應付爲難，需款甚多，非目前所能辦到，宜就校中地勢經濟各端，自行斟酌」。准其暫時挪用學費，「俟學款稍裕，再予以設法補助」。〔註 12〕由此可見，各校捉襟見肘的發展困境可見一斑。由於美國童子軍的影響及清華辦學充足的經費，童子軍首先在清華出現就具有必然性與實踐性。

〔註 10〕　《清華周刊》1914 年第 20 期。

〔註 11〕　《北京檔案史料》2006 年第 3 期，北京市檔案館編，新華出版社 2006 年版，第 125 頁。

〔註 12〕　《北京檔案史料》2006 年第 3 期，北京市檔案館編，新華出版社 2006 年版，第 126 頁。

清華童子軍的教學及社會實踐

清華成立童子軍，既是美國童子軍示範的產物，一經成立，就顯示其濃鬱的美國特色。首先，其教練員是美國人科爾先生。其次，童子軍訓練所需服飾、器械從美國購買。如船型童子軍軍帽、徽章、軍棍等。〔註 13〕再次，學生所瞭解的童子軍理念皆由美國出版的童子軍刊物翻譯而來。清華學校圖書館館藏大量原版英文圖書，有 4 萬多冊，其中童子軍有自己專門的圖書室。〔註 14〕最後，及時報導美國童子軍近況，做垂範之用。如 1918 年第 138 期報導「美國童子軍之愛國精神」，講述美國一戰中童子軍響應政府號召，義賣「紅名片」（Red Post Card），為戰爭募集捐款。由此觀之，清華童子軍完全模仿美國童子軍而建。從這個角度上講，清華童子軍可以被視作美國童子軍的中國支部。

創辦童子軍首先須準確把握童子軍理念的精髓。由於翻譯的誤傳，民初的知識界將翻譯成「童子軍」，引起很多的誤會，以為童子軍就是兒童的軍事組織。其實不然。唯有對 Boy Scouts 的真意有準確的把握，童子軍的發展才不至於走樣。1917 年就讀清華的聞一多發表《童子軍》一文，對舶來品「童子軍」做了全面而確當的闡釋。〔註 15〕該文首先介紹了貝登堡將軍首創童子軍的緣起。其次，聞一多指明童子軍的目的「在教童子以自治與自衛之法」。再次，闡明童子軍發達的原因。家長讚助童子軍是因為「其能使子弟強健身體，改良氣質」，國家樂於提倡是因為「童子軍能造就完善國民」。第四，聞一多特別強調：人們往往誤認為童子軍是軍事的預備，這是錯誤的。「童子軍者，所以練習童子之愛國心及其他美德也。童子軍含防范軍事之性質，非軍事之預備也」。第五，針對有人津津樂道於童子軍的新潮的服飾等外在形式，而忘記童子軍本意的狀況，聞一多寫到：「童子軍人，只能嫻誦軍律，或華於軍服者，非真童子軍。真童子軍者必求務實」。最後，文章還對童子軍的技能、世界各國童子軍簡況做了簡短介紹。

這篇文章對童子軍的發展起到宣傳與指導的作用。應該說，清華學子不僅學會了童子軍的外在形式，更重要的是他們洞曉童子軍「三育並進」的教

〔註 13〕《清華周刊》1918 年第 133 期，第 8 頁。

〔註 14〕清華童子軍的組織結構是：最高機構：司令部；之下設各團部；與團部平行的機構有總務處、評議部、圖書室。

〔註 15〕《清華學報》第 2 卷第 8 期，第 226～230 頁。

育精髓。這與其他學校的童子軍形成天壤之別。檔案資料顯示：清華童子軍創辦之後，社會影響甚巨。經京師學務局宣導，北京其他有條件的學校也成立了童子軍。但由於對童子軍知識一知半解，許多學校僅僅模仿童子軍的形式，對童子軍的核心價值知曉甚少。多數童子軍在堅持數年之後，就不了了之。除物質條件的制約之外，對童子軍核心價值缺乏認識是不發達的最主要原因。〔註16〕

童子軍教育的最大特點與優勢在於其「寓教於樂」的方式。在創辦人貝登堡看來，學校教育的最大缺陷在於傳授知識不適用、教育方式呆板。童子軍教育鼓勵學生走進大自然，在青山綠水之間遊戲（game），親近自然、研究自然，進而陶冶情操、鍛鍊身體、磨練意志。這既是對工業化時代都市生活的「反叛」，又是對都市教育的反思。清華童子軍教育把握住了這一重點，將重點著眼於對中等科學生品德的規訓（character training）。

清華中等科學生均在十二歲至十五歲左右，正值青春期，加之學校男女生比例失調，因此，對男孩的德育規訓尤為重要。童子軍是最好的教育形式。童子軍經常組織野營、旅行、旗語、偵查等遊戲，將德育、體育及智育化為無形，在遊戲中體驗成長的快樂。科學家高士其先生在清華讀書時，中等科二年級加入了童子軍，一直堅持到畢業赴美。這位身殘志堅的著名的科學家在回憶錄裏寫道：「我在清華幾乎一年四季都在帳篷裏生活，點的是手提煤油燈，睡的是木板床。……有時在風雪霏霏之夜，我還穿著單衣單褲，也不怕冷。」〔註17〕

對學生品德的規訓體現在日常生活的點滴上。如 1918 年第 136 期「常識」介紹童子軍規律之第九條「勤儉」，提倡大家「對物品當愛惜」。這是對清華校園奢靡之風的糾偏。清華學生待遇之優厚在同時代的學校實屬罕見。根據外交部的命令：清華學校本校經費以每月 29,000 美元為定額；遊美學費及監督處的經費以 30,000 為定額。〔註18〕由於經費充裕，因此清華學生有生活奢靡之嫌。時在清華讀書的錢端升撰文批評這一不良風氣。「清華歲費頗巨。雖學生不過三百五十，而經常年費在七八十萬間，合計每生

〔註16〕 《北京檔案資料彙編》，2006 年第 3 期，北京市檔案館編，新華出版社，2006年版。這一問題相對複雜，須專文闡述。

〔註17〕 《高士其全集》第 5 冊，航空工業出版社，2005 年版，第 67～76 頁。

〔註18〕 《籌備清華學校基本金章程》，載於《清華大學史料選編》第一卷，第 244 頁，清華大學出版社，1991 年版。

每年該費二千餘元，以比留美所費，有過之而無不及。」針對這種不良的風氣，童子軍宣導「勤儉」，不僅反覆強調清華的經費來自讓國人恥辱的庚子賠款，而且提出一些切實可行的舉措。比如 1918 年《清華周刊》第 151期專門刊載「善行」，提出隨手關燈、垃圾入箱等六項倡議，對學生的品行修養起到很好的引導作用。

童子軍還經常舉行營宿、遠遊旅行，以磨練學生意志。1918 年《清華周刊》第 134 期刊載《論童子軍應注重旅行》：清華學生久居斗室，終日伏案，養成病夫。童子軍提倡活潑的精神，應走出校園，常做旅行。益處多多，一可以養成友愛的品行，二可以增進社會知識，三可以實習各種技能。學生經常利用假期，尤其是放春假，做近郊旅遊或長途旅行。高士其回憶道：「旅遊參觀，遊覽訪問，接見來人等也是童子軍的一個重要組成部分。我們清華童子軍去過居庸關、長城、明十三陵、故宮、頤和園等。……還組織了長途旅遊……」〔註 19〕又如 1923 年 4 月 6 日，清華童子軍一行 51 人赴山東旅遊，先後參觀濟南之趵突泉、大明廟、麵粉廠、造紙廠，曲阜之孔廟，後登泰山觀日出。十五日返校。此次童子軍同學利用春假難得的機會實踐了童子軍的眞精神。〔註 20〕有時課業任務重，學生因陋就簡，因地制宜，常在工字廳旁邊的土山上營宿。

童子軍的課程重在傳授生活、生存的技能，重實用性，這是它與學校教育在智育方面的最大不同點。高士其回憶道：「我學會了結 36 種繩……」，「我在童子軍生活中還學會了醫藥衛生、救護、護理等常識以及各種科學技術知識和生活技能，如燒飯、做菜、點火、縫補衣服、騎馬、騎車、搭帳篷、挖地溝宿營，有的都是野外生活的知識。人工呼吸救溺水和煤氣中毒者，感冒要吃感冒藥，瀉肚子要吃黃連素，打掃營地，清除污水，滅鼠滅蠅。在帳篷裏，夏天要掛蚊帳，點蚊香。在宿營地也要掘臨時的糞坑，以免蒼蠅趁火打劫。我還學會了怎樣看北極星，夜間認識方向，看風向和其他儀器等，繪製海淀區地形圖；保護益鳥，建造鳥屋等」。「清華童子軍還有一個軍樂隊，……我是打洋鼓的，我也學會了看五線譜，……」〔註 21〕

〔註 19〕 《高士其全集》第 5 冊，航空工業出版社，2005 年版，第 67～76 頁。
〔註 20〕 《清華周刊》1923 年第 280 期。
〔註 21〕 《高士其全集》第 5 冊，航空工業出版社，2005 年版，第 67～76 頁。

清華童子軍與「全人格教育」

1914 年冬梁啓超在清華做的題爲《君子》的演講中，對英美的教育精神做了高度的概括：「英美教育精神，以養成國民之人格爲宗旨」。他認爲國民的精神關乎國家的前途，國民的精神最重要的就是國民道德。君子的道德應該像天一樣「自強不息」，像地一樣「厚德載物」。這就是清華傳統精神的濫觴。在梁啓超做此演講之前，清華校長周詒春 1913 年 10 月執掌校柄，勵行「全人格教育」、「三育並進」。全人格教育即指德育教育，「學校教育之精神，不徒在教授生徒以高深之學程，亦當養成其高尚之德性」。他強調：「我清華學校歷來之宗旨，凡可以造就一完全人格之教育，未嘗不悉心盡力」，「清華學校，素以養成完全人格爲宗旨，故對於三育所施教育之功，不遺餘力」。〔註22〕其「全人格教育」具體表現在：愛國教育、擔當意識、勤儉實幹、服務社會等諸多方面。梁啓超演講與周詒春思想交相輝映，奠定了老清華「全人格教育」的基礎。

「全人格教育」及「三育並進」教育思想體現在清華中等科童子軍教育上。首先，童子軍教育理念與「全人格教育」高度一致。周詒春校長大力宣導的愛國教育、擔當意識、勤儉實幹、服務社會等「全人格教育」與「三育並進」與童子軍的道德目標極其吻合。如發表於《清華學報》第三卷第四期「童子軍教育」（署名爲「杜光祖」）就充分說明了兩者之間的關係。這篇文章重在闡述童子軍的教育價值。文章認爲，學校教育存在種種不足，其中最大的弊端在於偏重智育，關注學生成績，而忽視德育與體育，無論從時間安排上、學科設置上還是教育管理上均是如此；而且在智育方面，傳授的知識不實用，脫離現實生活。總之「今世學校無時間無法則無能力以養成兒童之道德而使之成就良好國民也」。而補救學校教育弊端的、輔助教育的莫過於童子軍，因爲它可以「造就一完全之國民」。〔註23〕因此，童子軍是實現「三育並進」的最好形式。正是兩者之間的契合才使得童子軍在周校長主政期間得以建立並得到發展。

按照「中華民國童子軍協會章程」，童子軍有十二條規律（即軍律）：誠實、忠義、助人、友愛、好禮、愛物、服從、快樂、勤儉、勇敢、清潔、虔誠。「忠義」指「童子軍對於其軍團及國家及所任之職務均當以忠義之心待

〔註22〕 轉引自《清華傳統精神》，黃延復著，第 101 頁，清華大學出版社，2006 年版。
〔註23〕 《清華學報》第三卷第四期，第 64 頁。

之」。「勤儉」指「童子軍當節省費用，力習勤勞，為人工作不妨受其酬報。倘有餘資當存之以備來日之用，並可周濟他人。」「勇敢」指「童子軍需有臨事不懼之氣概。凡事均以公道行之，朋友之私情，他人之譏笑，敵人之威嚇，皆有所不計。即不幸失敗亦不可灰心。」〔註 24〕除此規律之外，童子軍採取軍事化的管理模式，以隊、排、團為建制，實行層級管理。童子軍還有自己一套成熟的課程體系，分初、中、高三級，另特設專科，供高級童子軍選學。每門課程學生均需經過考試合格方可升級。同時，實行激勵機制，即學生每有進步均會有獎勵徽章，佩戴在服飾上增強學生的榮譽感。簡言之，童子軍的道德修養以「智仁勇」為最高標準，通過軍事化的紀律形式養成一國優秀的國民。對於清華學校中等科 12～15 歲且正處在青春期的男生而言，童子軍的教育模式可以直接為學校所用。根據資料：清華童子軍最高規模時人數超過 270 人，幾乎佔據了中等科的絕大部分。各隊隊長排長及團長均由高年級學長選定，既融洽各年級之間的關係，也鍛鍊了學生的領袖才能。

其次，在童子軍教育的實踐方面，童子軍是清華「全人格教育」的典範。比如，周校長提倡艱苦樸素的生活作風。學生零花錢有學校設立專門存儲機構管理，學生每月用錢結算，均需寫開支報告。童子軍響應學校的號召，每月存錢 2 元。再如社會服務。周校長教育學生「社會事業何謂乎？以有餘之時間，有餘之財力，有餘之心思，謀他人之幸福之謂也」。〔註 25〕他身體力行，深入社會、服務社會。清華在 1913 年成立了「社會服務團」、「通俗講演團」等。1914 年，鑒於清華周邊農村村民貧困，無力送孩子入學，清華成立成府貧民學校。此外還辦有「星期六學校」、「星期日學校」等。童子軍均積極參入，為社會服務，踐行童子軍的服務理念。如，「童子軍夜學校」：童子軍總司令派隊長五人前赴成府學校組建童子軍。考慮到成府學生家境困難，遂因地制宜，改變童子軍課程內容及訓練時間，以適應成府學校的實際。通過這種方式讓貧寒子弟也能接受良好的教育。〔註 26〕

通過以上分析，周詒春校長所主張的「全人格教育」與「三育並進」的教育思想，與童子軍理念有著高度的契合。童子軍是周校長教育理念在中等科實現的必然選擇。換言之，它以童子軍的形式踐行了清華的「全人格教育」。

〔註 24〕 摘引自《中華民國童子軍協會政綱組織及規則》，載於《清華周刊》1918 年第 142、143 期。
〔註 25〕 《清華傳統精神》，黃延復著，清華大學出版社，2006 年版，第 103 頁。
〔註 26〕 《童子軍夜學校》，載《清華周刊》1917 年第 121 期。

從童子軍看清華傳統精神

清華童子軍自 1915 年初創始，依靠學生自治、自律在穩步發展。直到 1928 年清華成爲完全大學爲止。〔註27〕在長達 13 年的發展中，童子軍隊伍裏湧現出許多社會精英。他們不僅是清華的驕傲，也是中國的驕傲。比如清華校長梅貽琦曾任第一團團長、童子軍軍長；清華教授、教務長王文顯擔任過總司令一職；文學家林語堂曾擔任第五團團長，兼任軍需官；詩人聞一多先生擔任《清華周刊》編輯，積極撰稿宣傳童子軍；福建「薩家兄弟」（薩本棟、薩本鐵）都是童子軍的積極參與者，其中薩本棟任軍樂少佐，1920 年代被校長羅家倫搶聘爲物理系教授，後成爲廈門大學校長，爲抗戰中的廈大發展做出突出貢獻；清華著名的體育教授馬約翰曾任童子軍第一排排長；我國植物細胞遺傳學的奠基人李先聞教授在「五四」運動時期，他以童子軍身份積極參加救國活動……這些清華精英後來在各自崗位上做出了突出貢獻。應該說，他們中的很多人在清華讀書時參加童子軍，鍛鍊了他們卓越的領袖才能。

清華大學因其爲中國培養了大批「大師級」的人才，爲中國社會進步、科學發展做出了突出貢獻，故而在中國教育史上具有卓越的地位。之所以如此，與清華獨特的培養模式有極大關係。這一培養模式的關鍵因素在於先進的教育理念以及具有世界眼光的校長。而這一切都鎔鑄成清華的傳統精神。

清華大學最初建校的前 20 年對其傳統精神的培育也同樣具有重要的意義。童子軍發展的 13 年剛好鑲嵌其中。對其發展歷程及相關因素互動的探討，即可看出清華傳統精神的諸多方面。我認爲主要有四點：

其一，厚德。這一傳統精神是由主客觀兩方面因素作用而形成的。清華最初主要是培養留美預科，其學生多半都是 15～18 歲且處在青春期的男孩，加之男女生比例嚴重失調，因此，對他們的品德培育顯得尤爲重要。這是生理因素的客觀要求。清華學校成立的特殊歷史情境彰顯矛盾的兩面：一是民族的恥辱，二是強國的訴求。這個矛盾的糾結最終凝聚爲清華人的精神追求：強健精神，承載強國夢想。這體現了清華人強烈的愛國精神。童子軍教育的重心就在於對青少年「品行」的塑造。這是創始人貝登堡將軍創辦童子軍的初衷，即 character training。梁啓超在 1914 年清華演說中說，國家前途在於國民精神，國民精神的基礎在於道德。因此，道德就是社會良性發展的根本。

〔註27〕如 1925～26 年「清華課程表及其說明」中規定：「童子軍訓練：按照童子軍通行訓練法訓練之。每周一成績時。目的與軍事學同　」

無論是童子軍的核心理念，還是周詒春校長的「全人格教育」，都是「厚德」精神的具體實踐。兩者之間的互動，「立德立言，無問西東」，〔註 28〕共同構築清華「厚德」的傳統。也正是「厚德」傳統，清華才培養出大批德才兼備的人才。

其二，創新。在中國成立留洋預備學校，這在中國歷史上尚屬首次，一切的建構均須創新的精神來支撐。清華創新最大的難度在於將中西兩種不同的文化基因有機融合。童子軍理念源於英國，如何將「洋理念」根植於「清華園」，也同樣需要創新的精神。民初清華童子軍的創新精神體現在兩方面：一是中國北方創辦最早的童子軍組織。二在組織管理上，大膽地啟用高等科學生和德行素望的教員做各級長官，以指導中等科學生品行的塑造。

其三，務實。如前所述，聞一多在《童子軍》一文中提到的：「真童子軍者必求務實」。〔註 29〕正是務實的精神使清華童子軍堅持發展 13 年之久，這在民初童子軍發展史上絕無僅有。

其四，民主。朱自清在紀念梅貽琦校長文章裏寫道：「我們雖生在一個民主的國家裏，可是真正建立在民族精神上組織，似乎還只是少數。在這極少數當中，清華大約可以算得上一個。在清華服務的同仁，感覺到一種自由的氛圍氣；每個人都有權利有機會對學校的事情說話。」他認為清華的民主制度誕生於十八年（1929 年），因為這兩年清華沒有校長，校務運行依然有條不紊。〔註 30〕實際上，清華在 1928 年之前已經有民主精神。周詒春校長治校就主張養成學生民主與自治。這一點也同樣體現在童子軍的小隊制度上。在小隊裏，隊長與隊員地位平等，隊長無特別的權利。這是貝登堡設計童子軍時特別強調的，他認為：這是公民訓練的基礎，民主是核心。通過小隊形成一個微型社會，讓隊員在合作與分工中認識自由、民主的真諦。有校史專家指出：沒有周詒春，也就沒有梅貽琦。〔註 31〕此話很有道理。只有深入解讀清華早期歷史才可洞察歷史的傳承。清華的民主傳統就是這樣代代相襲才鎔鑄在清華人的血脈當中。

〔註 28〕 《清華老校歌》，載《清華週刊》1925 年第 353 期。
〔註 29〕 《清華學報》1917 年第二卷第八期，頁二百二七。
〔註 30〕 朱自清：《清華的民主制度》，《梅貽琦先生紀念文集》，第 22 頁。
〔註 31〕 黃延復：《清華傳統精神》，第 3 頁，清華大學出版社，2006 年版。

　　另外，清華的傳統精神的其他表述，諸如「中西文化　薈萃一堂」，均可在童子軍找到蹤影。在此不再贅述。總之，小小童子軍折射清華大精神。清華童子軍宜在清華大學校史上寫下重重的一筆。回望悠悠清華，勿忘童子軍。

附錄6：國民黨童子軍與新生活運動之淵源探究

〔摘　要〕本文認為新生活運動的緣起實際上是受到中國童子軍發展的影響。表現在諸多方面：國民黨用「四維八德」先成功改造童子軍教育理念，後用以指導新生活運動；同時，童子軍「準軍事化」組織為新生活運動的「生活軍事化」提供了現實的參考；童子軍戰時的英勇表現及《中國童子軍戰時服務大綱》的頒佈，是抗戰國民動員的先聲。因此，中國童子軍是新生活運動的先導。

〔關鍵字〕童子軍（Boy Scouts）　新生活運動　先導

1934 年 2 月，蔣介石親自在南昌發動了新生活運動。新生活運動有兩個最顯著的特徵，一是要求「生活軍事化」；其二是提倡「禮義廉恥」的道德倫理。史學界對新生活運動緣起問題的研究，以往重在分析蔣介石堅持「攘外必先安內」政策背後的各種動機。〔註1〕筆者認為：促使新生活運動發起的重要因素之一是中國童子軍，他們是新生活運動的先導。這是以往研究新生活運動所忽略的。本文探討這一問題，以求教於同仁。

〔註 1〕　相關成果有：論著：關志剛：《新生活運動研究》。溫波：《重建合法性：南昌市新生活運動研究 1934～1935》等；論文：白純：《簡論抗戰之前的新生活運動》；喬兆紅：《從國民精神總動員看戰時新生活運動的積極性》；溫波：《論新生活運動的發起》；孫語聖：《新生活運動在審視：從衛生防疫的角度》；閻玉田：《「新生活運動」的發動與結局初探》等。但這些成果都沒有關注到童子軍與新生活之間的關係問題。

一、童子軍銘言、誓詞、規律與新生活的「禮義廉恥」一脈相承

童子軍（Boy Scouts）是源於英國的青少年教育理念，其最突出的特徵是「準軍事化」（quasi-military）的組織及「德智體群」四育並進的理念，智育方面重在傳授野戰軍事技能；它在教育方式上崇尚在類比野戰中磨練意志（character training）。

1912 年童子軍運動（the Boy Scouts Movement）傳入中國。限於中國社會組織力量的弱小，童軍運動在中國主要在學校裏發展，成爲培育青少年品行的教育手段之一。因其較好地綜合「德智體群」諸育爲一體，童子軍教育很快在中國主要城市興起，尤以上海、廣州爲盛。

1926 年前後，國民黨開始關注廣州市童子軍的發展。他們認爲童子軍是學校教育的最好的補充，是最富革命性的教育，可以將國民黨革命理念通過這種組織灌輸到青年中去。1926～1932 年，國民黨通過「黨化」手段，不斷提高童子軍指導機關的地位，將中國童子軍組織置於政治規訓網路之中。1930 年，中國童子軍在南京舉行第一次大檢閱大露營，此舉極大刺激了各地辦童子軍的熱情。1931 年中央訓練部前後兩任正副部長戴傳賢、何應欽、馬超俊、苗培成，鑒於童子軍訓練意義重大，提議組建中中國童子軍總會。

1932 年 4 月，國民黨中央醞釀成立中國童子軍總會；1933 年 2 月，國民黨訓練部長戴季陶領銜修訂「中國童子軍規律」及「總章」。〔註 2〕參加總章討論工作人員超過 40 餘人。這 40 多人當中，「復興社」的人員佔有相當的比例，其核心人物即「力行社」成員起到中堅作用，如：酆悌、桂永清、劉詠堯、黃仁霖、滕傑、劉建群等等。經過戴季陶及「復興社」成員的努力，童子軍組織完成蛻變，成爲國民黨國民訓練的範本。在南京第一次全國童子軍

〔註 2〕 英國童子軍教育 9 條規律是：1. A scout's honor is to be trusted; 2. A scout is loyal to the King, his country, his officers, his parents, his employers, or those under him; 3.A scout's duty is to be useful and to help others; 4. A scout is a friend to all; 5. A scout is courteous; 6. A scout is a friend to animals; 7. A scout obeys orders; 8. A scout smiles and whistles under all difficulties; 9. A scout is thrifty; 10. A scout is clean in thought, word and deed. 摘自 Scouting for Boys, Robert Baden-Powell, C.Arthur Pearson Ltd, 1919, ninth edition, P56～57. 美國 12 條規律是誠實、盡忠、助人、親愛、禮節、愛物、服從、快樂、節儉、勇敢、整潔、公德。其中的「快樂」與「公德」是美國童子軍組織加的。中國的童子軍規律也是 12 條，由英美童子軍規律改變而來。

大檢閱的示範及總會的督促之下，中國童子軍獲得長足發展。據統計，到 1934 年，中國童子軍總數已經達到 25,000 多人，比前一年增長近 2 倍。

1932 年 2 月 29 日，復興社正式成立。從時間上說，正值國民黨醞釀成立中國童子軍總會到「總章」頒佈（1932 年 4 月～1933 年 9 月）的關鍵時期。復興社成員全程參與了童子軍總會的籌建，其用意是將童子軍組織置於復興社的實際控制之下。時人回憶說：

> 「復興社」爲操縱童子軍，成立「中國童子軍勵進社」，做爲它的周邊組織。（社長是蔣介石）童子軍勵進社設在南京，各省及特別市設有分社。它的對象完全是童子軍教練員。……中國童子軍總會的歷任秘書都是「復興社」總社的領導層人員。如省、市童子軍指導員有很多是「復興社」社員。〔註3〕

據研究，新生活運動就是由復興社中的核心分子，即「力行社」成員秉承蔣介石旨意發動起來的。〔註4〕像控制中國童子軍一樣，復興社成員如法炮製，策劃了新生活運動。因此，在新生活運動中處處見到模仿童子軍的痕跡。最突出的表現就是「禮義廉恥」與童子軍誓詞、規律一脈相承。

首先是童子軍誓詞。其修訂經歷兩年多時間，「經中央全體同志再四之研究，才修訂妥善，故實爲中國童子軍千載不易之信條」。三條誓詞是：

> 某某誓尊奉　總理遺教，確守中國童子軍之規律，終身奉行下列三事：
>
> 第一　勵行忠孝仁愛信義和平之教訓，爲中華民國忠誠之國民。
>
> 第二　隨時隨地輔助他人，服務公眾。
>
> 第三　力求自己智識道德體格之健全。〔註5〕

其次是童子軍規律。1933 年 2 月，童子軍籌備處著手修改中國童子軍規律，童子軍總會副會長戴季陶特意致信籌備處：「此次規律之修訂，必須有一

〔註 3〕 鄧澤藻：《漢口童子軍的創立和演變》，載於《武漢文史資料》，1984 年第 1 輯，第 156～157 頁。

〔註 4〕 這種觀點目前成爲研究者的共識：比如：溫波：《論新生活運動的發起》，載於《蘇州科技學院學報》（社會科學 2003 年 11 月）。關志剛在其《新生活運動的研究》一書中也認爲：力行社成員不僅參入了新生活運動的策劃，而且還擔任新生活運動指導機構中的重要職務。易勞逸在其《流產的革命》一書中也持這樣的觀點。

〔註 5〕 《中國童子軍誓詞規律之修訂》，《十年來的中國童子軍總會》，中國童子軍總會編印，民國 33 年版，第 6 頁。

改不再改之精神，切忌草率從事」。〔註6〕經過慎重討論，十二條規律修成定稿。它們是：

誠實　忠孝　助人　仁愛　禮節　公平　服從　快樂　勤儉　勇敢　清潔　公德。〔註7〕

從孫中山開始，國民黨普遍認爲：中國革命屢次受挫，原因在於民眾難以組織，類似一盤散沙；民眾思想中沒有民族國家的觀念，而且喪失民族精神。因此，組織民眾、教育民眾是國民革命成功與否的關鍵。國民黨童子軍正是這一革命邏輯的產物，利用童子軍將學生組織爲崇尚「組織」與「紀律」的「三民主義少年兵」。〔註8〕童子軍總章及總會等相繼出臺，標誌國民黨對童子軍教育改造取得階段性成果。

蔣介石首倡新生活運動的核心內容是「使一般人民都能除舊布新，過一種合乎禮義廉恥的新生活」。所謂「禮」就是「規規矩矩的態度。」所謂「義」者，就是「正正當當的行爲。」所謂「廉者」，就是「清清白白的辨別。」所謂「恥者」，就是「切切實實的覺悟。」〔註9〕「禮義廉恥」的核心要義在於要全體國民做守規矩的國民。易言之，「禮義廉恥」就是「組織」與「紀律」。〔註10〕

對比童子軍誓詞、規律，如誠實、忠孝、助人、仁愛、禮節、服從等，從字面上看，不論是童子軍的十二條規律，還是新生活的「禮義廉恥」，都是蔣介石、戴季陶、陳立夫等人所宣揚的「四維八德」內涵的具體化。在實質上兩個運動的目的都是組織民眾、教育民眾，對內追剿中國共產黨，對外準備抗擊日本的侵略。因此，童子軍與新運的核心理念是一脈相承的。戴季陶實際負責的童子軍和蔣介石主持的新生活運動是貫徹「四維八德」的有效管道。兩者的交點在於：通過「軍事化」訓練「守規矩」的好國民。「童子軍」與「公民」、「歷史」等課程一起，編織了國民黨意識形態政治規訓的教育網路；通過新生活運動，則將整個社會，尤其是底層社會置於政治規訓之下。

〔註6〕　《中國童子軍誓詞規律之修訂》，《十年來的中國童子軍總會》，中國童子軍總會編印，民國33年版，第7頁。

〔註7〕　注：每一條的後面均有詳解。限於篇幅，這裡只取條目。《中國童子軍總章》，見於吳耀麟《童子軍全書》，上海黎明書局發行，民國24年初版。

〔註8〕　戴季陶：《童子軍軍歌》，《童子軍全書》，吳耀麟著，上海黎明書局發行，民24年7月初版發行，第486～487頁。

〔註9〕　蔣介石：《新生活運動之要義》，張其昀主編《蔣總統集》第1冊，（臺灣）「國防研究院」、中華大典編印會1968年版，第735頁。

〔註10〕　《目前應做什麼》，《今日青年應有之認識》，鄧雪冰著，青年與戰爭社發行，民國22年版，第42頁。

據當年的童子軍教練員回憶：（童子軍）「學科的主要教材爲『三民主義』、『總裁言行』。也講一些『禮、義、廉、恥』，『忠、孝、仁、愛』等舊觀念舊道德之類。用以抵制新思想新觀念的萌發和成長」。〔註11〕童子軍「建軍宗旨是：智、仁、勇；目的是修養青少年禮義廉恥，忠孝仁愛，信義和平」。〔註12〕當時的學者也認爲童軍的三條銘言與三條誓詞與新生活在指導思想上具有高度一致性，「『準備；日行一善；人生以服務爲目的』這三句銘言，是童軍訓練的日常要旨，也是推行新運工作時初步的切要的口號。」能做到這三條就做到了「智仁勇三達德」，由「三達德」進而能夠實現「一誠、四維、六藝、八德」，其實就是新運「生活的三化」。誓詞中的第三條「力求自己知識道德體格之健全」，「便是講求著新生活運動中的廉與恥」；第二條「隨時隨地，扶助他人，服務公眾」，「便是講求著新生活運動中行其所宜的義」；第一條「勵行忠孝仁愛信義和平之教訓，爲中華民國忠誠之國民」，「便是講求新生活運動中的公正和平光明無礙的禮」。〔註13〕由此可見，當時的社會各界，人們普遍認爲童子軍教育與新運之間的存在 ˙脈相承的關係。

二、童子軍的教育實踐是新生活運動先導

新生活運動有前後兩個中心：抗戰之前運動的中心在於「規矩與衛生」，形式上「軍事化」；抗戰事起，運動的中心在於戰時動員與服務。而這兩個中心恰恰是童子軍平時訓練的中心。〔註14〕從實踐層面上考察，童子軍實際上早已在踐履新生活。

〔註11〕周厚光：《中小學童子軍教育回憶片段》，《衡陽文史資料》第 6 輯，第 37 頁。
〔註12〕張靖瀾：《關於上蔡縣童子軍情況的回憶》，《上蔡文史資料》第 3 輯，第 99 頁。
〔註13〕朱民威：《新生活運動與童子軍》，《新運導報》，第十期，第 65～67 頁，1935 年。
〔註14〕童子軍課程分爲初級、中級、高級以及專科課程。初級課程：1、總理事略；2、黨旗國旗；3、童子軍史略；4、誓詞規律；5、結繩；6、禮節；7、操法；8、記號；9、徽章；10、衛生。中級課程：1、三民主義要略；2、服務；3、方位；4、軍步；5、旗語；6、偵查；7、生火；8、救護；9、炊事；10、禮儀；11、縫補；12、洗滌；13、露營；14、儲蓄。高級課程：1、中國革命史略；2、服務；3、訊號；4、自然；5、救護；6、烹飪；7、測量；8、製圖；9、游泳；10、露營；11、旅行；12、工程；13、訓練初級；14、童子軍組織法；15、儲蓄；16、軍事常識。專門課程包括公民、文書、木工、消防、氣象、畜牧、養蠶、繪畫、新聞、紡織、應用化學、慈善等 83 種課程，這是爲童子軍步入社會選擇職業所作的初級職業培訓。童子軍課程還根據性別，設計男、女童軍課程。

1、童子軍與「三化」

在實施新生活運動中，蔣介石規定：「先以規矩與清潔兩項為第一期運動之中心工作」。〔註15〕《新生活須知》中將其細化，如注意飲食衛生、不酗酒；整理公共場所和交通秩序；不隨地吐痰大小便；不准打人罵人；帽子要戴好、鞋跟要拔上、紐扣要扣正、勤剪指甲勤洗澡等等。要求民眾像軍人一樣整潔，養成良好的衛生習慣，以根除「懶散」、「髒污」等頹廢面貌。

童子軍「尚組織」「重紀律」的特徵，以及社會服務精神早已廣為人知。如自童子軍組織成立時起，上海童子軍多次參加衛生運動。江蘇童子軍為使民眾重視公共衛生，於1919年3月在省童子軍聯合會的主持下，倡議各縣童子軍聯合會宣導清掃街道，並制定簡則九條。〔註16〕南京市內「提倡新生活運動必須提倡童子軍」成為流行語。〔註17〕1934年4月，南京市童子軍理事會加入首都新生活運動促進會，成為團體會員。同時組織兩隊新生活運動童子軍，並組織新生活運動表率隊，隊員以童子軍各團團長、副隊長及教練充當，他們經常參與宣傳城市公共衛生的活動。〔註18〕

新生活運動另一個特別的要求是國民生活「軍事化、生產化、藝術化」。蔣介石對「三化」的要求是：「所謂軍事化者，……只期其重組織，尚團結，嚴紀律，知振奮，保嚴肅，一洗從前散亂、浪漫、推諉、因循、苟安之習性已耳」。「所謂生活生產化者，……只期我同胞人人一洗從前豪奢、浪費、怠惰、遊蕩、貪瀆之習性已耳」。「所謂藝術化者，……只期其持躬接物待人處事，能肅儀循禮、整齊清潔、活潑謙和、迅速確實，一洗從前之粗暴、鄙污、狹隘、昏愚、浮偽之習性也耳」。〔註19〕「三化」中，蔣介石最看重的是「軍事化」。蔣介石坦言：「我現在所提倡的新生活是什麼？簡單地講，就是使全體國民的生活能夠徹底軍事化」。軍事化的目標在於使國民「重組織、尚團結、嚴紀律、知振奮、保嚴肅」。〔註20〕這是軍人出身的蔣介石最鍾情的標準，它可以以最小的成本獲得最大的社會動員效果。

〔註15〕 蔣介石：《新生活運動週年紀念告全國同胞書》，張其昀主編《蔣總統集》第2冊，（臺灣）「國防研究院」、中華大典編印會1968年版，第2114頁。
〔註16〕 于喜敏：《上海童子軍研究》，未刊碩士論文。
〔註17〕 羅敏：《抗戰前江蘇童子軍研究》，未刊碩士論文。
〔註18〕 《京市童軍推行新生活運動》，《中央日報》1934年4月17日。
〔註19〕 蔣介石：《新生活運動週年紀念告全國同胞書》，《蔣總統集》，第2冊，（臺灣）「國防研究院」、中華大典編印會1968年版，第2114～2115頁。
〔註20〕 蔣介石：《新生活運動之要義》，張其昀主編《蔣總統集》第1冊，（臺灣）「國防研究院」、中華大典編印會1968年版，第736頁。

從新生活運動的兩個中心看，無論是規矩、衛生，還是「軍事化」，童子軍早已踐行新生活。上海市童子軍理事會認爲：「新生活運動之一切，在童子軍訓練與活動中，均以表現無遺，凡受童子軍訓練陶冶之兒童，實際久已度新生活」。〔註 21〕上海理事會的觀點頗具代表性。也就是說，推行新生活運動就是將童子軍教育推廣到社會中去。國民黨中央立法委員王漱芳撰文認爲：「童子軍所服膺之智仁勇，實相通與新生活『禮義廉恥』之根本精神，所恪守之一切信條，亦即新生活必須之規律。質言之童子軍之一切要求，皆爲新生活之基本要求也。」〔註 22〕鑒於此，童子軍不僅成爲成爲新生活的參考，而且陳給推行新生活運動的最佳選擇。「力行社」成員劉詠堯發表廣播講話，也認爲童子軍「應該一致認識自身的責任，認定推行新生活運動爲自身的主要工作，同時要把這種運動的意義，向一般民眾宣傳，使全國國民都能做到一個新生活的國民，……尤其是一般負責推行童子軍事業的人，更應該切實以身作則」。〔註 23〕新運總幹事黃仁霖回憶其主持新運工作時說：「有些人指控蔣先生在干預民眾的個人自由，因爲他大部分靠員警的力量來實施這項新的運動。當我接事之後，我大都依靠童子軍和學生們來推行這個運動」。〔註 24〕

2、童子軍與戰時服務

抗戰事起，國民動員成爲勝利的根本。新生活運動的中心確定爲抗戰的精神動員。新生活運動促進會認爲：國民精神總動員是戰時的新運；新運是平時的國民精神總動員。新生活運動在戰時主要的工作在於動員民眾投身抗戰。具體體現在：節約獻金、戰時服務、抗日宣傳、醫療救護以及兒童保育、難民救濟等方面。〔註 25〕

在國民精神動員方面，童子軍走在全國民眾的前列。在 1932 年上海「一・二八」事變中，上海市理事會特別組織戰地服務團。上海市商會童子軍羅雲祥、應文達、鮑正武、毛徵祥四人在戰區服務被俘失蹤；在前線十幾位童子軍隊員手把手接通了上海至寶山被炸斷的電話線。〔註 26〕此壯

〔註 21〕 于喜敏：《上海童子軍研究》，未刊碩士論文。
〔註 22〕 《新運導報》第 7 期，第 107 頁。
〔註 23〕 劉詠堯：《新生活運動與童子軍》，《廣播周刊》1936 年第 108 期。
〔註 24〕 黃仁霖：《蔣介石特勤總管回憶錄》，團結出版社，2009 年版，第 68 頁。
〔註 25〕 關志鋼：《新運動研究研究》，海天出版社，1999 年版，第 185～191 頁。
〔註 26〕 吳耀麟：《中國童子軍訓練的成功與失敗》。轉引自蔣曉星《中國童子軍問題研究》。

舉經《申報》等媒體廣為宣傳，童子軍英勇精神震動社會各界。〔註27〕「使
得童子軍贏得『全世界童子軍之父』信譽。貝登堡（注：世界童子軍創始
人。）也興高采烈地拍電報來嘉獎」。〔註28〕上海童子軍為支持抗戰發起「捐
機運動」，其中一架飛機以「滬童軍號」命名。〔註29〕此後不久，為將童子
軍戰時服務規範化，中國童子軍司令部制定《中國童子軍戰時服務大綱》，
這是中國在抗戰中最早的戰時服務法規，為抗戰國民精神總動員提供了可
資借鑒的先例。1937 年淞滬會戰中，女童軍楊惠敏泅水渡過蘇州河，給守
衛四行倉庫的抗日將士送去一面國旗，極大地鼓舞了將士抗戰的信心。楊
惠敏所代表的童子軍形象成為中國人民英勇抗戰的不朽豐碑，極大地鼓舞
了全國民眾抗戰的鬥志。

　　童子軍訓練課程中，有「軍事技能」課程，如偵探、救護、架橋等。這
種平時不忘「軍事訓練」的課程設計，對中國抗戰具有相當的實用性。在教
育史上，童子軍「軍事訓練」課程的設計是對民國「軍國民教育」的一大貢
獻。這一教育內容經過童子軍在戰火中的歷練，越發凸顯其教育的價值。

　　童子軍之所以在民初引進中國就引起社會的關注，關鍵在於童子軍採取
準「軍事化」的組織形式及社會服務精神。國民黨重視童子軍，認為童子軍
具有勇敢誠實的精神、助人服務的特性，是青年訓練最好的工具。「軍事化」
的組織形式與國民黨領導的國民革命有著高度的關切。因此，我們認為：新
生活運動鍾情於國民「軍事化」，與蔣介石 1930 年代崇尚法西斯主義有關，
而童子軍的社會實踐恰恰為其提供了現實的典型。童子軍與新運強調「軍事
化」，提倡軍事實用技能的訓練與普及，對於喚起民眾習武愛國，抵禦外侮具
有相當重要的現實意義。

三、結論

　　1932～1937 年蔣介石集團發起了民族復興運動。他們認為近代中國屢受
殖民國家的欺辱，尤其遭受日本的侵略的原因是中國國民道德的淪喪，人心
不古。蔣介石指出，中國之所以淪落到任人欺辱的境地，完全是中國國民腐
敗、墮落、自私自利，「一般人都沒有禮、義、廉、恥，都喪失了忠孝、仁愛、

〔註27〕　《商會童軍今日開會紀念四烈士》，《申報》1933 年 1 月 31 日。
〔註28〕　周召欽：《戰時民眾教育與社會童子軍》，《閩政月刊》教育輯，1938 年第 2
　　　　　期。
〔註29〕　《本市童子軍參加滬童軍號飛機命名典禮》，《申報》1933 年 9 月 8 號。

信義、和平諸固有的德性」。〔註30〕他們將復興民族的希望寄託在恢復中國傳統的「禮義廉恥」和「忠孝仁愛信義和平」倫理道德上；在社會組織層面，通過一定的管道將民眾訓練為「重組織」「守紀律」的國民。童子軍教育和新生活運動正是國民黨發起的民眾教育的典型。童子軍是國民黨在國民革命中最早利用的社會組織之一，它是國民黨將「四維八德」傳統倫理道德與童子軍原有理念相結合的成功範例；童子軍教育理念改造的成功案例，成為蔣介石 1934 年發動新生活運動的先導；童子軍在平時服務與戰時服務所表現的抗戰精神為新生活運動提供了現實的樣板。蔣介石親自兼任中國童子軍總會和新生活運動促進總會會長，更說明了兩者之間的密切關係。

〔註30〕 蔣介石：《合作人員的革命責任》，《先總統蔣公全集》第一冊，秦孝儀主編，（臺灣）中央文物供應社 1984 年出版，第 790 頁。

主要參考文獻

一、檔案

1. 民國時期北京開展童子軍教育檔案，編號：J2－3－162、276、277，J4－1－192、167、271、323、1009、1197、1294、1298、1529，J4－3－50。

2. 中國第二歷史檔案館藏童子軍檔案：案卷號：14849～14854，全宗號五。

二、文集、彙編、詞典、縣志

1. 《教育法規彙編》，教育部總務廳文書科編，1919年版。

2. 《孫總理演講集》，黃埔中央軍事政治學校政治部1927年編印。

3. 《中國童子軍總會籌備處工作報告》，中國童子軍總會籌備處編著並出版發行，1934年8月。

4. 《第一次中國教育年鑑》，教育部編，開明書局，1934年版。

5. 《中學教育法令彙編》，教育部編，商務印書館，1935年版。

6. 《教育法令彙編》（第三輯），教育部編，1938年版。

7. 《教育法令彙編》第四輯，教育部編，商務印書館，1939年版。

8. 《中國童子軍文獻調查》，毛展鵬，出版社不詳，1939年版。

9. 《教育法令彙編》（第五輯），教育部編，商務印書館，1940年版。

10. 《教育法令彙編》，第六輯，商務印書館，1941年版。

11. 《修訂初級高級中學課程標準》，正中書局，1942年版。

12. 《會長副會長及各屆理事長監事長對童子軍教育之言論》，中國童子軍總會編著並出版發行，1944年版。

13. 《十年來的中國童子軍總會》，中國童子軍總會編著並出版發行，1944 年版。

14. 《魯迅全集》，魯迅先生紀念委員會編印，1948 年版。

15. 《第二次中國教育年鑑》，商務印書館，1948 年版。

16. 《戴季陶先生文存》，陳天錫編，臺北：中國國民黨中央委員會文史資料編纂委員會，1959 年版。

17. 《辛亥革命回憶錄》，湖北人民出版社，1961 年版。

18. 《楊永泰先生言論集》，《近代中國史料叢刊》第 975 卷，文海出版社，沈雲龍主編，1966 年版。

19. 《先總統蔣公先生全集》，張其昀主編，（臺灣）「國防研究院」、中華大典編印會，1968 年版。

20. 《革命文獻》，杜元載主編，中國國民黨中央委員會黨史史料編纂委員會，1972 年版。

21. 《梁啓超選集》，李華興主編，上海人民出版社，1983 年版。

22. 《黃炎培教育文集》，上海教育出版社，1985 年版。

23. 《臧克家集外詩集》，馮光廉，劉增人編，陝西人民出版社，1984 年版。

24. 《孫中山全集》，北京：中華書局，1986 年版。

25. 《楊慧敏自述》，中國文史出版社，1987 年版。

26. 《蔡元培教育論集》，高叔平編，湖南教育出版社，1987 年版。

27. 《中國現代教育史教學參考資料》，李桂林主編，人民教育出版社，1987 年版。

28. 《歷史的足跡——季洪婦女工作文選》，中國婦女出版社，1998 年版。

29. 《雷沛鴻文集》，韋善美、馬清和主編，廣西教育出版社，1990 年版。

30. 《中國青年工作大百科》，穆憲等主編，光明出版社 1990 年版。

31. 《張謇全集》，江蘇古籍出版社，1994 年版。

32. 《武漢掌故》，蕭志華、嚴昌洪主編，武漢出版社，1994 年版。

33. 《郎岱縣志長編》，李志高，1995 年版。

34. 《威海縣志》，威海地方志編纂委員會，1996 年版。

35. 《李烈鈞集》，中華書局 1996 年版。

36. 《黃道奇雜文集》，湖南文藝出版社，1997 年版。

37. 《績溪縣志》，績溪地方志編纂委員會，黃山書社，1998 年版。

38. 《中國國民黨全書》，中國社會科學院臺灣所編，余克禮、朱顯龍主編，陝西人民出版社，2001 年版。

39. 《中國教育大事典：1840～1949》，劉英傑主編，浙江教育出版社，2001年版。

40. 《聞一多詩歌散文全集》，張燁主編，中國致公出版社，2001年版。

41. 《上海文史資料存稿彙編》，上海市政協文史資料委員會編，上海古籍出版社，2001年版。

42. 《我所知道的復興社》，文聞編，中國文史出版社，2004年版。

三、專著

1. 〔清〕蔡振主編：《中學修身教科書》商務印書館，光緒34年（1908）版。

2. 《美國公民學》，群益書社，1913年版。

3. 李廷翰：《訓育論》，上海商務印書館，1916年版。

4. 中華全國童子軍協會譯：《童子軍規律》，上海商務印書館，1918年版。

5. 魏鼎勳：《童子軍體操》，上海商務印書館，1920年版。

6. 蔣千：《童子軍烹調法》，上海商務印書館，1920年版。

7. 朱穆：《童子軍徽章》，上海商務印書館，1920年版。

8. 中華全國童子軍協會譯：《童子警探》，上海商務印書館，1920年版。

9. 治永清：《遊戲專論》，商務印書館，1923年版。

10. 《三年來之直隸省立第三中學校：1922～1924》，校內編印。

11. 張粒民：《小學公民教育及教學法》，上海商務印書館，1925年版。

12. 《國立廣東大學童子軍年刊》，校內編印，1925年。

13. 《天津私立南開中學一覽》，天成印字館，校內編印，1929年版。

14. 治永清：《童子軍專論》，商務印書館，1926年第一版，1930年第二版。

15. 舒新城：《民國十四年中國教育指南》，商務印書館，1926年版。

16. 新教育出版社編印：《黨化體育童子軍課程》，1927年8月出版。

17. 陳東原：《中國教育新論》商務印書館，1928年版。

18. 趙宗預：《小學校的公民教育》，新時代教育社發行，1928年版。

19. 莊澤宣：《如何使新教育中國化》，明智書局，1929年版。

20. 顧樹森《英國少年義勇團組織法》，中華書局，1929年版。

21. 莊澤宣：《教育概論》，中華書局，1930年版。

22. 杜佐周：《教育與行政原理》，商務印書館，1930年版。

23. 中央訓練團：《團長實用管理法》、《兒童品行訓練大綱》，1930年版。

24. 舒新城：《中國教育的建設方針》，中華書局，1931年版。

25. 余家菊：《訓育論》，上海中華書局印行，1931年版。

26. 國聯教育考察團編、國立編譯館譯：《中國教育之改進》，1932 年版。

27. 蓋其新譯：《智仁勇的青年訓練》，南京小書店，1932 年版。

28. 羅素著，張忠仁譯：《童子軍訓練的教育價值》，童子軍學術研究會編印，1932 年版。

29. 陳智乾：《中小學訓育行政》，培英印務公司，1933 年版。

30. 鄧雪冰：《今日青年應有的認識》，青年與戰爭社發行，1933 年版。

31. 張忠仁：《美國童子軍總會組織之研究》，中國童子軍學術研究會編印發行，1933 年版。

32. 鄭昊樟：《幼童軍》，商務印書館，1934 年版。

33. 楊克敬：《童子軍訓練之理論》，共和書局，1934 年版。

34. 李相勗：《訓育論》，商務印書館，1935 年版。

35. 范曉六：《童子軍教育要義》，二二五書局，1935 年版。

36. 葉楚傖：《各國青年訓練與新生活運動》，南京正中書局，1935 年版。

37. 薛篤弼：《公民訓練綱要》，北京永明印書局，1935 年版。

38. 吳耀麟編著：《童子軍全書》，上海黎明書局發行，1935 年初版。

39. 褚應瑞、胡祖蔭、程文彬編著：《貝登堡傳記》，1935 年初版。

40. 劉澄清：《女童子軍教育法》，商務印書館，1935 年版。

41. 陳柏青：《歐洲各國及日本之青年訓練》，正中書局，1936 年版。

42. 程謫凡：《中國現代女子教育史》，中華書局，1936 年版。

43. 〔英〕貝登堡著，趙邦燦譯：《童子軍教育原理》，正中書局，1937 年版。

44. 潘公展：《青年訓練》，商務印書館，1937 年版。

45. 蕭冠英：《歐洲考察記初編》，國立中山大學出版部，1937 年版。

46. 胡立人：《初級童子軍》，中華書局，1937 年版。

47. 羅伽：《戰時青年訓練》，漢口大時代書店，1938 年版。

48. 劉澄清：《中國童子軍教育》，商務出版社 1938 年。

49. 沈雷漁：《童子軍教育概論》，商務印書館，1939 年版。

50. 徐觀餘：《戰時給童子軍的信》，商務印書館，1939 年版。

51. 羅廷光：《各國青年訓練述要》，商務印書館，1940 年版。

52. 吳劍眞：《公民訓練》，商務印書館，出版年代不詳，大約 1940 年代。

53. 楊同芳：《中學訓育》，世界書局，1941 年版。

54. 袁爲公：《公民教育概論》，文通書局，1942 年版。

55. 章輯五、吳耀麟編：《童子軍行政管理與活動教材》，正中書局，1942 年版。

56. 吳耀麟、章輯五：《童子軍教育原理及方法》，正中書局，1942 年版。

57. 相菊潭：《公民教育實施法》，正中書局，1942 年版。

58. 吳耀麟：《青年訓練之理論與實際》，商務印書館，1944 年版。

59. 舒新城：《我和我教育——三十五年生活史》，中華書局，1945 年版。

60. 〔英〕裴吉爾特‧白爾福著，程育德譯：《童子軍創始者貝登堡傳》，世界書局，1945 年版。

61. 邵鶴亭：《訓導原理》，正中書局，1945 年版。

62. 薛元龍編著：《看護》，正中書局，1936 年初版，1946 年再版。

63. 龔啓昌：《公民教育學》，正中書局，1947 年版。

64. 陶愚川：《訓育論》，大東書局，1947 年版。

65. 姜琦：《女子教育之問題與現狀》，上海商務印書館，出版年不詳，殘書。

66. 陳天賜：《戴季陶先生文存》，臺北：中國國民黨中央委員會黨史史料編纂委員會，1959 年版。

67. 李穡生：《我不識字的母親》，（臺灣）傳記文學出版社，1978 年版。

68. 劉俊彥：《童軍教育》，臺北：臺灣水牛圖書出版事業有限公司，1984 年版。

69. 北京體育大學中國近代體育編寫組：《中國近代體育史》，人民體育出版社，1985 年版。

70. 石磊：《中國近代軍歌初探》，解放軍文藝出版社，1986 年版。

71. 〔美〕費正清、費維凱編：《劍橋中華民國史》，中國社會科學出版社，1994 年版。

72. 王炳照、閻國華主編：《中國教育思想通史》，湖南教育出版社，1994 年版。

73. 蕭文豪等主編：《中華民族生死存亡之戰》，貴州人民出版社，1995 年版。

74. 史全生主編：《中國近代軍事教育史》，東南大學出版社，1996 年版。

75. 高瑞全主編：《中國近代社會思潮》，華東師範大學 1996 年版。

76. 谷世權：《中國體育史》，北京體育大學出版社，1997 年版。

77. 王覺非主編：《英國近代史》，南京大學出版社，1997 年版。

78. 張瑞璠、王承緒主編：《中外教育比較史綱》，山東教育出版社，1997 年版。

79. 羅檢秋：《近代中國社會文化變遷錄》，浙江人民出版社，1998 年版。

80. 王漱芳、王曉明主編：《北師大逸事》，遼海出版社，1998 年版。

81. 彭明、程歗主編：《近代中國的思想歷程：1912～1949》，中國人民大學出版社，1999 年版。

82. 《北京師大附中》，人民教育出版社，2000 年版。

83. 李國鈞、王炳照主編：《中國教育制度通史》，山東教育出版社，2000 年版。

84. 王倫信：《清末民國時期中學教育研究》，華東師範大學出版社，2002 年版。

85. 錢乘旦、陳曉律：《英國——傳統與變革之間》，人民出版社，2003 年版。

86. 黎潔華：《戴季陶傳》，廣東人民出版社，2003 年版。

87. 王奇生：《黨員、黨權與黨爭》，上海書店出版社，2003 年版。

88. 楊曉：《中日近代教育關係史》，人民教育出版社，2004 年版。

89. 茅家琦等著：《中國國民黨史》，鷺江出版社，2004 年版。

90. 費約翰：《喚醒中國》，三聯書店，2004 年版。

91. 高士其：《高士其全集》，航空工業出版社，2005 年版。

92. 曹必宏等著：《日本侵華教育全史》，人民教育出版社，2005 年版。

93. 林書嶺：《生命的見證——回眸曾經的歲月》，中國社會出版社，2006 年版。

94. 黃金麟：《歷史・身體・國家——近代中國的身體形成（1895～1937）》，新星出版社，2006 年版。

95. 張灝：《梁啓超與中國思想的過渡 1890～1907》，新星出版社，2006 年版。

96. 楊建恒：《感悟南開》，重慶出版社，2006 年版。

97. 楊光斌主編：《政治學導論》（第 2 版），中國人民大學出版社，2006 年版。

98. 戴季陶：《日本論》，《日本四書》，線裝書局，2006 年版。

99. 許紀霖主編：《二十世紀中國思想史論》，東方出版中心，2006 年第二版。

100. 陳元暉主編：《中國近代教育史料彙編・學制演變》，上海教育出版社，2007 年版。

101. 馬烈：《蔣氏父子與三青團》，中國文史出版社，2007 年版。

102. 周予同：《中國現代教育史》，福建教育出版社，2007 年版。

103. 雷通群：《西洋教育通史》，東方出版社，2007 年版。

104. 鍾啓泉、吳國平主編，《反思中國教育》，華東師大出版社，2007 年版。

105. 陳青之：《中國教育史》，東方出版社，2008 年版。

106. 趙厚勰：《雅禮會在華教育事業研究（1906～1951）》，山東教育出版社，2008 年版。

107. 李海雲：《新教育中國化運動》，社會科學文獻出版社，2009 年版。

108. 胡滌非：《民族主義與近代中國政治變遷》，智慧財產權出版社，2009 年版。

109. 易勞逸：《毀滅的種子》，江蘇人民出版社，2010 年版。

110. 宋新偉：《民族主義在中國的嬗變》，社會科學文獻出版社，2010 年版。

四、民國報刊

1. 《廣播周刊》
2. 《廣播周報》
3. 《廣西教育研究》
4. 《廣東教育廳公報》
5. 《上海郵工》
6. 《上海童子軍》
7. 《中國童子軍總會公報》
8. 《中國童子軍總會月刊》
9. 《中國童子軍》
10. 《中央日報》
11. 《方舟月刊》
12. 《遼寧教育公報》
13. 《文摘報》
14. 《公教學校》
15. 《甘肅教育半月刊》
16. 《申報》
17. 《東方雜誌》
18. 《江西教育》
19. 《江西教育行政旬刊》
20. 《西南黨務月刊》
21. 《安徽教育行政旬刊》
22. 《安徽教育行政周刊》
23. 《體育季刊》
24. 《現代學生》
25. 《河南省政府年刊》
26. 《明恥月刊》
27. 《陝西教育月刊》

28.《曙光》

29.《獨立評論》

30.《首都市政公報》

31.《戰時童子軍》

32.《浙江教育》

33.《浙江教育行政周刊》

34.《益世報》

35.《教育雜誌》

36.《教與學月刊》

37.《教育建設》

38.《教育公報》

39.《湖南省政府公報》

40.《湖南教育月刊》

41.《湖北省政府公報》

42.《湖北教育廳公報》

43.《童子軍世界》

44.《童軍教育月刊》

45.《童子軍總會工作報告》

46.《童子軍教學做》

47.《勤奮體育月報》

48.《新教育》

49.《新民叢報》

50.《新華日報》

51.《新運導報》

五、各地政協文史資料、回憶錄

1.《深縣文史資料選輯》第 3 輯，政協河北省深縣委員會編，1986 年版。

2.《慶元文史》，《慶元文史》編輯部，1986 年版。

3.《彭水文史資料選輯》第 3 輯，政協彭水苗族土家族自治縣委員會文史資料研究委員會，1987 年版。

4.《周口文史資料》第 4 輯，政協周口市委員會文史資料研究委員會，1987年版。

5. 《蓮湖文史資料》第 3 輯，政協西安市蓮湖區委員會文史資料研究委員會編，1988 年版。

6. 《宣城縣文史資料》第 3 輯，宣城縣政協文史委員會，1988 年。

7. 《洛陽文史資料》第 5 輯，政協河南省洛陽市委員會文史研究委員會編，1988 年。

8. 《延邊歷史研究》第 3 輯，延邊歷史研究所，1988 年。

9. 《正安文史資料》第 7 輯，政協貴州省正安縣委員會文史資料研究委員會編，1988 年版。

10. 《密縣文史資料》第 2 輯，政協密縣委員會文史資料委員會編，1989 年版。

11. 《鎮遠文史資料》第 3 輯，政協鎮遠縣委員會文史資料研究委員會編，1989 年版。

12. 《麗水文史資料》第 7 輯 教育史料專輯，政協麗水縣委員會文史資料委員會編，1990 年版。

13. 《璧山縣文史資料選輯》第 4 輯，政協四川省璧山縣委員會文史研究委員會，1990 年版。

14. 《丹棱文史》第 4 輯，政協丹棱縣委文史研究委員會編，1991 年。

15. 《信陽文史資料》第 6 輯 教育專輯，政協信陽市委學習文史委員會編，1992 年。

16. 《樅陽文史資料》第 3 輯，政協樅陽縣文史研究委員會編，1993 年。

17. 《鎮江文史資料》第 25 輯，政協鎮江市委員會文史資料委員會編，1993 年出版。

18. 《新鄉市郊區文史資料》第 3 輯，政協新鄉市郊區委員會文史資料研究委員會編，1994 年版。

19. 《嘉定文史》第 11 輯 紀念抗戰勝利 50 週年專輯，政協上海市嘉定區委文史研究委員會編，1995 年。

20. 《阿壩藏族羌族自治州文史資料選輯》第 13 輯 茂縣中學教育專輯，政協四川阿壩藏族羌族自治州文史資料委員會編，四川省內部期刊，1997 年版。

21. 《武漢文史資料文庫》第 4 輯 教育文化，政協武漢市委員會文史學習委員會編，武漢出版社，1999 年版。

22. 《文史資料選編》第 1 卷 教育編，福建省政協文史資料委員會編，福建人民出版社，2000 年版。

23. 《寶雞縣文史資料》第 13 輯，政協寶雞縣委員會文史研究委員會，2001 年。

24. 《我所知道的上海童子軍》，沈魯民，載於《上海文史資料存稿彙編》十一，上海古籍出版社 2001 年版。

25. 《福建南平文史資料》第 8 輯，南平市政協文史資料研究委員會。

26. 《江北縣文史資料》第 7 輯，政協四川江北縣文史資料研究委員會。

27. 《臨汝文史資料》第 3 輯，政協臨汝縣委員會編。

28. 《從化文史資料》第 15 輯，政協廣東省從化縣委員會文史資料研究委員會編。

29. 《蓬溪文史資料》第 24 輯，四川省蓬溪縣政協第五屆委員會文史資料委員會編。

30. 《峨眉文史》第 4 輯，政協四川省峨眉縣委員會文史資料研究委員會編。

31. 《開封縣文史資料》第 1 輯，政協開封縣委員會文史資料委員會編。

32. 《南區文史資料》第 2 輯，政協長沙市委文史研究委員會編。

33. 《文史資料選輯》第 5 冊，政協四川省筠連縣委文史研究委員會編。

34. 《廣州文史資料》第 73 輯，政協廣東省委員會文史資料研究委員會編。

35. 《光州文史資料》第 7 輯，政協河南潢川縣文史研究委員會。

36. 《文史資料選編》第 1 卷，福建政協文史資料研究委員會編。

六、論文

1. 康普：《中國童子軍》，《新青年》第二卷第五號，1917 年 1 月 1 日發行。

2. 蔣百里：《軍國民之教育》，《新民叢報》卷 22。

3. 傅玉璋：《明末農民軍中的「婆子營」和「童子軍」》，《安徽大學學報》（哲社版）1985 年第 3 期。

4. 徐偉民：《太平天國「童子軍」小考》，《安慶師範學院學報》，1987 年第 3 期。

5. 張豈之：《孫中山對中國傳統文化的反思》，《西北大學學報》（哲社版）1987 年第 1 期。

6. 姜龍權：《童子軍》，《延邊歷史研究》第 3 輯，延邊歷史研究所編，1988 年。

7. 陳覺全：《廣州童子軍史略》，《廣東文史資料》第 73 輯，1993 年。

8. 江沛：《南京國民政府意識形態管理剖析》，《民國檔案》，1993 年第 3 期。

9. 袁成亮：《民國時期的童子軍》，《民國春秋》，1994 年第 5 期。

10. 鄭師渠：《近代中國的文化民族主義》，《歷史研究》，1995 年第 5 期。

11. 江沛：《南京國民政府時期政治文化評析》，《史學月刊》，1996 年第 2 期。

12. 黃道奇：《由童子軍訓練想到的》，《黃道奇雜文集》，湖南文藝出版社，1997 年版。

13. 商麗浩、田正平：《近代教育收費制度的歷史考察》，《華東師範大學學報》（教育科學），1998 年第 2 期。

14. 胡衛清：《近代中國教育民族主義的畸變》，《歷史教學》，2001 年第 7 期。

15. 郭雙林、龍國存：《「國民」與「奴隸」——對清末社會變遷中的一組中堅概念的歷史考察》，《中國文化研究》，2002 年春之卷。

16. 《美國女童子軍》，《國外風情面面觀》，外語教學與研究出版社，2002 年版。

17. 黃道炫：《力行哲學的思想脈絡》，載於《近代史研究》，2002 年第 1 期。

18. 黃道炫：《蔣介石與朱、王二學》，載於《史學月刊》，2002 年第 12 期。

19. 黃興濤：《近代中國新名詞的思想史意義發微——兼談對於「一般思想史」之認識》，《開放時代》，2003 年第 4 卷。

20. 胡耿：《爲謀新教育中國化》，華南師範大學碩士論文，2003 年。

21. 江沛：《戰時知識青年從軍運動研究》，《抗日戰爭研究》2004 年第 1 期。

22. 吳冬梅：《20 世紀二三十年代「新教育中國化」運動研究》，《河北師範大學學報》（教育科學版），2005 年第 3 期。

23. 金以林：《地域觀念與派系衝突》，《歷史研究》，2005 年第 3 期。

24. 曹天忠：《民族中心教育與三民主義教育》，《學術研究》2005 年第 7 期。

25. 榮子菡：《廣東童子軍研究 1915～1938》，暨南大學 2005 年碩士論文。

26. 李豔芬：《中國童子軍組織機構初探 1926～1937》，中山大學 2005 年碩士論文。

27. 徐娟：《試評 1927～1937 南京國民政府的童子軍教育》，《教育史研究》，2006 年第 3 期。

28. 黃興濤：《民國時期「中華民族復興」觀念的歷史考察》，《中國人民大學學報》（哲社版），2006 年第 3 期。

29. 王晉麗：《童子軍在中國：中國近現代童子軍興衰史的初步考察》，華中師範大學 2006 年碩士論文。

30. 江沛：《中國國民黨「黨國」體制述評》，《安徽史學》，2006 年第 1 期。

31. 于喜敏：《上海童子軍研究》，上海師範大學 2006 年碩士論文。

32. 劉玉蘭：《貝登堡「生活的準備教育」思想與童子軍的建立與發展》，山東師大 2007 年碩士論文。

33. 馬克鋒：《「中體西用」說與近代文化建構》，《教學與研究》，2007 年第 10 期。

34. 金以林：《汪精衛與國民黨的派系糾葛》，《中國社會科學》，2008 年第 3 期。

35. 張洪波：《1927～1937 年中國童子軍教育研究》，山東大學 2008 年碩士論文。

36. 曹天忠：《新縣制「政教合一」的演進和背景》，《近代史研究》2008 年第 4 期。

37. 程禮東：《論戴季陶的童子軍教育思想》，華中師大 2008 碩士論文。

38. 韋磊：《20 世紀上半葉美國的中國民族主義研究及其學術價值》，《廣西民族研究》2008 年第 2 期。

39. 黃興濤：《情感、思想與運動：近代中國民族主義研究檢視》，《廣東社會科學》，2009 年第 3 期。

40. 羅敏：《抗日戰爭前江蘇童子軍研究》，蘇州大學 2009 年碩士論文。

41. 陳蘊茜：《身體政治：國家權力與民國中山裝的流行》，《學術月刊》，2009 年 9 月號。

42. 田海洋：《民國訓育研究的幾個問題》，《河北廣播電視大學》2009 年第 4 期。

43. 蕭飛：《什剎海：1948 年紀事》，《北京紀事》，2009 年第 1 期。

44. 陳寶霖《新中國建立前童子軍的發展及活動》，《少年兒童研究》，2010 年第 6 期。

45. 孫玉芹：《楊惠敏向「四行倉庫」獻旗事件考》，《蘭臺世界》，2010 年 10 月刊。

46. 孫玉芹：《民國時期的童子軍研究》，人民出版社，2013 年版。

48. 陳娟：《民國時期四川童子軍研究》，四川師範大學 2014 年碩士論文。

49. 池維強：《民國時期京津地區童子軍教育研究》，天津師範大學 2012 年碩士論文。

50. 吳小瑋：《以訓練爲中心的兒童組織——民國時期童子軍之研究》，華東師範大學 2013 年博士論文。

七、外文文獻

1. *Scouting For Boys*, Robert Baden-Powell, C. Arthur Pearson Ltd, 1919.

2. *The Boy Scout Movement Applied by the Church*. by Norman E.Richardson, S.T.B., Ph.D, New York Charles Scribner's Sons, 1919.

3. A Comparative Study of the Boy Scout Movement in Different National and Social Groups. Saul Scheidlinger, *American Sociological Review*, Vol.13, No.6（Dec, 1948）.

4. English Youth Movements, 1908～30, Paul Wilkinson, *Journal of Contemporary History*, Vol.4, No.2（Apr, 1969）.

5. Knights and Retainers: The Earliest Version of Baden-Powell's Boy Scout Scheme, Michael Rosenthal, *Journal of Contemporary History*, Oct, 1980.

6. At Your Age: Boyhood, Adolescence, and the Rise of the Boy Scouts of America, David I. Macleod, *Journal of Social History*, Vol.16, No.2（Winter, 1982）.

7. Sir Robert Baden-Powell, the Scout Movement and Citizen Training in Great Britain, 1900～1920. Allen Warren, *The English Historical Review*, Vol.101, No, 399（Apr, 1986）.

8. Baden-Powell and the Scouts Movement before 1920: Citizen Training or Soldiers of the Future? John Springhill. *The English Historical Review*, Vol.102, No. 405（Oct, 1987）.

9. Forming Youth: Girl Guides and Boy Scouts in Britain, 1908～39, Tammy M. Proctor, *History Workshop Journal*, No.45（Spring, 1998）.

10. The Popularity of Nationalism in the Early British Boy Scout Movement, Sam Pryce. *Social History*, Vol.23, No.3（Oct, 1998）.

八、網路資源

1. 臺灣中華民國童軍總會官方網站：http://www.scout.org
2. 臺灣衛星新聞網：http://www.tvbs.com.tw/head/bar02.html
3. 中國日報：http://www.chinesedailynews.com/article/article-c112347.aspx
4. 全球童子軍官方網站：http://www.scout.org/en
5. 維基百科官方網站：http://zh.wikipedia.org
6. 百度網站：http://www.baidu.com

後記一

距離碩士畢業將近十年之後，我又踏上了「充電之旅」。

這一旅程異常艱難但學識有進。

「大學乃大師之謂也」。在中國人民大學，我受到歷史學院及清史研究所以及其他科研院所著名教授的課業指導，在學術路徑中站在學術的前沿和高端初窺堂奧。此為學之進。

同時，人民大學師生激昂奮進的精神，身浸其中耳濡目染，終有所悟。此為識之進。

與 80 後學在一起，我才真正感覺到已過而立之年攻讀最高學位的種種艱辛：首先拋家捨業。將家庭的重擔拋給家人，並且還需家人提供資助，實在是一件殘酷的事情。其次學業根基鬆軟，缺乏連續的學術鍛鍊，使我寫作時斷時續，情緒起伏難控，折磨身心。最後是中年焦慮。年過三五人老珠黃，五味雜陳甘苦自知。

雖則一路走來艱辛難書，但有一群親人相伴，如同寒夜中臥有暖衾。

首先是導師馬克鋒教授。三年前，馬老師不棄讓我有此次「充電」的機會。在論文的寫作過程中，論文框架幾經周折、反覆，才最終在馬老師的指點、啟發下構建起來。去年年底的兩月是我論文寫作的最高峰，由於框架、思路不理想，特別害怕見到馬老師。他雖然沒有嚴辭迫問，但他期待的眼神中有一絲嚴峻，讓我倍感壓力，以至於第二版草稿寫出之後都沒有底氣給馬老師審閱。馬老師是一個極為嚴格的導師，大到論文框架小到標點符號，他都不會放過。因此馬師門眾弟子們在寫作時是很有壓力的。「嚴師出高徒」，師是嚴的，但我不是高徒，距離導師的期待尚有很大的距離。

其次是我的妻子崔蘊華博士。這三年，家裏的一切託付與她。她不僅要照顧幼子，還要承擔學術研究及教學任務。深夜裏檯燈下辛勤的寫作或備課，清晨寒風中腳踏自行車送子入園……一切無怨無悔地努力。我的岳父母，年屆七旬且多病，爲保障我的論文寫作無憂，不遠千里來京陪伴。岳父身爲教授和人民大學前輩，爲此在超市穿梭，在菜市場討價還價，忙的不亦樂乎。結果是我的論文日進，他們的血壓日升。幼子田維鈞是我的開心果，想著他就倍感快樂。

再次是我的室友劉傑小弟。八零後，農發院的。聰敏有大志，年紀不大，學歷稱奇：哲學本科、經濟學碩士、管理學博士。不俗的學歷使其眼界開闊、思想深刻。其高產高品質的學術論文使我倍感羞報。同時，每夜的「臥談會」，上至國家社會憂國憂民的書生情懷，小至戀愛飲食享受生活的小資情調，無一不給身心俱疲的一天帶來輕鬆和愉悅；按耐不住的創業激情，給予我們未來生活無限的嚮往。尤其要感謝他的是，在我寫作的高峰時，每天淩晨五點鐘起床，鍵盤聲、翻書聲，窸窸窣窣，擾民不已。他毫不介意，是我一生值得珍惜的小弟。

最後是我的眾師兄弟姐妹及同年。在三年的學術磋磨中，我獲益匪淺。如王東倉師兄、劉少華小弟、張樹軍師弟、周寧、吳玲師妹等等。不再一一枚舉。

讀博期間，歷史學院的其他導師在我的鞏固學術根基及開拓學術視野上，均有極大的幫助：楊念群教授爲我們開設一年的史學前沿課程，並聘請知名教授、新史學前銳爲我們做學術報告，如吳思教授、王奇生教授等等；清史所夏明方教授領讀文獻，加固學術根基；歷史學院郭雙林教授引領我們攻讀後現代理論，開拓學術理論視野，艱澀且有趣；牛潤珍教授評審論文，給予指導。

另外，中國社會科學院左玉河教授、北京大學徐萬民教授、清華大學蔡樂蘇教授、中國社科文獻出版社徐思彥研究員，中國人民大學王續添教授、北京師範大學楊世文教授、首都師範大學方敏教授，在我的博士論文評閱或答辯中給予悉心指導，需要特別感謝！

2011－5－8
記於品園 3－231 室

後記二

　　博士畢業至今，悠悠六載已悄然流逝。

　　六年間，導師依然牽掛我所研究的童子軍課題。2016 年 5 月，因特殊任務我與導師馬克鋒教授再次相遇，一起工作，並朝夕相處近一個月。在此期間，導師督促我繼續修改論文，並給予了許多指導意見。建議我力爭將其出版，以期有益於學界，並推薦了相關的出版社。

　　在導師的督促下，工作之餘，我頻繁跑圖書館，閱讀著作以及大量論文。真不曾想到：童子軍這一不起眼的課題，在短短的六年間，竟然又出現了一批學術成果！遺憾的是：我的博士論文收集在中國人民大學博士文庫中，並未向學術界公開。因此，新出現的這些學術成果都沒有注意到我的博士論文。挖掘童子軍運動（或者童子軍教育）背後的「思想史」意義，以及與童子軍運動相關的民國社會相關問題研究，是我博士論文最大的亮點。截至目前，既有成果依然鮮有論及。因此，出版我的學術成果具有相當的學術意義。

　　此次論文能夠付梓出版，必須感謝以下諸君：

　　——感謝臺灣花木蘭文化事業有限公司。該社以從事學術著作、貢獻學術為己任，免費為大陸學術出版成果，必將遺香千古。出版社編輯們付出了艱辛的工作，尤其是楊嘉樂先生不斷聯絡，十分辛苦，在此致以最誠摯的感謝！

　　——感謝導師馬克鋒教授督促指導之功。

　　——愛妻崔蘊華教授引薦之功，功莫大焉！

　　作為童子軍研究的一項成果，拙作中的各種觀點，皆一家之言。歡迎學術界的朋友、方家批評指正！

2017 年 3 月 8 日